# Teoria da História
## III. Os paradigmas revolucionários

Dados Internacionais de Catalogação na Publicação (CIP)
(Câmara Brasileira do Livro, SP, Brasil)

Barros, José D'Assunção
Teoria da História / José D'Assunção Barros. – 3. ed. – Petrópolis, RJ : Vozes, 2013.

Conteúdo: III. Os paradigmas revolucionários.
Bibliografia.

8ª reimpressão, 2025.

ISBN 978-85-326-2468-0

1. História – Filosofia 2. História – Teoria 3. Materialismo histórico I. Título.

10-12119 CDD-901

Índices para catálogo sistemático:
1. História : Filosofia e teoria 901

José D'Assunção Barros

# Teoria da História
III. Os paradigmas revolucionários

Petrópolis

© 2011, Editora Vozes Ltda.
Rua Frei Luís, 100
25689-900 Petrópolis, RJ
www.vozes.com.br
Brasil

Todos os direitos reservados. Nenhuma parte desta obra poderá ser reproduzida ou transmitida por qualquer forma e/ou quaisquer meios (eletrônico ou mecânico, incluindo fotocópia e gravação) ou arquivada em qualquer sistema ou banco de dados sem permissão escrita da editora.

**CONSELHO EDITORIAL**

**Diretor**
Volney J. Berkenbrock

**Editores**
Aline dos Santos Carneiro
Edrian Josué Pasini
Marilac Loraine Oleniki
Welder Lancieri Marchini

**Conselheiros**
Elói Dionísio Piva
Francisco Morás
Teobaldo Heidemann
Thiago Alexandre Hayakawa

**Secretário executivo**
Leonardo A.R.T. dos Santos

**PRODUÇÃO EDITORIAL**

Anna Catharina Miranda
Eric Parrot
Jailson Scota
Marcelo Telles
Mirela de Oliveira
Natália França
Priscilla A.F. Alves
Rafael de Oliveira
Samuel Rezende
Verônica M. Guedes

---

*Editoração*: Elaine Mayworm
*Diagramação*: Victor Mauricio Bello
*Capa*: Omar Santos

ISBN 978-85-326-2468-0

Este livro foi composto e impresso pela Editora Vozes Ltda.

# Sumário

*Índice dos quadros e figuras*, 7
*Apresentação*, 9

I. O Materialismo Histórico, 15
   1  Algumas palavras sobre a compreensão do Materialismo Histórico como paradigma historiográfico, 15
   2  Os conceitos e fundamentos, 19
   3  Um pequeno texto de Karl Marx, 31
   4  A Dialética e o Movimento Histórico, 36
   5  Materialismo e Modo de Produção, 48
   6  O Modo de Produção em marxistas posteriores, 57
   7  Determinismo, 67
   8  Classes Sociais e Luta de Classes, 101
   9  Práxis, 130
   10 Ideologia, 144
   11 Aspectos teórico-metodológicos relacionáveis ao Materialismo Histórico, 148

II. Descontinuidades, 155
   1  As críticas solitárias de Friedrich Nietzsche à historiografia do século XIX, 155
   2  Questionamentos contra a "História Científica", 204
   3  "A História como Arte", 221
   4  O problema metodológico da "retrodição", 228
   5  A crítica à noção mecanicista de Progresso e à linearidade histórica, 253
   6  Michel Foucault: novos desdobramentos da contribuição de Nietzsche, 268
   7  Palavras finais sobre a contribuição da linha crítica inaugurada por Nietzsche para a historiografia futura, 277

*Referências*

*Fontes citadas*, 285
*Bibliografia citada*, 307
*Índice onomástico*, 317
*Índice remissivo*, 323

# Índice dos quadros e figuras

Quadro 1. A obra de Karl Marx e Friedrich Engels, 22

Quadro 2. Fundamentos do Materialismo Histórico, 25

Quadro 3. Entradas e saídas para o Determinismo, 74

Figura 1. Processo de formação da "Consciência de Classe" e estabelecimento da "Luta de Classes", 119

Figura 2. Luta de Classes sem classes: processo de formação da classe, 126

Figura 3. Três instâncias do encontro entre o Homem e o Mundo, 136

Tabela 1. Diversos significados para o conceito de Ideologia, 144

Quadro 4. Historiadores e filósofos vinculados ao Materialismo Histórico, 149

Quadro 5. A crítica de Nietzsche à historiografia científica de sua época, 209

# Apresentação

No segundo volume deste trabalho abordamos dois paradigmas que foram essenciais para a constituição da História como um campo disciplinar com pretensões de cientificidade: o Historicismo e o Positivismo. Estes paradigmas foram certamente fundadores para o pensamento historiográfico. Até hoje a historiografia beneficia-se das questões primordiais levantadas por estes paradigmas, e iremos encontrar em historiadores contemporâneos variações das respostas que tais paradigmas trouxeram para questões essenciais à construção do conhecimento historiográfico. Que lugar ocupam a Subjetividade e a Objetividade na produção do conhecimento historiográfico? Que parâmetros asseguram à História a possibilidade de reivindicar para si uma legitimidade como conhecimento científico? Qual o papel do historiador na produção desse tipo de conhecimento, e como ele interfere no processo? Existe uma "verdade histórica" a ser alcançada? As sociedades humanas são essencialmente análogas, ou radicalmente distintas umas das outras? É possível prever regularidades para os comportamentos humanos, ou estes tendem para a imprevisibilidade, ou mesmo para o acaso? A perguntas como estas, conforme vimos no último volume, positivistas e historicistas deram respostas diferenciadas, e também dentro de cada um desses paradigmas ocorreram significativas variações.

Neste volume, discorreremos sobre outros dois paradigmas que, após o estabelecimento de uma moderna matriz disciplinar para a História, para a qual contribuíram decisivamente o Positivismo e o Historicismo desde seus primeiros momentos, mostraram-se efetivamente revolucionários. Caso se possa dizer que já representou uma verdadeira revolução a própria Historiografia Científica, instituída por historiadores positivistas e historicistas desde o início do século XIX, falaremos agora de algo como uma revolução dentro dessa primeira revolução. Dois novos paradigmas historiográficos, sem abalar o Positivismo e o Historicismo, começaram a despontar na segunda metade do século XIX, e de certo modo eles introduzem, cada qual a seu modo, a possibilidade de um novo redirecionamento para a historiografia de seu tempo e para o futuro da História como campo de conhecimento.

Para compreender o verdadeiro caráter dessa revolução dentro da revolução historiográfica dos primeiros momentos, devemos comparar os novos paradigmas revolucionários com os dois paradigmas fundadores. Se o Positivismo e o Historicismo deram seus primeiros passos em um ambiente social e político conservador, mesmo que depois tenham se aberto a possibilidades inéditas, mas nem sempre vinculadas aos poderes dominantes de sua época, e que, em longo prazo, tenham terminado por constituir fontes de novas inovações para a historiografia, podemos dizer que os dois paradigmas que agora iremos examinar são revolucionários por introduzirem no campo da historiografia uma nova pergunta. A que interesses têm servido a História e os historiadores? E, mais além, como reverter o uso da História, de modo a contribuir para que ela efetivamente sirva à Vida, mesmo que afrontando os poderes constituídos?

O primeiro paradigma a ser examinado neste volume, o Materialismo Histórico, começou a se organizar em torno da possibilidade de construir uma História que contribuisse para impulsionar o desenvolvimento humano como um todo, contra o pano de fundo dos interesses das elites e dos poderes dominantes. No limite, este paradigma acena com a possibilidade de que a História seja posta a serviço dos movimentos sociais, das classes socialmente revolucionárias, dos oprimidos pela própria história, da desalienação do ser humano em múltiplos sentidos, dando-lhe a perceber as forças invisíveis que o estariam aprisionando e determinando, em última instância, seu próprio destino. Por isso, podemos dizer que o Materialismo Histórico é um paradigma particularmente revolucionário, no sentido mais tradicional dessa expressão.

O segundo paradigma, que, à falta de nome melhor, denominaremos "Paradigma da Descontinuidade", é revolucionário em uma outra direção. Ele começa por afrontar valores e ideias que eram até então tidos por transcendentais, ou mesmo a-históricos, até mesmo pelos historiadores. Existe, efetivamente, a Verdade? Não se trata aqui de indagar mais se o historiador pode alcançar algum tipo de verdade, mas de questionar a própria existência de "verdades". As sociedades humanas, e a humanidade como um todo, mesmo que sujeitas a eventuais retrocessos, terminam efetivamente por avançar na direção do "melhor"? Em uma palavra, existe realmente o "Progresso"? Há mesmo uma "continuidade" perceptível no desenvolvimento histórico da humanidade, ou seria função dos próprios historiadores questionarem veementemente a própria noção de "continuidade"? Existe algum valor perene, transcendente, a-histórico, ou todos os valores devem ser submetidos ao tribunal de sua própria historicidade? Existe uma moral única que possa servir de guia para o desenvolvimento dos seres humanos, ou a própria moral – e mesmo a própria "ideia de moralidade" – são fundamentalmente produtos históricos?

Perguntas como estas começaram a confrontar, ainda no século XIX, as próprias bases da Civilização Ocidental. Nesse sentido, o "Paradigma da Descontinuidade" é também revolucionário. Um dos primeiros filósofos a enunciá-lo, Friedrich Nietzsche, legaria às gerações seguintes de filósofos e historiadores a possibilidade de afrontar a ideia de História a partir da própria noção de historicidade, de que tudo está mergulhado no devir histórico, inclusive as próprias representações da História. Em que pese que o Historicismo tenha também aprofundado essa discussão, o "Paradigma da Descontinuidade" a radicaliza, e abre caminho a que se questione a própria ideia de "sentido histórico".

O primeiro capítulo deste livro buscará refletir sobre o Materialismo Histórico, a começar pelas proposições iniciais de seus fundadores – Marx e Engels – e daí avançando para o estudo dos inúmeros desdobramentos que beneficiaram o Materialismo Histórico sob a contribuição de autores diversos.

O segundo capítulo começará por discutir a contribuição de Nietzsche, também na segunda metade do século XIX, e depois examinará como autores como Michel Foucault, já no século XX, beneficiaram-se das ideias desse filósofo alemão, de modo a trazer novos desdobramentos para uma historiografia que, provisoriamente, pensaremos sob a designação de "Paradigma da Descontinuidade". Mais adiante, no quarto volume desta série, teremos oportunidade de questionar a própria ideia de que é possível classificar e encerrar a maior parte dos autores no interior deste ou daquele paradigma, com exclusão de todos os demais. Estaremos nos encaminhando, então, para uma outra maneira de enxergar a historiografia, a qual poderemos pensar sob o prisma de um "Paradigma da Complexidade" que se põe a criticar as próprias classificações paradigmáticas tradicionais.

# I | O Materialismo Histórico

## 1 Algumas palavras sobre a compreensão do Materialismo Histórico como paradigma historiográfico

O presente capítulo irá abordar o terceiro grande paradigma historiográfico que surge no século XIX e que se estende até os dias de hoje como um âmbito teórico em permanente discussão: o Materialismo Histórico. Trata-se de uma "teoria da história" cuja influência não se dá apenas relativamente à própria historiografia marxista, mas também em relação a correntes historiográficas várias, uma vez que diversos dos conceitos consolidados pelo Materialismo Histórico são hoje parte integrante do repertório teórico da comunidade de historiadores como um todo.

Um alerta inicial se faz imprescindível. Não raramente, "Materialismo Histórico" e "Marxismo" são utilizados por autores vários como expressões sinônimas. Esta relação, contudo, deve ser antes de mais nada problematizada, e neste ensaio rejeitaremos qualquer confusão ou sobreposição entre os dois termos. A distinção entre "Marxismo" e "Materialismo Histórico" deve ser feita antes mesmo de entrarmos no mérito de que o próprio campo teórico do Materialismo Histórico, inaugurado em meados do século XIX por Karl Marx (1818-1883) e Friedrich Engels (1820-1895), encontrou muitos desdobramentos e variações posteriores, assim como assistiu a transformações bem significativas no tocante a alguns dos pressupostos básicos propostos pelos dois fundadores.

Dessa forma, antes mesmo de adentrar a riqueza deste campo teórico, é preciso desde já considerar a diferença entre aquele modelo de ação política que mais tarde ficaria conhecido como Marxismo-Leninismo, e que também geraria suas variações, e o Materialismo Histórico enquanto paradigma, método e abordagem teórica para a compreensão dos processos históricos. O "marxismo-leninismo" é um programa de ação política que visa estabelecer uma sociedade comunista a partir de certas ações, que também são muito discutidas em termos de quais seriam as mais adequadas (luta armada, ditadura do proletariado, mobilização de operários ou de camponeses, aliança inicial com a burguesia, participação na política tradicional). Esta diversidade de posições em relação a questões específicas gera muitas correntes no interior do próprio marxismo-leninismo. Aliás, deve-se repetir o óbvio: a perspectiva de estabelecimento de uma sociedade socialista não é *necessariamente* ligada a um programa de ação marxista, e muito menos ao marxismo-leninismo. Todo marxismo-leninismo visa uma sociedade comunista; mas nem todo programa ou pensamento que visa uma sociedade comunista é marxista-leninista (há inúmeras variações, dentro do marxismo, e fora dele também, de correntes que aspiram ao socialismo, tais como o moderno viés da social-democracia, o anarquismo, e outros).

Outro aspecto importante é que, embora o "marxismo-leninismo" tenha assumido como filosofia e perspectiva historiográfica o Materialismo Histórico (adaptando-o a seus objetivos políticos), pode-se perfeitamente pensar o paradigma do Materialismo Histórico como uma forma de analisar e escrever a história que não necessariamente se vincule a qualquer programa de ação política marxista, e que, até mesmo, não vise o socialismo como sociedade ideal a ser atingida. São muito discutidas, no seio de todo um conjunto de autores que se autodefinem historiograficamente como ligados à perspectiva do Materialismo Histórico, temáticas que indagam sobre se o socialismo em alguma de suas formas sociopolíticas, ou o comunismo em algum de seus modelos econômicos possíveis, devem ser mesmo vistos como um *telos* (um "fim") a ser alcançado na história, assim como se discute se este modo de organização socialista do mundo humano ocorrerá necessariamente um dia ou não.

O primeiro ponto importante, então, é separar o Materialismo Histórico – enquanto paradigma historiográfico que se oferece como alternativa para a compreensão da história e para a elaboração do conhecimento historiográfico – do "marxismo" propriamente dito, no sentido de um certo programa de ação política. De igual maneira, dentro do próprio âmbito das ideias de Marx e Engels, devemos distinguir os princípios que se referem ao Materialismo Histórico como método de compreensão histórica – na verdade, como uma nova visão teórico-metodológica da História – em relação às opiniões pessoais e particulares de Marx ou Engels no que diz respeito a certos aspectos como os destinos históricos das sociedades europeias, o advento do Socialismo, a necessidade da implantação de certo modelo de ação política, ou as formas de engajamento do historiador em uma transformação social. Há mesmo muitas opiniões de Marx e Engels nitidamente datadas que só poderiam ser pensadas para um contexto social específico, e que hoje não mais se aplicariam. E há outras que correspondem a escolhas pessoais destes autores que não necessariamente são inerentes ao paradigma do Materialismo Histórico.

Diante destes alertas, nosso objetivo, a seguir, será o de compreender o Materialismo Histórico como um paradigma historiográfico – uma forma de entender a história e de fazer a História – no mesmo sentido que o Positivismo ou o Historicismo também são paradigmas relacionados ao fazer historiográfico[1].

---

**1.** Convenções: (1) a expressão "Materialismo Histórico" será sempre empregada quando quisermos nos referir ao paradigma historiográfico e à abordagem teórico-metodológica fundadas por Marx, mas que inclui inúmeros outros autores marxistas, ou mesmo outros, que nela possam estar inseridos; (2) a palavra "Marxismo", particularmente quando empregada como substantivo, será utilizada quando estivermos nos referindo ao programa de ação política que visa o estabelecimento do Socialismo (por exemplo, o "marxismo-leninismo); (3) como adjetivo, poderemos empregar a palavra "marxista" nos referindo também a teóricos do Materialismo Histórico, e não somente a ativistas políticos ligados ao Marxismo, e isto por uma mera questão de eufonia ("um historiador marxista" soa bem melhor, ritmicamente, do que um "historiador materialista dialético"); (4) Socialismo ou Comunismo não se referem necessariamente ao programa de ação "marxista"; (5) quando utilizarmos a palavra "marxiano", será com a função de um adjetivo relacionado a alguma produção pessoal do pensador Karl Marx (por exemplo, "um texto marxiano" ou uma "análise marxiana" sempre irão se referir a textos e análises elaborados pelo próprio Karl Marx, e não por outro pensador marxista qualquer).

## 2 Os conceitos e fundamentos

O que vem a ser, afinal, este vasto universo teórico que habitualmente denominamos "Materialismo Histórico", e que aos estudiosos de tantas áreas tem oferecido um dos mais ricos repertórios de instrumentos teóricos para a observação de realidades que se referem não apenas à História, como também a todas as ciências sociais e humanas? Quais são os conceitos centrais que fundamentam esta que é não apenas uma "teoria da história", mas também uma "teoria econômica", uma "teoria política", uma "teoria da cultura", e uma "teoria social", no sentido mais amplo? O empenho em responder a tais indagações irá nos colocar em contato com uma das mentes mais brilhantes do século XIX, somente comparável, no campo das ciências sociais e da filosofia, aos intelectos de Friedrich Nietzsche e Sigmund Freud, autores que – tal como Karl Marx (1818-1883)[2] – até hoje seguem influenciando o destino

---

[2]. Marx nasceu na cidade alemã de Tréveris, em 1818, e faleceu em Londres, em 1883. Sua contribuição à história do pensamento ocidental é tão extensa que é difícil situá-lo no interior de uma única categoria de estudos, sendo oportuno considerá-lo como economista, historiador, sociólogo, filósofo e teórico político, para além da atividade profissional que exerceu como jornalista. Suas principais obras estão registradas no "Quadro 1", conjuntamente com as obras de Engels, incluindo aquelas obras que os dois pensadores escreveram em conjunto. Além disso, convém considerar que Marx foi também um ativista político em sua época, participando da organização de movimentos de trabalhadores e de associações revolucionárias, tais como a Internacional Comunista.

de diversificados campos de estudos relacionados às ciências sociais e humanas[3].

Marx, obviamente, não ergueu sozinho os primeiros fundamentos do Materialismo Histórico. Para além de inúmeros teóricos que posteriormente ajudaram a construir tal paradigma a muitas mãos, o criador do Materialismo Histórico contou em sua própria época com a colaboração de outra mente notável. A importância de Friedrich Engels (1820-1895), companheiro de Marx em sua aventura teórica e em seus projetos de vida com vistas à organização de uma prática revolucionária, também não pode ser desprezada[4].

---

**3.** Immanuel Kant (1724-1804) e Friedrich Hegel (1770-1831) também se aproximam destes nomes em termos de um legado que até hoje gera alguns desdobramentos importantes. O Neokantismo (ou Neocriticismo) foi uma das vertentes que iria prolongar a influência de Kant, tendo se apresentado com bastante força no quadro filosófico alemão entre meados do século XIX e os anos 1920. Georg Simmel (1858-1918) e Heinrich Rickert (1863-1936), este último um filósofo neo kantiano importante para o Historicismo e que teve considerável influência sobre Max Weber (1864-1920), foram dois dos seus representantes mais notórios na passagem para o século XX. No decorrer daquele século, o pensamento de Kant continuou a exercer influências diversas, como por exemplo sobre o filósofo Ernst Cassirer (1874-1975), o ativista socialista Kautsky (1854-1938), ou o crítico de arte Clement Greenberg (1909-1994), um dos maiores especialistas em Arte Moderna de sua época. Também Hegel estendeu sua influência para os séculos posteriores, e iremos encontrá-la nos historicistas Benedetto Croce (1866-1952) e Collingwood (1889-1943). Sobre a influência de Hegel no neoidealismo italiano, cf. MARCUSE, 2004, p. 343. Ambos, de todo modo – Kant e Hegel –, nasceram no século XVIII, de modo que Marx, Nietzsche e Freud podem ser considerados os três maiores nomes entre os nascidos no século XIX.

**4.** Friedrich Engels nasceu em 1829 na cidade alemã de Wuppertal, e faleceu em 1895 em Londres. Sua posição econômica privilegiada, como filho de um rico industrial alemão, trouxe-lhe condições financeiras mais favoráveis do que a de Marx para realizar seu trabalho intelectual. O período em que assumiu a direção de uma das fábricas da família, em Manchester, permitiu que acumulasse uma série de observações a respeito da situação miserável do proletariado inglês, o que pode ser observado já em uma de suas primeiras obras: *A situação das classes trabalhadoras na Inglaterra* (1845). Cf. as demais obras de Engels no Quadro 1.

Estes dois autores, fundadores daquilo que hoje denominamos "Materialismo Histórico", produziram uma vasta obra, cujos principais títulos procuramos sintetizar visualmente no "Quadro 1". Ali veremos obras que foram escritas por um ou outro e outras que foram assinadas pelos dois autores – como *A Sagrada Família* (1845), *A ideologia alemã* (1846), o *Manifesto do Partido Comunista* (1848), ou o projeto da *Primeira Internacional Socialista* (1864)[5].

Karl Marx deve ser compreendido, antes de mais nada, como um grande criador, e como um magnífico "recriador" – alguém que soube aproveitar o melhor do pensamento europeu de sua época para lhe dar novas feições e aplicações, de modo a mudar a face da Sociologia, da História, da Economia e de outros âmbitos de estudo, mesmo que esta contribuição não tenha sido percebida em toda a sua extensão durante a vida do próprio pensador alemão. A originalidade de Marx, no âmbito teórico, é dupla: como genial criador de novos conceitos, e como rearticulador de categorias de pensamento que já vinham sendo trabalhadas por autores diversos. É assim que, além da criação e inovação relacionada a aspectos vários, como a descoberta da "Mais-Valia" para a análise do Capital, ou a bem urdida reflexão sobre a

---

**5.** O "Quadro 1" expõe o título de cada um dos principais livros de Karl Marx e Friedrich Engels, indicando a data de criação ou publicação de cada texto entre parêntesis. Há obras que somente foram publicadas tardiamente, já depois da morte dos fundadores do Materialismo Histórico, tal como foi o caso dos *Grundrisse*, escritos entre 1857 e 1858, mas somente publicados no século seguinte (1939). No "Quadro 1", as obras escritas em comum pelos dois autores estão situadas entre os dois nomes de Marx e Engels. As demais são obras exclusivamente escritas por Marx ou por Engels.

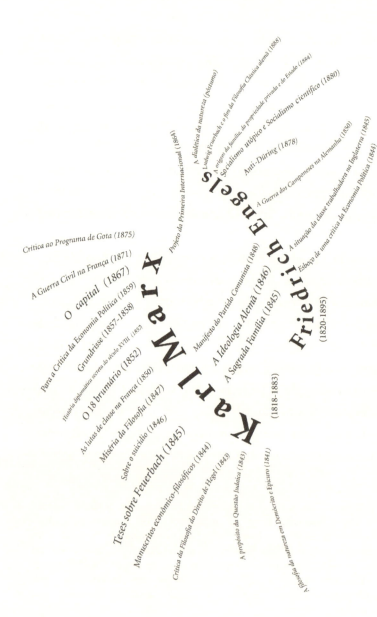

Quadro 1. A obra de Karl Marx e Friedrich Engels

"Acumulação Primitiva" – aspectos que não serão tão discutidos aqui, pois estaremos mais interessados naquilo que se refere de modo mais geral à Teoria e Metodologia da História – o gênio de Karl Marx atuou desde o princípio de seus textos e práticas inter-relacionando, de uma nova maneira e no interior de um sistema inteiramente novo para a compreensão da História, alguns conceitos que já tinham aparecido a partir de outros pensadores.

A ideia de uma "luta de classes", por exemplo, já havia sido mencionada por historiadores franceses do período da Restauração, como Guizot e Thierry[6]. Tampouco a perspectiva dialética foi invenção dos fundadores do Materialismo Histórico, e na verdade o que ocorreu foi que a dialética idealista de Hegel foi invertida por Marx de modo a situar o desenvolvimento material como ponto de partida da história em um Materialismo Dialético. A noção de Ideologia tinha uma pequena história pregressa, que alguns remetem a Napoleão Bonaparte. A visão materialista do mundo não era uma ideia nova, e o século XVIII conhecera desenvolvimentos peculiares na direção do que Marx consideraria um "materialismo vulgar" (Marx irá partir do modelo materialista de Feuerbach, mas irá criticá-lo por não ser um modelo materialista que leva em consideração

---

**6.** Guizot discute a "luta de classes" em *Curso de História Moderna* (1828: 27-29). Sobre um reconhecimento da utilização dos conceitos de "classe" e "luta de classes" por outros autores, em especial os historiadores burgueses da França restaurada, cf. a carta de Marx a Joseph Weydemeyer, datada de 5 de março de 1852. Além disso, o historiador inglês John Wade (1788-1875), também citado por Marx em carta de 1852 endereçada a Weydemeyer, havia publicado em 1833 um livro intitulado *History of the Middle and Working Classes* (1833).

a história[7]). De igual maneira, o vínculo entre Economia e História já havia sido identificado por Jerome Adolph Blanqui em sua *Histoire de l'économie politique em Europe* (1843, 2. ed.), e também a Economia Política de Adam Smith já trabalhara com essa correlação[8]. Quanto ao socialismo, embora não um "socialismo científico" como proporiam Marx e Engels, este era já um horizonte em certos grupos radicais da França revolucionária e no pensamento ainda idealizado dos "socialistas utópicos". Todas essas ideias foram inter-relacionadas de uma maneira inteiramente original para a constituição dos fundamentos daquilo que posteriormente seria chamado de Materialismo Histórico.

O "Quadro 2" foi construído com o objetivo de sintetizar visualmente os "fundamentos e conceitos centrais do Materialismo Histórico". No caso, dispusemos as várias noções basilares do Materialismo Histórico em dois círculos concêntricos. O círculo mais nuclear inclui dentro de si aquilo que é realmente inseparável do Materialismo Histórico enquanto campo teórico-metodológico específico que permite compreender a história e a dinâmica das sociedades humanas. Na parte superior do círculo interno temos os três

---

**7.** Esta crítica pode ser vista já desde as *Teses sobre Feuerbach* (1845), particularmente as teses 6 e 7. Na tese 6, Marx critica aquele filósofo alemão por fazer uma "abstração da marcha histórica"; na tese 7, ele questiona o fato de que Feuerbach imagina uma essência supra-histórica do homem, não compreendendo que "o indivíduo abstrato que analisa pertence a uma determinada forma social".

**8.** De acordo com as pesquisas de Josep Fontana, Marx leu a obra de Blanqui em 1843, na segunda edição, portanto às vésperas da elaboração da primeira obra em coautoria com Engels, *A Sagrada Família* (1844). Sobre as inflexões de Adam Smith acerca das relações entre Economia e História, cf. POCOCK, 2006.

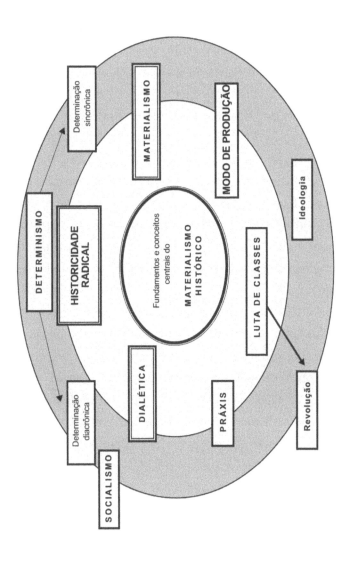

Quadro 2. Fundamentos do Materialismo Histórico

fundamentos centrais do Materialismo Histórico: a "Dialética", o "Materialismo", e a "Historicidade Radical". Se abstrairmos qualquer um destes fundamentos, o Materialismo Histórico deixa de fazer sentido em seu núcleo mínimo de coerência: ou se dissolve, ou se desfigura, ou se transforma em uma outra coisa. Por exemplo, se conservarmos apenas as ideias de Dialética e de Historicidade Radical, mas descartarmos o fundamento do "Materialismo", facilmente recairemos em algo muito próximo do Idealismo Hegeliano. Isso porque o sistema de compreensão do mundo proposto por Hegel era também Dialético e Histórico, embora fosse Idealista (e não Materialista, conforme já veremos). De igual maneira poderíamos pensar um sistema que fosse Materialista e Histórico, mas não Dialético, o que seria já qualquer outra coisa que não o sistema proposto por Marx e Engels. Uma combinação peculiar de Materialismo e de Dialética (não no sentido de "movimento", e sim no que se refere à consideração das "contradições"), mas que estivesse concomitantemente abstraída da Historicidade, possivelmente resultaria em algum tipo de Estruturalismo. Dialética, Materialismo e Historicidade, portanto, constituem aquilo de que não se pode prescindir, caso desejemos permanecer nos limites mínimos do Materialismo Histórico. Tudo o mais, de alguma maneira, poderia ser negociável. Mas não essas noções basilares.

Representamos também, no hemisfério inferior deste círculo mais interno, três conceitos fundamentais, sem os quais também resulta bem difícil trabalhar operacionalmente com a perspectiva do Materialismo Histórico. De certa maneira, eles derivam dos fundamentos acima propostos. A noção de "Práxis" – algo que une teoria e prática, ou pensamento e ação em um todo coerente – é de certo modo um desdobramento da Dialética. O conceito de "Luta de Classes" desdobra-se diretamente da combinação entre Historicidade e Dialética (no sentido de que esta envolve, como já veremos, "contradições"). "Modo de Produção", por fim, constitui um conceito que busca expressar o núcleo mínimo de Materialidade de uma determinada formação social, embora este conceito também dependa diretamente dos outros dois fatores – a Dialética (pois já veremos que todo modo de produção articula certas contradições internas) e a Historicidade (uma vez que os modos de produção modificam-se de alguma maneira continuamente, até que finalmente se transformam em outros modos de produção, já característicos de uma nova formação social).

Situamos a noção de "Práxis" na fronteira entre os dois círculos, quase transbordando para o círculo externo, porque existe certa polêmica em torno da obrigatoriedade deste conceito para o delineamento do Materialismo Histórico. Marx o considerava fundamental, e está certamente pensando na "práxis" quando profere em suas *Teses sobre Feuerbach* (1845) o célebre dito: "Os filósofos interpretaram o mundo, cabe a nós transformá-lo". Mas pode-se argumentar que este engajamento pessoal de Marx nas lutas sociais de sua época – ou seja, a união da teoria e da prática social na figura do próprio cientista social que se propõe revolucionariamente a transformar o mundo – era uma opção do indivíduo Marx. Alguém poderia argumentar que seria perfeitamente lícito um historiador lançar mão do sistema teórico-metodológico do Materialismo Histórico para interpretar determinada realidade histórica, sem que esse historiador estivesse preocupado ele mesmo em interferir para a transformação do seu Presente. Ou seja, o Materialismo Histórico pode ser utilizado perfeitamente para "interpretar o mundo", embora também possa ser utilizado para "transformá-lo". De todo modo, situamos o conceito de "Práxis" no círculo interno porque nos parece que essa noção é também fundamental para compreender os homens de certa época a ser examinada, no sentido de que tal conceito recoloca a pergunta: "Como interagem teoria e prática, ou visão de mundo e ação social, neste indivíduo ou nesta classe social historicamente localizados"[9]?

Temos no núcleo mínimo do Materialismo Histórico, portanto, três fundamentos (Dialética, Materialismo e Historicidade) e três conceitos incontornáveis ("práxis", "luta de classes" e "modo de produção"). O mais, rigorosamente falando, é negociável: apresenta certo peso ou contrapeso que sofre ou beneficia-se de oscilações conforme as diversas variantes de Materialismo Histórico, desaparece em alguma

---

**9.** No item deste capítulo relativo à "Práxis", veremos que, nas obras de Marx, este conceito apresenta ainda mais dois sentidos, para além da noção da "práxis revolucionária". Em sentido mais amplo, a "Práxis" origina-se da capacidade da espécie humana em transformar o mundo que a cerca, e a si mesma, autocriando-se, a partir de um Trabalho que a diferencia das demais espécies animais e que pode ser acompanhado de reflexão e consciência. Ao mesmo tempo, a "Práxis" também está relacionada, em seu terceiro sentido, à consciência e "atividade" que deve (ou pode) estar incluída em toda percepção e todo o fazer (o trabalho incorporado pela "Práxis" distingue-se do trabalho *alienado*, e a "Práxis" diferencia-se da mera "prática"). Voltaremos oportunamente a estas questões.

de suas outras correntes, ou é rediscutido e redimensionado. De modo geral tem ocorrido – entre historiadores, sociólogos e filósofos ligados ao Materialismo Histórico – uma ampla discussão em torno das ideias e conceitos de "determinismo", "revolução", "ideologia", e sobretudo acerca do papel do "socialismo" como integrante ou não do paradigma proposto pelo Materialismo Histórico. Pode-se dizer, por exemplo, que o "socialismo" – ou a expectativa de que um modo de produção socialista seja atingido historicamente e generalizadamente para a humanidade – faz parte do "Marxismo" (ou, mais propriamente falando, do "marxismo-leninismo"), mas não necessariamente do "Materialismo Histórico" enquanto arcabouço que possibilita uma análise da história e das sociedades humanas. A fixação de um ponto de chegada para a história em uma formação social específica que seria o "modo de produção socialista", tal como o concebeu Marx, mais faz parte da "filosofia da história" de Marx do que de sua "teoria da História"[10]. Pode-se perfeitamente imaginar um pensador, mesmo que ligado ao pensamento liberal, que se utilize de uma abordagem muito próxima do Materialismo Histórico, mas sem acreditar que uma etapa socialista se seguiria ao modo de produção capitalista. Mesmo entre correntes marxistas, como a Escola de Frankfurt, coloca-se em questão se o socialismo seria mesmo inevitável, ou até mesmo se, uma vez atingido, traria efetivamente a libertação humana e evitaria a degradação social que esta escola vê nas sociedades contemporâneas.

---

**10.** Cf. o capítulo "Filosofias da História e Teorias da História", do vol. 1 desta série.

De igual maneira, podem-se colocar novas perguntas para a ideia de "revolução", aqui entendida no sentido de "movimento social" que instaura uma nova realidade ou modo de produção. Serão as revoluções necessárias? Se o são, deverão ser necessariamente revoluções violentas? Será possível atingir o Socialismo através da via revisionista, como propunha a corrente social-democrata que emergiu de uma dissidência da 2ª Internacional? Ou, mais ainda, o que é particularmente importante para nossa reflexão historiográfica: necessariamente o historiador precisará contemplar o conceito de revolução em sua análise histórico-materialista para todo e qualquer objeto de estudo? Em relação à noção de "ideologia", como navegar em seu oceano de múltiplos sentidos? Navegar é preciso?

A noção mais controvertida, a qual situamos ainda dentro do segundo círculo – e não na borda que separa o campo teórico do Materialismo Histórico de seu exterior –, refere-se à ideia de Determinismo. Conforme veremos adiante, a análise histórico-materialista abre a possibilidade de se falar (ou não) em dois tipos de Determinismo: o "determinismo sincrônico", que diz que alguns aspectos da totalidade social são derivados de outros que ocupam uma posição mais central no sistema, e o "determinismo diacrônico", o qual predica que certas formações sociais produzirão no decurso do desenvolvimento histórico necessariamente sua transformação em outras (por alguns consideradas mais "evoluídas"). Tem sido objeto de intensa rediscussão tanto a ideia de um determinismo sincrônico – a noção de que a economia determina a cultura, por exemplo – como a ideia de um determinismo diacrônico (a noção de que determinado "modo de produção" resultará necessariamente em outro muito específico, como se houvesse uma única sequência possível de modos de produção). É verdade que, em alguma medida, o Materialismo Histórico impõe a ideia de que as coisas não existem por acaso, e que um aspecto ou situação pode determinar outros. Mas existirão determinações lineares, apontando para uma única direção? Tudo isso, conforme veremos, tem sido objeto de intensa discussão no âmbito do Materialismo Histórico, no interior das diversas correntes que o repensaram.

## 3 Um pequeno texto de Karl Marx

Antes de prosseguirmos, transcreveremos para registro e para posterior estudo um pequeno texto de Karl Marx, que foi incluído como "Prefácio" para uma obra por ele escrita em 1859 sob o título de *Contribuição à crítica da Economia Política* (1859). Dificilmente encontraremos em Marx ou em Engels outro texto que expresse de forma tão completa, e em tão poucas linhas, uma visão de conjunto que abarca quase todos os princípios fundamentais do Materialismo Histórico, ou que ao menos contempla o esboço de algumas noções que se tornaram fundamentais para o pensamento de Marx.

Uma primeira leitura deste texto, para aqueles que ainda não estão familiarizados com a terminologia e com o sistema conceitual do Materialismo Histórico, pode requerer uma atenção desdobrada. Esbarramos aqui em palavras que já se aproximam ou mesmo equivalem a alguns dos principais conceitos que já iam se firmando no vocabulário teórico do Materialismo Histórico ou que posteriormente seriam mais bem formulados e refinados por Marx e Engels como princípios básicos para o novo paradigma econômico-historiográfico. "*Produção Social* da existência", "Relações *Determinadas*" (determinismo), "*Modo de Produção* da vida material", "Forças de Produção", "Relações de Produção", "Base", "Superestrutura", "Revolução Social", "Consciência Social", "relações de propriedade" – assim que adentrarmos a produção bibliográfica escrita por Marx, e também por Engels, poderemos perceber que todas essas palavras, ou pequenas variações delas, irão reaparecer constantemente na obra dos dois fundadores do Materialismo Histórico, terminando também por serem posteriormente herdadas pelos pensadores e pesquisadores que os seguiram neste paradigma.

Além das palavras, conceitos e quase-conceitos, as ideias essenciais também já aparecem aqui: a história e as mudanças na vida humana são sempre impulsionadas a partir de sua base material, isto é, das condições objetivas e concretas por meio das quais os homens em sociedade reproduzem sua própria existência (Materialismo). As transformações dão-se a partir do desenvolvimento de "contradições", isto é, de inúmeras forças sociais e produtivas que terminam por se confrontar reciprocamente, gerando um movimento "dialético". "Tudo é histórico". E os agentes dessa história, isto também está implícito no texto, não são apenas os indivíduos, mas sobretudo os grandes grupos sociais de indivíduos que podem ser definidos por uma identidade comum (as "classes sociais", conforme se verá posteriormente). Tais grupos, além disso, confrontam-se a todo instante na história, seja a partir de lutas concretas, seja por meio de verdadeiras lutas de representações. Geram, a partir das transformações que ocorrem em sua vida material, as diversas "formas ideológicas" que são derivadas da base social e material. No plano mais amplo, por fim, toda sociedade gera as próprias sementes de sua destruição e renovação ("toda sociedade é parteira de uma nova sociedade, que emergirá de si mesma").

Ao lado de alguns princípios fundamentais, é preciso também ressaltar que algumas das expressões utilizadas por Marx neste texto foram pensadas como imagens, e não como conceitos para serem depois dogmatizados. Apesar de não terem sido formuladas como conceitos fixos a serem enrijecidos em doutrina, isto ocorreu, por exemplo, com o célebre par imagético da "base" ("infraestrutura") que determina a "superestrutura" da vida social. Em torno da validade ou não de se utilizar esta imagem como conceito útil para a análise social muito se discutiu, e diversos pensadores marxistas se deixaram aprisionar pela força desta figura. Mas outros dela se libertaram em períodos posteriores, dando origem a correntes várias do Materialismo Histórico que repensaram as relações entre economia e cultura não mais como uma determinação linear. Mas a tais questões retornaremos no momento apropriado. Por ora, vamos ao próprio texto de Marx, que ficará como uma primeira indicação de leitura a ser revisitada outras vezes. Depois abordaremos passo a passo os diversos princípios fundamentais do Materialismo Histórico, de modo que o retorno a este texto em outras oportunidades para aqueles que o leem pela primeira vez ficará cada vez mais fácil, uma vez que os conceitos e a linguagem já se terão tornado familiares.

> O resultado geral ao qual cheguei, e que, uma vez obtido, serviu-me de guia para meus estudos, pode ser resumidamente formulado da maneira que se segue. Na produção social da própria existência, os homens entram em relações determinadas necessárias, independentes de sua vontade; estas "relações de produção"[11] correspondem a um determinado grau do desenvolvimento de suas "forças produtivas" materiais. A totalidade dessas "relações de produção" constitui a "estrutura econômica" da sociedade, a "base" real sobre a qual se eleva uma "superestrutura" jurídica e política e à qual correspondem formas sociais determinadas de consciência. O "modo de produção" da vida material condiciona o processo de vida social, política e intelectual. Não é a consciência dos homens que determina o seu ser; ao contrário, é o seu ser social que determina a consciência. Em certa etapa de seu desenvolvimento, as "forças produtivas" materiais da sociedade entram em "contradição" com as "relações de produção" existentes, ou, o que não é mais que sua expressão jurídica, com as "relações de propriedade" no seio das quais elas se haviam desenvolvido até então. De formas evolutivas

---

**11.** As aspas cercando expressões, neste texto, não foram colocadas pelo próprio Marx. Aqui estaremos fazendo isto apenas para isolar alguns conceitos, delimitá-los com maior clareza para o leitor, que não necessariamente os conhecerá de antemão. No texto original não existem aspas como as que aqui empregamos, conforme foi dito antes.

das "forças produtivas" que antes eram, essas relações convertem-se em entraves. Abre-se, então, uma época de "revolução social". A transformação que se produziu na base econômica transforma mais ou menos lenta ou rapidamente toda a colossal superestrutura. Quando se consideram tais mudanças, convém distinguir sempre a transformação material das condições econômicas de produção – que podem ser verificadas fielmente com a ajuda das ciências físicas e naturais – e as formas jurídicas, políticas, religiosas, artísticas ou filosóficas, em resumo, as "formas ideológicas" sob as quais os homens adquirem consciência desse conflito e o levam até o fim. Da mesma maneira que não se julga o indivíduo pela ideia que ele faz de si mesmo, tampouco se pode julgar uma tal época de transformação pela consciência que ela tem de si mesma. É preciso, ao contrário, explicar essa consciência pelas contradições da vida material, pelo conflito que existe entre as "forças produtivas" sociais e as "relações de produção". Uma sociedade jamais desaparece antes que estejam desenvolvidas todas as "forças produtivas" que possa conter, e as "relações de produção" novas e superiores não tomam jamais seu lugar antes que as condições materiais de existência dessas relações tenham sido incubadas no próprio seio da velha sociedade. Eis por que a humanidade não se propõe nunca senão os problemas que ela pode resolver, pois, aprofundando a análise, ver-se-á sempre que o próprio problema só se apresenta quando as condições materiais para resolvê-los existem ou estão em vias de existir (MARX. Prefácio para *Contribuição à Crítica da Economia Política*, 1946: 29-33) [original: 1859][12].

## 4 A Dialética e o Movimento Histórico

O primeiro aspecto a ser discutido, para uma compreensão essencial dos princípios norteadores do Materialismo Histórico, é a "Dialética" – concepção que já aparece com uma elaboração moderna em Hegel, e que concebe a Realidade como um eterno devir no qual o Movimento é assegurado pelo confronto de contradições[13]. Se quisermos buscar as mais remotas origens da Dialética no sentido de contraposição de elementos contraditórios que geram o incessante movimento do mundo, terminaremos por encontrar na Antiguidade Grega o mais enigmático dos filósofos pré-socráticos: Heráclito de Éfeso (544-484 a.C.)[14]. Nenhum dos antigos filósofos gregos percebeu e explicitou com tanta clareza a multiplicidade da realidade, seu caráter contraditório, e o

---

**12.** Na continuidade deste texto segue-se uma menção de Marx a modos de produção que já existiram na história, e a afirmação de que as "relações de produção burguesas" constituem a última forma antagônica de produção social (p. 32).

**13.** As categorias centrais da dialética hegeliana, e também da dialética marxista, são o Movimento, a Contradição e a Totalidade.

**14.** A origem etimológica de Dialética está na combinação de "dia" ("troca") com "lekticós" (apto à palavra), e por isso a expressão também aparece empregada no sentido de um método de filosofar por meio do diálogo e da contraposição, tal como ocorre com a Dialética Socrática. A Dialética compreendida como estrutura contraditória da realidade em eterno movimento, contudo, constitui uma contribuição heraclitiana à história da filosofia que só seria retomada com todo o seu vigor por Hegel, e depois por Marx.

fato de que todas as coisas estão em relações recíprocas[15]. Para este filósofo grego pré-socrático, "tudo flui" (*panta rei*), sendo este o ponto de partida de todo o seu pensamento. O Ser surge já em Heráclito como algo múltiplo, em incessante movimento e constituído por oposições internas, o que também se aplica ao homem. O "fragmento 88" já expõe este caráter incontornavelmente contraditório da natureza humana – na verdade de tudo e todas as coisas –, que traz em suas próprias oposições internas o segredo de seu movimento:

> Em nós, manifesta-se sempre uma e mesma coisa: vida e morte, vigília e sono, juventude e velhice. Pois a mudança de um dá o outro, e reciprocamente (HERÁCLITO DE ÉFESO. *Fragmento* 88).

A imersão de tudo no Devir e a permanente transformação a que estão sujeitas todas as coisas também aparece em diversos dos fragmentos de Heráclito. Aqui surge o famoso dito atribuído a Heráclito de que "é impossível alguém entrar duas vezes no mesmo rio" (Fragmento 91), já que no segundo momento teríamos tanto um novo rio como um novo homem[16].

---

**15.** Heráclito (544-484 a.C.) nasceu na cidade de Éfeso, na Jônia, e de sua obra restaram poucos fragmentos, que são, no entanto, extremamente significativos e reveladores desta filosofia do "movimento" e da "luta entre os opostos". Informações biográficas sobre este filósofo, que chegou a ser cognominado "o Obscuro", chegaram-nos a partir do livro *Vidas e doutrinas dos filósofos ilustres* (IX, 3), de Diógenes Laércio (200-250). Antes desse livro, e bem mais próximo da época de Heráclito, tem-se também os registros de Neantes de Cízico (III a.C.).

**16.** Diz ainda o "Fragmento 12" de Heráclito: "Para os que entram nos mesmos rios, sempre afluem novas águas". Valendo-se de outra imagem, a mesma ideia de eterna renovação é exposta pelo "Fragmento 48", que diz: "O Sol é novo todo dia". Quanto à articulação entre o incessante devir e a dinâmica das contradições, podemos citar o "Fragmento 41": "A morte do fogo é nascimento do ar; e a morte do ar é nascimento da água".

Esta ideia-matriz de uma dialética que imbrica "Movimento", "Contradição", "Reciprocidade" e "Totalidade" – e que um dia fora intuída por Heráclito de Éfeso – adquire com o filósofo alemão Friedrich Hegel (1770-1831) um desenvolvimento sistemático, base de toda uma filosofia que se postula como apta a compreender toda a realidade. Pode-se dizer que Hegel acrescentou algo a Heráclito: a expectativa de que não apenas é o universo formado por forças em eterna mutação e contradição a gerar o movimento do mundo, mas também que essa totalidade que constitui o mundo natural e humano pode ser compreendida racionalmente. Enquanto Heráclito contemplava maravilhado e aturdido o incessante movimento dialético gerado pela oposição entre contrários, e imprime certo ar enigmático e misterioso aos aforismos e fragmentos que tornaram conhecida sua concepção sobre este aparentemente caótico devir que parece "fluir como um rio", Hegel tenta compreender esse movimento, entendendo-o como sistema[17].

O Real, para Hegel, é Racional. O Racional, em contrapartida, também é Real[18]. A Dialética assume aqui sua forma

---

**17.** É interessante observar que Fichte (1762-1814), filósofo que se situa cronologicamente entre Kant e Hegel, também traz seu elemento de compreensão para a Dialética. Em *Princípio da doutrina da ciência* (1797), Fichte já afirma que "o Eu se põe a si mesmo", mas também avançará na proposição de que "o Eu põe o não Eu". Ambos os momentos seriam contemporaneamente presentes e necessários à consciência, que assim assume uma natureza contraditória. Ser um indivíduo significa recriar-se a todo momento, estabelecendo aquilo que se é por oposição ao mundo inteiro. As noções de contradição e movimento, que seriam fundamentais para a Dialética Hegeliana, já se afirmam na filosofia de Fichte.

**18.** A frase "O Real é Racional, e o Racional é Real" foi cunhada por Hegel já no prefácio da obra *Princípios da Filosofia do Direito* (1821), e a ela o filósofo voltaria outras vezes.

moderna. Hegel verá nela certo sentido, e não simplesmente um imprevisível entrechoque de forças diversas. Para Hegel, este sentido é o aprimoramento, o desvelamento, a objetivação da Razão, grande sujeito de sua história universal. Há um ponto a ser atingido pela Dialética Hegeliana – um "telos", isto é, um fim a alcançar. Como os iluministas do século XVIII, Hegel acredita no Progresso, no inevitável progresso da humanidade. Mas ele vê essa caminhada rumo a um futuro cada vez mais aperfeiçoado não como uma simples linha reta, e sim como uma sucessão de círculos dialéticos que se resolvem uns nos outros[19].

O movimento dialético, na perspectiva hegeliana, prevê uma Tese inicial que logo será confrontada pelo desenvolvimento de uma "contradição" saída de si mesma de modo a formar uma Antítese. O confronto entre Tese e Antítese – isto é, entre duas realidades contraditórias que se confrontam dialeticamente – gera ao final do processo a Síntese: um novo momento do processo que, então, pode reiniciar da mesma maneira o movimento de transformações dialéticas. O círculo dialético, orientando-se sempre para novas direções e produzindo sempre o novo, jamais cessa de girar, seja na natureza ou no mundo humano. Totalidade, Contradição, Movimento, é disto que se trata. Uma Totalidade na qual

---

**19.** A ideia de alguma forma de Determinismo – isto é, de que as mudanças não ocorrem da maneira meramente aleatórias, mas sim atendendo a certas necessidades – está presente na formulação dialética de Hegel e reaparecerá em Marx. Na verdade, esta ideia também já havia aparecido no "Fragmento 43-b" de Heráclito de Éfeso, que dizia: "Há uma certa ordem e tempo fixado para a mudança do cosmos de acordo com alguma fatal necessidade".

se interpenetram os contrários, e de cujo confronto gera-se o Movimento de todas as coisas, sejam elas aspectos da natureza ou fenômenos relativos às sociedades humanas.

Em uma passagem da *Fenomenologia do espírito* (1807), a primeira obra em que Hegel tenta esclarecer mais sistematicamente o pensamento dialético, o filósofo alemão ilustra o movimento dialético de maneira quase poética, contrapondo as realidades da Semente, da Flor e do Fruto nas diversas fases da realidade de uma Planta:

> O botão desaparece no desabrochar da flor, e pode-se afirmar que é refutado pela flor. Igualmente, a flor se explica por meio do fruto como um falso existir da planta, e o fruto surge em lugar da flor como verdade da planta. Essas formas não apenas se distinguem, mas se repelem como incompatíveis entre si. Mas sua natureza fluida as torna, ao mesmo tempo, momentos da unidade orgânica na qual não somente não entram em conflito, mas uma existe tão necessariamente quanto a outra (HEGEL. Prefácio de *Fenomenologia do espírito*)[20].

Além de propor um novo formato para a concepção iluminista do Progresso, doravante concebida de acordo com uma sucessão de círculos nos quais as realidades se contraditam na gestação do novo, a Dialética Hegeliana

---

**20.** A *Fenomenologia do espírito* é o primeiro momento na sistematização do pensamento filosófico de Hegel. Outros desenvolvimentos, ainda mais consistentes, viriam com *Ciência da Lógica*, publicada em 1812 e 1816.

não apresenta apenas um fim; ela também considera um início. Seu ponto de partida é o Espírito, o mundo das ideias. É a partir do Espírito que se institui o movimento do mundo[21]. Teria sido um movimento do Espírito o que colocou o universo em movimento, e, agora, é ainda o Espírito que está à partida de cada pequena transformação que se dá neste mesmo universo, ou de cada pequeno círculo dialético que se produz no incessante movimento de todas as coisas. O mundo humano, histórico por excelência segundo Hegel, é o melhor exemplo desse incessante devir dialético que se dá a partir dos movimentos do Espírito.

A novidade introduzida por Karl Marx foi precisamente inverter o ponto de partida do processo dialético. Enquanto Hegel o situava no Espírito, Marx o localizava na Matéria. É de uma realidade concreta, ou das condições materiais objetivas que se apresentam aos homens organizados em sociedade, que parte o movimento histórico de transformação da realidade, sendo por isso necessário que também a historiografia procure compreender os desenvolvimentos histórico-sociais do mundo humano a partir da análise das

---

**21.** "Espírito" (*Geist*, em alemão) não deve ser entendido na acepção mística, quando se trata de Hegel. Em alguns momentos, Hegel se refere ao "Espírito Objetivo" como sendo a expressão do Espírito comum de um grupo social. Grosso modo, pode ser entendido como a "cultura de um povo", aqui se referindo à organização singular que determina a moralidade, a ética e o direito em uma determinada sociedade ou época histórica. Em uma outra obra, intitulada *Princípios da Filosofia do Direito* (1821), Hegel irá se referir a povos, ou mesmo indivíduos, que representam historicamente o "Espírito do mundo" em seu perpétuo desenvolvimento. Uma síntese do sistema hegeliano, referido à História, poderá ser encontrado em *A razão na História – Uma introdução geral à Filosofia da História* (1837), obra póstuma de Hegel.

condições materiais, objetivas[22]. Em seu aspecto mais irredutível, a História principia com as condições que se apresentam aos homens para que eles produzam e reproduzam sua sobrevivência. O modo como os homens produzem sua própria vida social e material seria o verdadeiro ponto de partida de toda a análise histórica. Surge aqui um dos conceitos fundamentais para o Materialismo Histórico: o de "Modo de Produção", o qual discutiremos mais adiante.

Colocado nesses termos, o movimento histórico, para os fundadores do Materialismo Histórico, é simultaneamente dialético e dependente das condições objetivas e materiais da existência humana. Concomitantemente a isto, a História dá-se em duas dimensões distintas, mas interligadas, pois ela é simultaneamente a "história das lutas de classe" e a "história da sucessão de modos de produção". Só este duplo enunciado, o primeiro bem apresentado no *Manifesto Comunista* (1848)[23], o segundo cuidadosamente discutido em

---

[22]. Em Hegel, ao contrário, fica claro que o Espírito é que conduz o movimento contra uma realidade material que não apresenta senão o movimento que lhe é imposto por leis unidirecionais: "Como a substância da matéria é o peso, assim devemos dizer que a substância, a essência do espírito, é a liberdade. Concebemos a matéria como pesada desde que tenda para um ponto central: ela é essencialmente composta, existe de forma particular, procura sua unidade e, portanto, procura superar-se a si mesma buscando também seu contrário. O espírito, diferentemente, é aquilo que contém o ponto central, não possui a unidade fora de si, pois a encontrou. Ele é em si mesmo e por si mesmo" (HEGEL. Introdução à *Filosofia da História*, p. 23).

[23]. O *Manifesto Comunista*, escrito em 1848 por Marx e Engels para servir como um programa de ação para a Liga Comunista, será mais bem apresentado no item "Classes Sociais e Luta de Classes" deste capítulo. Outro texto clássico em sua apresentação da História como "história da luta de classes" é o *Anti-Duhring* (1878), de Engels. Aqui, naturalmente, as classes também são apresentadas como resultados das relações de produção e de troca. Cf. ENGELS, 1878.

*A ideologia alemã* (1846)[24], já seria suficiente para alçar Karl Marx e Friedrich Engels como instituidores de um modo de ver a História radicalmente novo e diferenciado em relação à ampla maioria dos historiadores de seu tempo. Hobsbawm, no balanço de 1968 no qual lança a indagação sobre "O que os historiadores devem a Karl Marx", mostra como os historiadores do século XIX, a exemplo de Ranke, ocupavam-se então de examinar basicamente as guerras, a diplomacia, a vida dos grandes líderes, aqui ou ali, eventualmente a História Institucional, mas sobretudo uma História (da) Política. Não uma História Política no moderno sentido de uma "história do poder", mas uma história da política, ou seja, dos meios políticos e dos homens que a faziam nos Parlamentos e outros órgãos ligados ao Estado. Já os fundadores do Materialismo Histórico, ao proporem que "a história é a história da luta de classes", o que estavam fazendo senão propor um deslocamento do olhar do historiador para uma dimensão impensada até então – a História Social? E, ao mesmo tempo, ao sustentarem que a história é a "história dos modos de produção", o que estavam propondo senão deslocar o

---

**24.** *A ideologia alemã* foi escrita por Marx e Engels entre 1845 e 1846, mas os autores não conseguiram publicá-la em sua forma completa, o que só ocorreria postumamente, em 1932. Ironicamente, Marx teria dito que possivelmente a obra seria entregue "à crítica roedora dos ratos". Posteriormente, a edição da obra em pleno século XX (1932), na mesma época que seriam tardiamente editados os *Manuscritos econômico-filosóficos* (1844), causou sensação na intelectualidade marxista, que conhecia sobretudo as obras econômicas, políticas e historiográficas de Marx. O Marx filósofo e crítico de filosofia, contudo, ainda era parcialmente desconhecido, pois, até então, dele apenas tinha dado uma pálida ideia a igualmente tardia publicação das *Teses sobre Feuerbach* (escritas em 1845, publicadas por iniciativa de Engels em 1888).

olhar historiográfico para as bases econômico-sociais e suas consequências sobre a sociedade e a História? Não seria isso, essencialmente, uma inédita abertura para a História Econômica? Guardemos estas duas grandes contribuições: Marx e Engels introduzem um novo e duplo olhar na História: uma atenção para a dimensão econômico-social.

Será importante ressalvarmos que muitos dos conceitos introduzidos por Marx e Engels, ou muitas das expressões que mais tarde se tornaram conceitos e fundamentos do Materialismo Histórico, nem sempre foram enunciados com o objetivo de delinear naquele momento uma maior precisão conceitual. No "Prefácio" para *a Crítica da Economia Política* (1859), cujo trecho reproduzimos no início deste capítulo, Marx apresenta um texto que é ao mesmo tempo de alta eficiência para sintetizar os aspectos centrais da nova concepção (o Materialismo Histórico), mas simultaneamente é extremamente conciso. Já aparecem ali expressões que hoje constituem conceitos fundamentais do Materialismo Histórico. Todavia, muitas daquelas expressões suscitaram debates subsequentes: o que seriam as "forças de produção", as "relações de produção", que lugar ocupariam precisamente no "modo de produção"; o que é a "base" e a "superestrutura"[25]. Os posteriores encaminhadores do Materialismo Histórico passaram a discutir o sentido de cada uma dessas expressões, seu lugar dentro do sistema proposto, e com isso foram surgindo variações

---

**25.** Cf. o comentário de Eric Hobsbawm a respeito (1984: 39-50).

possíveis na teoria do Materialismo Histórico. De igual modo, a História-Efetiva e a História-Conhecimento contribuíram, cada qual à sua maneira, para favorecer ajustes em uma ou outra direção.

É preciso ainda considerar que, de modo algum, Marx ou Engels estavam propondo um modelo abstrato que desejariam que funcionasse como "receita" para compreender o real, e em *A ideologia alemã* (1846) eles já expressam claramente sua preocupação com este aspecto ao rejeitarem o uso apriorístico das abstrações teóricas: "Estas, em si mesmas e separadas da história real, não têm valor algum e somente podem servir para facilitar a organização do material histórico [...] Não apresentam, diferentemente da filosofia, nenhuma receita ou esquema que permita definir corretamente as épocas históricas". Nada mais avesso a Marx e Engels, portanto, do que a ideia de utilizar os conceitos marxistas como formulário rígido para que neles venham a caber, *a posteriori*, a realidade histórica (FONTANA, 2004: 202). Pior ainda, chegou-se a utilizar análises historiográficas particularizadas de Marx em relação a situações ou processos específicos, como se estas pudessem se tornar modelos para o desenvolvimento de todas as sociedades humanas, o que em certo momento trouxe fortes preocupações aos próprios fundadores do Materialismo Histórico. Assim, em uma das *Cartas russas*, datada de 1878, Marx protestava contra o uso indevido do "cap. 24" de *O capital* (1867), no qual ele se havia empenhado em traçar o caminho pelo qual, a partir do Feudalismo, havia surgido a ordem econômica capitalista na Europa Ocidental. No texto,

Marx rejeita a tentativa de "metamorfosear o [seu] esboço histórico da gênese do capitalismo no ocidente europeu numa teoria histórico-filosófica de marcha geral que o destino impõe a qualquer povo, sejam quais forem as condições históricas em que se encontre"[26]. Eis um bom exemplo de que os fundadores do Materialismo Histórico não pretendiam criar ou sugerir um modelo único para o desenvolvimento histórico da humanidade, tal como ocorreu em adaptações posteriores de seu pensamento por marxistas que, sobre as bases de seu pensamento, construíram uma doutrina.

A atenção à Historicidade, aliás, é o segundo fundamento do Materialismo Histórico (podemos dizer que os três princípios fundadores da abordagem proposta por Marx e Engels seriam a "Dialética", o "Historicismo Radical" e o "Materialismo"). Para Marx, "tudo é história", frase que deve ser compreendida no sentido de que "tudo pode ser analisado

---

**26.** Esta carta russa, discutida por Haruki Wada (1983), é abordada por Josep Fontana no capítulo "Marx e o Materialismo Histórico" de seu livro *A história dos homens* (2004: 212). Em sua sequência, depois de esboçar um estudo comparativo entre os acontecimentos que envolvem o antigo escravismo romano e a escravidão moderna no Sul dos Estados Unidos, de modo a mostrar processos radicalmente distintos produzidos pelo escravismo, Marx irá desfechar sua conclusão sobre a impropriedade de adaptar uma análise histórica específica como modelo para outras: "Estudando separadamente cada uma das formas de evolução e comparando-as depois, pode-se encontrar facilmente a chave do fenômeno, mas nunca seria possível alcançá-la mediante o passaporte universal de uma teoria histórico-filosófica geral cuja virtude suprema consiste em ser supra-histórica" (WADA, p. 56-60; FONTANA, p. 212).

historicamente", ou de que nada escapa à História[27]. Antonio Gramsci (1891-1937) – um dos maiores pensadores marxistas do século XX – compreendia o Materialismo Histórico (ou a "Filosofia da Práxis", como ele o chamava) como "Historicismo Absoluto"[28]. O Materialismo Histórico radicaliza, por assim dizer, a Historicidade que já havia sido trazida pelo Historicismo em princípios do século XIX. Sequer o historiador escaparia à história, tal como já vinha propondo o setor mais relativista do historicismo alemão desde meados do século XIX. Mas, para além de uma nacionalidade, de uma posição em relação à religiosidade, de uma inscrição

---

**27.** Karl Marx afirmara que "tudo é história" para chamar a atenção para o fato de que nada escapava ao movimento da história. Mais tarde, já no século XX, este dito seria reapropriado pela célebre Escola dos *Annales* para significar que tudo era legítimo de ser estudado pelo historiador, e não apenas aquele pequeno setor da dimensão política de uma sociedade que correspondia à História da Política tradicional, da guerra, da diplomacia e das elites políticas, universo ao qual praticamente se restringiram alguns dos historiadores do século XIX (mas não todos, certamente). "Tudo é história" passava a ser, a partir do programa historiográfico dos *Annales*, um dos sentidos possíveis para a expressão História Total (a "história de tudo", em uma de suas aberturas de significado; a "história do todo", em sua acepção holística). Na mesma época também se desenvolveu uma terceira alternativa para o conceito de "História Total" e para o célebre dito de Marx de que "tudo é história". Podemos atribuí-la ao historiador marxista Pierre Vilar (1906-2003), que refinou a expressão "história total" como uma noção que remete ao gesto científico de "a tudo compreender historicamente". Há aqui um claro retorno, mas de uma nova maneira, ao sentido original do famoso dito de Karl Marx.

**28.** Podemos ler em Gramsci a seguinte passagem: "Esqueceu-se, em uma expressão muito comum [do *Materialismo Histórico*], que se deveria colocar o acento sobre o segundo termo, "histórico", e não sobre o primeiro, de origem metafísica. A filosofia da práxis é o "historicismo" absoluto, a mundanização e terrenalidade absoluta do pensamento, um humanismo absoluto da história. Nesta linha é que deve ser buscado o filão da nova concepção do mundo" (GRAMSCI, 1989: 189). Sobre a leitura do Materialismo Histórico como "historicismo absoluto", em Gramsci, cf. tb. KONDER, 2002: 102; e ACANDA, 2006: 127.

na cultura local, de idiossincrasias pessoais, e de um diálogo institucional com seus pares, o historiador também estaria vinculado a certa classe social, a uma determinada posição em relação a esta ou àquela classe social, ou ao menos seria portador, nem sempre consciente, de uma certa maneira de ver as coisas que se sintoniza perfeitamente com a leitura do mundo alcançada por esta ou por aquela classe social, o que certamente aparecerá na historiografia que irá produzir[29].

## 5  Materialismo e Modo de Produção

A ideia de considerar o "Modo de Produção" como ponto de partida para a análise histórica foi a grande novidade

---

[29]. As formas como um historiador, um intelectual ou um político representam um "ponto de vista de classe", na verdade, podem se apresentar em diversas situações e de diversificadas maneiras. Em *O 18 brumário* (1852) – obra em que examina um processo social e político ocorrido na França em meados do século XIX – Marx esclarece o que está por trás da ideia de que determinado grupo de políticos possa ser colocado em relação com uma classe social específica: "O que os torna [os deputados "democráticos"] representantes da pequena-burguesia [...] não é a falsa ideia de que eles sejam todos *lojistas* ou defensores entusiastas destes últimos [...] mas sim o fato de que sua mentalidade não ultrapassa os limites que essa classe não ultrapassa na vida; é o fato de que eles são constantemente impelidos, no plano teórico, para os mesmos problemas e soluções para os quais o interesse material e a posição social impelem, no plano prático, a pequena burguesia". Por outro lado, também Antonio Gramsci (1891-1937) procura desenvolver suas considerações a respeito da representação intelectual e a classe à qual aquela se associa. O conceito gramsciano do "intelectual orgânico" procura mostrar como uma determinada classe traz consigo uma série de intelectuais que dão apoio aos seus interesses; já o "intelectual tradicional" seria aquele vinculado a uma longa tradição cultural (escritores, cientistas etc.), tendendo a ver a si mesmo como independente das classes sociais em luta.

trazida por Marx e Engels, no que concerne particularmente à sua contribuição para a futura historiografia[30]. O conceito, certamente, beneficiou-se de inúmeras redefinições face ao desenvolvimento de trabalhos historiográficos mais específicos, mas devemos entendê-lo inicialmente como a combinação das "forças de produção" e das "relações de produção" correspondentes a certo período ou sociedade historicamente localizada[31]. Mais ainda, Marx irá postular que estes dois fatores – as "forças de produção" e as "relações de produção" – estão fadados a se tornarem contraditórios no processo dialético, apesar de terem sido tão bem ajustados no momento nascente do Modo de Produção, já que as "relações de produção" são geradas no interior de

---

**30.** Já em *A ideologia alemã* (1846), Marx e Engels falam nos modos de produção como a maneira mediante a qual os homens, organizados em sociedade, produzem sua subsistência; os modos de produção correspondem aqui, de acordo com palavras dos fundadores do Materialismo Histórico, a "modos de vida", ou "uma forma determinada de manifestar a vida". Sobre isto, cf. Fontana, 2004: 202.

**31.** Em uma primeira instância de análise, o "Modo de Produção" ("forças de produção" + "relações de produção") parece coincidir nos textos de Marx com a dimensão econômica de uma sociedade, embora depois tenham ocorrido muitos debates sobre se o "Modo de Produção" também não incorpora outras instâncias, inclusive a cultura (THOMPSON, 1979). De qualquer maneira, a visão de Marx de que o "Modo de Produção" corresponde à base do desenvolvimento histórico também remete a uma de suas metáforas, esta registrada no Prefácio para *A crítica da Economia Política* (1859), de acordo com a qual "a anatomia da sociedade burguesa deve ser procurada na Economia Política". Isso não impede, obviamente, que a amplitude do "Modo de Produção" seja colocada em discussão. Apenas para dar um exemplo, tomemos este trecho de Eric Wolf: "O processo real de produção não é apenas a produção material em si mesma, é o conjunto complexo das relações mutuamente dependentes entre natureza, trabalho, trabalho social e organização social" (WOLF, 1983: 74). Cf. Hobsbawm, 1998, p. 75.

uma determinada formação social precisamente pelas "forças de produção".

Se pudermos utilizar uma metáfora didática para expressar a ideia mais simples relacionada a essa contradição fundamental que se dá no interior do próprio Modo de Produção, pode-se dizer que as "relações de produção" correspondem no momento nascente de um modo de produção (o que é também apenas uma imagem útil) a uma espécie de camisa bem ajustada ao corpo. Contudo, este corpo inevitavelmente começa a se expandir, a assumir um novo formato, e é nesse instante que as "relações de produção", que um dia se apresentaram no interior do "Modo de Produção" como desdobramentos das "forças de produção", tornam-se contraditórias, e cada vez mais contraditórias.

É o próprio Marx quem nos diz, no Prefácio de *Contribuição para a crítica da Economia Política* (1859), que as "relações de produção", que um dia foram o motor das "forças de produção", tornam-se seu entrave. Nesse momento, ou no momento de maior acirramento da contradição, estas duas realidades mal ajustadas precisam fazer seu acerto dialético. As "forças de produção" em expansão não comportam mais a reação e resistência que lhes é imposta pelas "relações de produção" imobilizadas, retrógradas, inadequadas diante de uma realidade que já se modificou. Sobrevém, então, um momento de "revolução social". A Tese confrontou-se com sua Antítese, e ambas precisarão ser superadas pela Síntese, que será o ponto de partida para um novo "modo de produção". Este salto de qualidade para o novo momento é na história provocado pela "revolução", um conceito que também é apropriado pela concepção materialista da História[32].

Em exemplos práticos, vejamos o que seria um "modo de produção", as "forças de produção" e as "relações de produção". Tomemos o exemplo do mundo medieval. O chamado "modo de produção feudal" era constituído por "forças de produção" e "relações de produção" bem específicas. No campo das forças de produção teríamos toda a materialidade e força vital, toda a tecnologia e modos de apropriação da natureza e otimização do trabalho de que dispunha o homem medieval para reproduzir a existência de sua sociedade diante das condições que lhe eram oferecidas. Constituem a totalidade das "forças de produção" os "instrumentos de produção" – como o arado ou a charrua –, os "meios de produção", que seriam os ambientes dos quais os homens medievais poderiam extrair materiais para sua própria vida e também transformar em ambiente para seu trabalho, e por fim os "agentes de produção", os quais, para simplificar, coincidiriam com a humanidade que trabalha, no caso da Idade Média os servos (mas depois, também, os mercadores e artesãos, que virão a se constituir em agentes históricos importantes para a superação do modo de produção feudal). Também estariam no campo das "forças de produção" as técnicas conhecidas pelos ho-

---

[32]. É oportuno lembrar que autores diversos também têm problematizado as maneiras como se dão as transformações que cedo ou tarde se dão no Modo de Produção, para além do esquema mais simples que opõe contraditoriamente "forças de produção" e "relações de produção". Richard Miller, em seu livro *Analysing Marx: Morality, Power and History* (1984), trará mais complexidade a este movimento interno em um trecho ao qual oportunamente nos referiremos.

mens para produzir seu trabalho ou se apropriar do meio, como o cultivo unidirecional ou o plantio alternado.

Ocorre que tudo isto – instrumentos, técnicas, meios de produção e agentes de produção – está sempre em expansão, em certos momentos uma expansão em ritmo mais lento, em outros uma expansão em ritmo mais acelerado. O arado e a charrua constituem aperfeiçoamentos nos instrumentos de produção, as técnicas de cultivo se desenvolvem e se tornam mais eficientes, os meios de produção cedem espaço para novas apropriações humanas a partir de arroteamentos e ocupação de florestas antes intransponíveis, e a força de trabalho se desenvolve, torna-se mais eficaz, mas também mais complexa, mais beneficiada pela interação humana. A certa altura, com a melhoria da agricultura, produz-se um excedente e, mais bem alimentada, ocorre uma melhoria na qualidade de vida, abrem-se mesmo espaços para que nem todos precisem se dedicar a uma agricultura fechada, e muitos dos camponeses que eram encarregados de fazer tarefas relacionadas ao pequeno comércio local tornam-se comerciantes, engajam-se em empresas de longa distância, autonomizam-se em novas funções; alguns se tornam artesãos; outros continuam camponeses, mas já mais inquietos com suas condições de vida e as amarras sociais que lhes são impostas.

Estas amarras são precisamente as "relações de produção". No mundo medieval elas partilhavam a humanidade em três grupos básicos, apesar de existirem também outras funções e profissões. A nobreza, dominante, ocupava-se da guerra; o clero desempenhava as funções relacionadas à vida religiosa, fundamental para o homem medieval e mesmo para a manutenção do sistema (na verdade, o próprio clero também se dividia em um alto clero, oriundo da nobreza, e categorias vindas de extratos sociais inferiores, mas de modo esquemático – de acordo com o próprio esquema medieval das "três ordens" – pode ser considerado uma segunda ordem, ao lado da nobreza). Enquanto isso, a terceira ordem, a base produtiva do triângulo trifuncional, era precisamente o mundo do trabalho, em especial os servos que produziam o sustento alimentar de toda a sociedade, de maneira que no esquema ideológico medieval esta partição aparecia como a célebre divisão em "belatore, oratore e laboratore". Este esquema mental faz parte da "ideologia" – outro conceito importante para o marxismo – e que, juntamente com a arte, com o sistema jurídico, com as relações de parentesco, fará parte da superestrutura que deriva da base, do que alguns materialistas históricos chamam de infraestrutura.

Ora, precisamente no momento em que as "forças de produção" expandidas permitem que se produza um excedente, na chamada "fase de expansão feudal", é que se irá produzir ou se intensificar a contradição fundamental do mundo feudal: uma produção maior do que o consumo[33]. Esta antiga organização social, tão rigidamente estratificada, passa a não mais condizer com um mundo em expansão. Resistente às forças que se articulam a esta expansão, a organização social

---

**33.** Já para o modo de produção capitalista, se fosse este o nosso exemplo, veríamos que sua contradição fundamental está no "conflito entre o caráter social da produção e o caráter privado da apropriação capitalista".

cedo terá de dar lugar a uma outra, que predisporá ao surgimento, no período moderno, de um mundo que se organizará em torno do mercado, em uma primeira fase do que se tornaria mais tarde um novo modo de produção: o "modo de produção capitalista".

Estes esquemas, relativamente simples, são sugeridos por Marx em *A ideologia alemã* (1846), ou ao menos podem ser deduzidos de uma primeira leitura de seus escritos. Ocorre, contudo, que o "modo de produção" elaborado teoricamente para uma compreensão da sociedade é apenas um modelo. Na realidade histórica efetiva este modelo não existe, da maneira como a razão o organiza. É por causa disso que nos anos 1970 surgirá o conceito de "formação social", e o de uma "formação social específica". Trata-se de uma mediação para a aplicação da ideia de "modo de produção" a sociedades históricas mais específicas, ambientadas em um espaço sob determinadas circunstâncias, e relacionadas a especificidades e complexidades adicionais, afeitas a um dinamismo que lhes é próprio.

A noção de "formação econômico-social" surge, portanto, para dar conta desta mediação entre o modelo e as realidades históricas específicas, achando-se registrada no livro de Leporini e Serene (1973) que leva este título. Pierre Vilar também lança mão do novo conceito, e o utiliza de maneira peculiar. A "formação econômico-social" poderia ser caracterizada por um "modo de produção dominante", o que pressupõe a possibilidade da permanência de traços dos modos de produção anteriores ao lado da constituição de fatores novos, que já antecipam um modo de produção futuro e contribuem decisivamente para abalar a dominação presente. Essas ideias aparecem no célebre artigo escrito para a Revista dos *Annales* em 1973, no qual Pierre Vilar polemiza com Althusser utilizando o sugestivo título "História Marxista, história em construção" (1973: 165-198).

Sobre a ideia de uma formação social que inclui um modo de produção dominante e persistências de períodos anteriores, será oportuno lembrar uma carta escrita por Marx a Engels em 1868, portanto no ano seguinte à publicação de *O capital*. Nesta carta – que atesta simultaneamente a riqueza do pensamento dos fundadores do Materialismo Histórico e sua capacidade de repensar continuamente os fundamentos do campo teórico-metodológico que estavam fundando – Marx escreve a Engels, com todas as letras, que tinha bem recentemente adquirido a consciência de que as formas sociais pré-capitalistas podiam sobreviver em meio ao Capitalismo. Ou seja, praticamente depois de escrever toda a sua obra conhecida até *O capital* (1867), e três anos antes de escrever sua última obra de cunho historiográfico (*A Guerra Civil na França*, 1871), Karl Marx ainda formularia um ajuste que somente seria repensado mais sistematicamente cem anos depois.

É em vista de situações como essas que frequentemente os filósofos, historiadores e sociólogos marxistas, e também pensadores ligados a outros campos teóricos, têm sempre retornado a textos de Marx que passaram despercebidos diante de outras obras que foram transformadas em cânones. Isso ocorreu com "O fetichismo da mercadoria" (MARX, 1972: 64-112), um texto que faz parte de um capítulo de *O capital* e que mais tarde se tornaria inspirador tanto para a célebre obra *História e consciência de classe*, de Georg Lukács (1923), como para a chamada Escola de Frankfurt, esta última, aliás, também diretamente influenciada pelos *Manuscritos econômico-filosóficos* de 1844[34]. Algo parecido também ocorreu com os *Grundrisse*[35], um texto de Marx que se converteria em

---

**34.** "O fetichismo da mercadoria e seu segredo", de Karl Marx, corresponde à seção 4 do cap. I de *O capital* (1867). O texto discute aspectos como a "alienação" e a "coisificação do trabalho humano", e por isso veio a interessar vivamente à chamada Escola de Frankfurt – um instituto marxista formado por autores como Adorno, Horkheimer e Marcuse. A Escola de Frankfurt dedicava-se particularmente ao estudo de temas como a "alienação" do homem na vida moderna, a "coisificação" do trabalho humano na sociedade industrial e pós-industrial, a Indústria Cultural e a manipulação das massas, a sexualidade contemporânea, ou a transformação da arte em mera mercadoria, entre outras temáticas. Compreende-se, portanto, que tenha chamado atenção a esta nova escola marxista o texto de Marx sobre o "Fetichismo da mercadoria", e também os *Manuscritos econômico-filosóficos* (1844), somente publicados em 1932. Além disso, a Escola de Frankfurt uniu ao Materialismo Histórico influências outras, como as leituras de Freud e de Nietzsche. Lembraremos ainda, voltando às influências do texto "Fetichismo da mercadoria" sobre os novos marxistas, o fato de que Georg Lukács (1885-1971) também tinha empreendido sua própria leitura e reflexão sobre aspectos levantados por aquele texto de Marx, o que se encontra expresso em "A reificação e a consciência do proletariado", incluído no livro *História e consciência de classe* (1923). Este texto de Lukács também desempenhou um importante papel nos desenvolvimentos subsequentes da Escola de Frankfurt.

**35.** Os *Grundrisse der Kritik der Politischen Ökonomie* (Linhas básicas para a crítica da Economia Política) foram completados por Karl Marx em 1858, ficando desde então sob a forma de manuscrito. Só em 1939 e 1941 (em dois volumes), depois de oitenta e três anos de sua redação inicial, os *Grundrisse* viriam a ser postumamente publicados por iniciativa do Instituto de Marxismo-Leninismo (Berlim e Moscou). O texto original corresponde a uma série de esboços e materiais que Marx havia elaborado com vistas a organizá-los depois para a preparação de sua obra máxima, *O capital* (1867). Marx não pretendia de fato publicá-los; todavia, a publicação se justificou plenamente mais tarde (1939), uma vez que os *Grundrisse* continham surpreendentes partes que depois não foram incluídas em *O capital*. Uma dessas partes não incluídas em *O capital* foi o célebre texto *Formações econômicas pré-capitalistas*, que também mereceu publicação à parte em diversos países, inclusive no Brasil (1991). Em 1969 ocorreu a edição inglesa desta parte dos *Gruindrisse* – um dos poucos textos em que Marx discute os "modos de produção" anteriores ao Capitalismo – e foi esta edição que motivou uma rediscussão intelectual entre os marxistas do Reino Unido, levando-os a um audacioso redimensionamento do Materialismo Histórico. Este redimensionamento marxista pode ser visto claramente no célebre prefácio que Eric Hobsbawm fez para a edição inglesa dos *Grundrisse* (1969).

inspiração refundadora para a escola inglesa do Marxismo. Certamente, situações análogas ainda ocorrerão muito com a análise mais aprofundada da correspondência de Marx e Engels com interlocutores diversos.

## 6 O Modo de Produção em marxistas posteriores

### 1. As complexificações, readaptações e fragmentações de um conceito

Em virtude de seu caráter estruturante para a concepção do Materialismo Histórico, o conceito de "Modo de Produção" atraiu múltiplos esforços de redefinição no campo teórico marxista. A necessidade de desdobramentos e redefinições dava-se em duas direções. Por um lado, a história-efetiva oferecia aos historiadores marxistas, por meio de suas fontes, a necessidade de redimensionar os aspectos teóricos inicialmente formulados por Marx e Engels para se pensar o "Modo de Produção" como conceito-chave. A instância empírica forçava estas redefinições e desdobramentos com a imposição das realidades históricas trazidas pelas fontes.

Por outro lado, o Modo de Produção também podia dar lugar a abstrações e elucubrações diversas, sem qualquer base empírica. Existe uma ampla crítica a respeito de algumas das formulações do filósofo argelino Louis Althusser (1918-1990) no que concerne a essa questão, particularmente com respeito à concepção de "modos de produção especializados" como os modos "doméstico", "tributário", "parcelário", e tantos outros. Edward Thompson, aliás, foi quem realizou a crítica mais consistente em torno das abstrações criadas por Louis Althusser acerca do quadro conceitual do Materialismo Histórico. Suas críticas a Althusser foram publicadas no demolidor livro *Miséria da teoria* (1978).

Será preciso entender neste ponto que o Materialismo Histórico sempre apresentou correntes extremamente renovadoras e correntes que poderíamos considerar conservadoras em relação aos postulados iniciais dos fundadores do Marxismo, ou, mais grave, ao que estes marxistas mais conservadores acreditam ou queriam acreditar corresponder ao pensamento original dos fundadores do Materialismo Histórico. É nesse ponto que surge, no interior do Marxismo, o "dogma" – todo um grupo que cultua textos de Marx como cânones quase escolásticos, frequentemente atribuindo a Marx ou Engels pensamentos que eles nunca tiveram.

Sendo o Materialismo Histórico um campo teórico-metodológico dinâmico, a postura mais tendente a trazer novidades é aquela bem tipificada por Gramsci, que se opunha precisamente ao entendimento do Marxismo em geral como "um conjunto de definições acabadas". Ao contrário, para Gramsci o Marxismo deveria ser entendido como "método para a descoberta de novas determinações", ou melhor, como um método para explicitar novas determinações a partir do desdobramento das antigas, as quais, sendo dialéticas, eram determinações necessariamente abertas à evolução histórica, e que exigiam, por isso, uma renovação permanente" (COUTINHO, 1988: 49).

Entendido isto, vejamos em seguida algumas das contribuições para rediscussão, dentro do âmbito do Materialismo Histórico, do conceito de "Modo de Produção".

## 2. Lukács e Gramsci: o Materialismo Histórico nos anos 30

O entendimento de que o Modo de Produção domina uma sociedade como um todo aparece no pensamento de Georg Lukács, particularmente no capítulo "A reificação e a consciência do proletariado", que integra o ensaio *História e consciência de classe* (1923). No caso das sociedades capitalistas, o ponto nodal a ser considerado seria a "mercadoria", que termina por afetar a sociedade como um todo. Essa reflexão sobre o "caráter fetichista da mercadoria" – cujo abandono pelo "marxismo vulgar" é lamentado logo no início do ensaio – seria especialmente importante para a chamada Escola de Frankfurt, que reúne autores como Adorno, Marcuse e Horkheimer. Para Lukács, o capitalismo moderno é dominado pela "forma mercantil", que exerce "influência decisiva sobre todas as manifestações da vida" (LUKÁCS, 1989: 98), sendo remarcável o fato de que nenhum outro sistema teria chegado ao ponto de transformar a força de trabalho em mercadoria. Bem entendido, a questão não é que o homem – o trabalhador – tenha se tornado mercadoria, tal como ocorre nos sistemas escravistas, mas sim que a atividade do homem tenha se tornado mercadoria.

Entrevê-se, aqui, apesar de seu objeto único ser a sociedade capitalista, a maneira como Lukács concebe o Modo de Produção. Para compreendê-lo, a cada Modo de Produção em particular, deve-se apreender precisamente este traço geral, este aspecto que termina em cada Modo de Produção por comandar de uma maneira ou de outra todas as manifestações da vida. Destarte, é precisamente nas sociedades capitalistas que essa extensão de um traço essencial à totalidade se afirma mais intensamente, e Lukács chega a afirmar que "foi o Capitalismo que pela primeira vez produziu, com uma estrutura econômica unificada para toda a sociedade, uma estrutura de consciência – formalmente – unitária para o conjunto da sociedade" (LUKÁCS, 1989: 114).

Já Antonio Gramsci (1891-1937) encaminhou uma solução especial para a questão do Modo de Produção. A estrutura e a superestrutura constituiriam, para ele, um "bloco histórico", e, nesse sentido, não deveriam ser examinadas separadamente. De fato, um dos princípios básicos propostos por Gramsci é o do vínculo orgânico entre estrutura e superestrutura (PORTELLI, 2002: 45). Ainda hoje temos no ensaio de Hugues Portelli, intitulado "Gramsci e o bloco histórico" (1992), uma das sínteses mais eficientes acerca das questões que envolvem o "bloco histórico". Será este ensaio que tomaremos como base para nos aproximarmos de Gramsci, para além dos próprios *Cadernos do cárcere* e outras fontes de autoria do próprio historiador italiano.

Em relação à definição de "estrutura" (correspondente à "infraestrutura" em outros autores), esta abarca a combinação das forças sociais com o mundo da produção, notando-se que este último âmbito – o das forças materiais de produção – seria o menos variável no desenvolvimento histórico. A "estrutura" como um todo, contudo, seria bem dinâmica, a ponto de Gramsci ressaltar que não se pode apreender a estrutura como se esta fosse uma "imagem fotográfica", cumprindo notar ainda que a análise exata só seria mesmo possível ao término do período considerado (PORTELLI, 2002: 45).

Esse aspecto é particularmente interessante, pois situa o Materialismo Histórico como método historiográfico por excelência, secundarizando de alguma maneira a abordagem sociológica de análise do tempo presente. Não seria possível, senão assumindo o caráter hipotético e parcial dos resultados assim obtidos, examinar um determinado "bloco histórico" de dentro do próprio processo que o envolve. É quando o "bloco histórico" chegou a seu termo, findando seu processo de desenvolvimento e já se transformando em outro "bloco histórico", que sua análise torna-se possível. Transformado em história efetiva, plenamente realizada e documentada, o "bloco histórico" torna-se finalmente acessível para os historiadores, conforme sugere Gramsci:

> A estrutura é justamente o passado real porque ela é o testemunho, o "documento" incontestável do que foi feito e continua a subsistir como condição do presente e do futuro (GRAMSCI, M.S.: 97).

No tocante às relações de determinação presentes no interior do "bloco histórico", Gramsci ainda trabalha com a concepção de que a estrutura é "reflexo do conjunto das relações sociais de produção" (GRAMSCI, M.S.: 231). Mas utiliza essa concepção como abertura para um ganho metodológico. Sendo a superestrutura um reflexo do conjunto das relações sociais de produção, a análise do desenvolvimento da superestrutura permite o estudo indireto da própria estrutura.

Resta destacar um aspecto que é singular em Gramsci: o papel dos intelectuais (no sentido gramsciano, o intelectual não é um homem de letras, mas qualquer ser humano envolvido em ação social). O vínculo orgânico entre superestrutura e estrutura é assegurado pelos intelectuais, encarregados, pela própria dinâmica do sistema, de gerir a superestrutura do "bloco histórico".

### 3. Pierre Vilar: um dos pioneiros em uma visão complexa do Modo de Produção

Em diversificados textos de Pierre Vilar, o tratamento mais complexo dispensado ao Modo de Produção – concebido como simultaneamente determinado e determinante – expressa-se a partir da atenção direcionada a aspectos por vezes secundarizados pelo marxismo mais corriqueiro de sua época. Assim, no artigo escrito para a Revista dos *Annales* de 1973, intitulado "Histoire marxiste, histoire em construction" (1973-b), Pierre Vilar chama a atenção para um aspecto pouco abordado no delineamento de um Modo de Produção: as condições geográficas. Depois de destacar a influência do clima, do relevo, e de outros aspectos geográficos na vida humana, Vilar acrescenta que cada sociedade manipula o espaço em função de suas técnicas, necessidades e organização interna (LEMARCHAND, 2007: 97). Percebe-se simultaneamente o diálogo com Febvre e Braudel, e a preocupação em estabelecer os horizontes marxistas de sua concepção.

Avançando ainda mais na complexificação do conceito de Modo de Produção, Vilar acrescenta-lhe também a importância da Demografia, impondo-se ao mesmo tempo para redefinir as forças de produção e o potencial de consumo. Para aquilatar a importância das reflexões pioneiras de Vilar nesse sentido, devemos acompanhar as análises de Lemarchand, que dissertou mais sistematicamente sobre "A noção de Modo de Produção em Pierre Vilar" (2007: 98). Um artigo de Pierre Vilar datado de 1956, intitulado "Le temps du Quixotte", escrito para a revista *Europa*, já trazia a Demografia para primeiro plano. O ensaio de Pierre Goubert que introduz o estudo da demografia para a França do século XVII, intitulado *Beauvais et Le Beauvasis*, data de 1960. E os materialistas históricos dos anos 1960, em sua maioria, ainda expressariam uma acentuada desconfiança em relação à Demografia, então uma ciência recente.

Tudo isso ilumina o caráter inovador de Pierre Vilar ao trazer para as discussões sobre o Modo de Produção simultaneamente as instâncias geográfica e demográfica. Isto, naturalmente, sempre dentro do horizonte maior do Materialismo Histórico. E será oportuno lembrar que em 1960, mesmo ano da publicação do *Beauvais* de Pierre Goubert, Pierre Vilar profere uma conferência intitulada "Crescimento econômico e análise histórica", na qual ressalta a importância da dimensão demográfica, mas critica a autonomização da Demografia, destacando que o fator população não poderia se constituir na chave universal para a compreensão da História.

Por fim, Pierre Vilar acrescenta ao Modo de Produção o aspecto mais renitente entre os marxistas de sua época: a superestrutura, a começar pelo papel do Estado, sempre lembrando que seu principal objeto de estudos históricos nos anos 1960 refere-se à monarquia na Espanha dos séculos XVI e XVII. Em seguida, a Ideologia, incluindo o desprezo da aristocracia espanhola pelo trabalho, e, particularmente, a Religião, destacada com especial cuidado por Pierre Vilar para uma correta compreensão do mundo feudal, o que é nos dias de hoje uma instância de primeira ordem para a compreensão do modo de produção feudal, mas cujo papel fora muito negligenciado pelos marxistas franceses da época de Vilar. Vale ainda lembrar que, sintonizando com uma concepção análoga expressa nos anos 1960 pela microssociologia política de Georges Gurvitch, Pierre Vilar ainda chama a atenção para o fato de que cada instância da formação social – a Economia e a Política, por exemplo – tem seu ritmo próprio.

### 4. A escola inglesa do Marxismo e o Modo de Produção

A renovação dos estudos culturais trazida pela escola inglesa tem sido fundamental para repensar o Materialismo Histórico – particularmente para flexibilizar o já desgastado esquema de uma sociedade que ainda era vista, por muitos marxistas, a partir de uma cisão entre infraestrutura e superestrutura. Com a *Escola Inglesa do Marxismo* – que teve entre seus historiadores mais célebres Edward Thompson, Eric Hobsbawm e Christopher Hill – o mundo da cultura passa a ser examinado como parte integrante do Modo de Produção, e não como um mero reflexo da infraestrutura econômica de uma sociedade. Existiria, de acordo com essa perspectiva, uma interação e uma retroalimentação contínua entre a cultura e as estruturas econômico-sociais de uma sociedade, e a partir deste pressuposto desaparecem aqueles esquemas simplificados que preconizavam um determinismo linear e que, rigorosamente falando, também já haviam sido criticados por Gramsci, outro historiador marxista especialmente preocupado com o campo cultural. Será oportuno citar uma remarcável passagem de Thompson:

> Uma divisão teórica arbitrária como esta, de uma base econômica e uma superestrutura cultural, pode ser feita na cabeça e bem pode assentar-se no papel durante alguns momentos. Mas não passa de uma ideia na cabeça. Quando procedemos ao exame de uma sociedade real, seja qual for, rapidamente descobrimos (ou pelo menos deveríamos descobrir) a inutilidade de se esboçar a respeito de uma divisão assim[36].

Thompson rejeita, inclusive, a habitual "prioridade interpretativa atribuída ao "econômico". Se algures já se disse que "sem produção não há história", o historiador inglês acrescenta, com alguma ironia: "Sem cultura, não há produção" (THOMPSON, 2001: 258). Por vezes, não seria mesmo possível separar economia e cultura em relação a certos processos ou fatos históricos, mesmo já referentes ao período moderno.

O exemplo mais brilhante desta impossibilidade de separar economia e cultura no estudo específico de alguns processos históricos foi dado pelo próprio Edward Thompson em suas pesquisas sobre as revoltas populares na Inglaterra no século XVIII, que foram expressas em um texto escrito em 1971 com o título "A economia moral da multidão inglesa do século

---

**36.** THOMPSON, E.P. "Folklore, Anthropology and Social History". *The Indian Historical Review*, n. 2, 1977 [incluído em THOMPSON, E.P. *As peculiaridades dos ingleses e outros artigos*. São Paulo: Unicamp, 2001, p. 254-255].

XVIII". Thompson demonstra que, nesse contexto social, era em nome dos princípios morais que se faziam as queixas, confiscos de grãos e pães, e inúmeros outros processos pertinentes ao mundo econômico e também à Política. A Economia, naquele cenário social e relativamente a esses diversos processos não era, portanto, separável de certas concepções morais que circulavam na sociedade em questão. Economia e Moral, e portanto Economia e Cultura, não eram separáveis. Separá-las historiograficamente seria equivalente a perder a possibilidade de compreender aqueles processos históricos. Em vista disso, Thompson introduz um novo conceito no âmbito das reflexões historiográficas: o de "economia moral" (na verdade, conforme indica Thompson, a expressão já havia sido empregada na própria Inglaterra do século XVIII, em uma polêmica de Bronterre O'Brien contra os autores vinculados à economia política)[37]. Posteriormente, o conceito foi incorporado aos estudos historiográficos e passou a ser utilizado por histo-

---

**37.** Esta economia moral específica da Inglaterra no século XVIII, segundo Thompson, "supunha noções definidas, e apaixonadamente bem defendidas, do bem-estar comum" (THOMPSON, 1998: 152). Mais ainda, não se tratava apenas de algo que aflorava à época das crises e revoltas populares, mas de um modo de pensar que inclusive incidia sobre as próprias ações do governo. Por outro lado, e este é o cerne da investigação de Thompson nesta obra, ele busca investigar as tensões e conflitos gerados entre esta economia moral – expressa por meio do tradicionalismo – e a nova economia política gerada pelo funcionamento da sociedade industrial e mercantil. Portanto, são confrontados aqui, no interior de uma mesma realidade histórica, dois modelos econômicos distintos, baseados em pressupostos diferenciados: um modelo pré-capitalista no qual a produção e o comércio deviam se subordinar a regras já estabelecidas pelos costumes e valores morais, e um modelo econômico já de natureza capitalista, que desobrigava proprietários e comerciantes de qualquer responsabilidade ou dever em relação às classes menos favorecidas. O conceito de "economia moral" é retomado por Thompson no cap. V de *Costumes em comum* (1998: 203).

riadores para a análise de contextos diversos (SCOTT, 1976). Às posições de Thompson, retornaremos oportunamente.

Outra variação experimentada em relação às teorizações sobre o Modo de Produção foi o renomeamento de modos de produção, ou o reagrupamento de espacialidades e temporalidades de uma nova maneira. Eric Wolf, no ensaio *A Europa e os povos sem história*, considera três famílias de modos de produção – o modo parentesco, o modo tributário, e o modo capitalista – e faz com que o recém-nomeado "modo tributário", uma designação emprestada a Samir Amim (n. 1931), coincida com formações sociais habitualmente enquadradas tanto no modo asiático como no modo feudal. Hobsbawm, em um artigo sobre "Marx e a História", no interior do qual dedica uma pequena parte a uma crítica do ensaio de Wolf, condena o amalgamento, em uma única realidade, de formações sociais tão díspares como o Ocidente feudal e o Império Chinês, passando por diversificadas sociedades agrárias ou urbanizadas bem distintas umas das outras (1984: 48)[38]. O debate, de todo modo, encontra-se aberto.

## 7 Determinismo

Vimos no item anterior que o conceito de "Modo de Produção" é basilar para o Materialismo Histórico. Ainda não

---

**38.** Crítica mais detalhada desta mesma obra foi encaminhada por Hobsbawm no artigo "Todo povo tem uma história", publicado em 1983 no *Times Literary Supplement* (também incluído em *Sobre história*, p. 185-192).

houve pensador marxista que o colocasse em xeque, pois dificilmente subsistiria algo que ainda pudesse ser chamado de Materialismo Histórico se o "Modo de Produção" não estivesse em um ponto central da análise historiográfica ou sociológica. Na verdade, os dois conceitos basilares do Materialismo Histórico são o "Modo de Produção" e a "Luta de Classes". Isto porque de um lado a História é a história da sucessão de modos de produção (ou da transformação de "formações sociais" umas em outras); e, de outro lado, a História é também a história da "Luta de Classes" – dos grupos sociais que se confrontam organizados por uma determinada consciência de classe e posicionados de alguma maneira em relação ao modo de produção em vigor. Mas das noções de "luta de classes" e de "classe social" falaremos oportunamente[39].

---

**39.** A "história da luta de classes" e a "história dos modos de produção" articulam-se perfeitamente na dialética marxista. De um lado, a história produz-se a partir das condições objetivas impostas pelos "modos de produção", mas de outro lado são os homens que fazem a história, particularmente a partir da "luta de classes". Esta não se dá em separado da história dos modos de produção e das condições objetivas proporcionadas por estes. Entre várias passagens, vale lembrar a abertura de *O 18 brumário* (1852), de Karl Marx, na qual o fundador do Materialismo Histórico coloca em especial relevo esta relação: "Os homens fazem sua própria história, mas não a fazem como querem; não a fazem sob circunstâncias de sua escolha, e sim sob aquelas com que se defrontam diretamente, legadas e transmitidas pelo passado" (MARX, 1997: 21). De igual maneira, também Marx, em suas análises históricas, não desconsiderou a ação individual neste duplo quadro da Luta de Classes e das condições objetivas proporcionadas pelo Modo de Produção. Mesmo marxistas posteriores chamam a atenção para isso, como podemos ver nesta passagem do livro de Trotsky sobre a Revolução de 1905: "Aquele que for incapaz de admitir a iniciativa, o talento, a energia e o heroísmo no marco da necessidade histórica, não aprendeu o segredo filosófico do Marxismo" (TROTSKY, p. 55). Sobre o papel do indivíduo na luta de classes, cf. ARCARY (2002), e SCHAFF (1968), para além do clássico capítulo de Plekhanov em *Concepção materialista da História* (1997: 72-112). Em Marx, a reflexão mais bem acabada sobre o indivíduo humano concreto, determinado pelo "conjunto das relações sociais", aparece nas *Teses sobre Feuerbach*, n. VI (1845).

Verificamos também que o conceito de "modo de produção" foi adquirindo novas elaborações, particularmente à medida que os historiadores foram confrontando o modelo criado com situações históricas efetivas. Lukács, Gramsci, Pierre Vilar, Edward Thompson, Eric Hobsbawm são apenas alguns dos nomes que se integraram a este grande esforço de reformulação teórica de um conceito que ocupa uma posição tão central na concepção do Materialismo Histórico. A questão-chave a ser reajustada quando se fala em "Modo de Produção" é a do papel que deve desempenhar o "determinismo", seja no que se refere às relações do modo de produção com outras instâncias da sociedade, seja no que se refere à transformação de um modo de produção em outro. Até que ponto a passagem de um "modo de produção" a outro, no decorrer da história, pode ser entendida como "determinada" – como algo que ocorrerá necessariamente em uma certa direção, e não em outra? Ao mesmo tempo, até que ponto a maneira como uma sociedade se estrutura em suas condições mais imediatas de produção – em sua base fundamental, por assim dizer – impõe características que afetam o mundo humano em outras instâncias como a arte ou a religião? Essas questões, relacionadas à noção de "determinismo", também foram amplamente discutidas por pensadores posteriores ligados ao pensamento marxista. São estes vários posicionamentos que examinaremos a seguir, de maneira a mostrar que também aqui o Materialismo Histórico tem se apresentado como concepção científica em permanente transformação.

A relativização da ideia de Determinismo Econômico vem ocorrendo, na verdade, desde os próprios fundadores do Materialismo Histórico. Nas *Cartas a Starkenburg, Bloch, Schmidt*, já começam a aparecer as ressalvas e observações de Friedrich Engels em relação à impossibilidade de se considerar um Determinismo Econômico absoluto que regesse todos os fatos da história[40]. De igual maneira, tal como observa Eric Hobsbawm (1984: 45), marxistas posteriores começaram a discutir o papel do acaso e do indivíduo na História, a exemplo de Plekhanov (1987: 72-112).

A ideia de "determinismo" – e existem diversos outros posicionamentos teóricos para além do Materialismo Histórico que também trabalham com tal formulação, e não apenas em referência à esfera econômica – sempre instiga preocupações relacionadas à reflexão sobre a liberdade humana. Daí as questões relativas à determinação na história estarem entre os temas mais visitados e revisitados no campo do Materialismo Histórico.

De modo geral, os historiadores e filósofos marxistas, e o próprio Engels em sua correspondência dos últimos anos, foram criativos em imaginar algumas saídas para aquilo que poderia se tornar um estagnante modelo de determinação absoluta. Houve também os que embarcaram na estagnação do determinismo absoluto, muitas vezes impondo esta ideia

---

**40.** Algumas das correspondências que documentam estas preocupações podem ser indicadas. *A Carta de Engels a Bloch*, datada de 21 de setembro 1890; a *Carta de Engels a Mehring*, datada de 14 de julho de 1893 (*Marx-Engels selected correspondence*. Londres: 1936, p. 475-477 e 510-513), as *Cartas a Schmidt*, de 1890, e as *Cartas a Starkenburg*, de 5 de janeiro de 1894. Cf. Fernandes (org.), 1984, p. 455-471.

e eliminando evidências relativizadoras a golpes de martelo, como foi o caso de Joseph Stalin, que na fase de seu exercício ditatorial mais absoluto impôs à historiografia russa o modelo único e inquestionável da sucessão unilinear de cinco modos de produção. Por outro lado, as relativizações da noção de Determinismo Econômico foram mais ricas. Devemos entender dois tipos de determinismo, que são sugeridos pelo Materialismo Histórico, para analisar por partes esta questão.

Há por um lado um "determinismo diacrônico", que seria aquele de acordo com o qual se diz que uma determinada estrutura social fatalmente resultará em outra (por exemplo, o "modo de produção feudal" necessariamente conduz ao "modo de produção capitalista", e o "modo de produção capitalista" necessariamente conduz ao "modo de produção socialista", sem reversões possíveis, atalhos, ou variações).

E há, por outro lado, o que denominaremos "determinismo sincrônico", que corresponde à ideia de que existe certa "base" que condiciona ou determina uma certa "superestrutura". As perguntas que se colocam relacionam-se à intensidade e à natureza da determinação que é imposta sobre a superestrutura pela base econômica (e há, aliás, variações relacionadas ao que estaria de fato incluído na base). Também se colocam outras perguntas que se referem a possíveis influências também da superestrutura sobre a base, ou sobre a relativa autonomia de alguns aspectos da superestrutura.

Existem diversas passagens em Marx ou Engels que abordam o determinismo sincrônico, isto é, o determinismo que emana das bases materiais e econômico-sociais de uma sociedade e que resulta no surgimento de uma superestrutura correspondente, na qual se incluirão todas as maneiras de pensar e formas de expressão cultural como a arte, as concepções filosóficas, os padrões de sociabilidade, a ideologia, e assim por diante. Em certa passagem de *O 18 brumário de Luís Bonaparte* (1852), que é uma obra na qual Marx procura empreender uma análise histórica específica, encontramos as seguintes palavras:

> Sobre as diferentes formas de propriedade, sobre as condições de existência social, constrói-se toda uma superestrutura de impressões, de ilusões, de formas de pensar e de concepções filosóficas particulares. A classe inteira as cria e as forma sobre a base das condições materiais e das relações sociais correspondentes. O indivíduo que as recebe por tradição ou por educação pode imaginar que representam as verdadeiras razões e o ponto de partida de sua atividade (MARX. *O 18 brumário*, 1852).

Esta passagem sugere que a base da qual parte o condicionamento incorpora tanto os aspectos econômicos (as "condições materiais") como as "relações sociais" e as "formas de propriedade". Trata-se de uma base econômico-social, e há algo que dela fica de fora, que é determinado por este núcleo socioeconômico, e que corresponde a uma "superestrutura" relativa ao âmbito das ideias e das formas de sensibilidade. Já em um texto publicado sete anos depois – este já de natureza econômica (e não mais histórica) – aparece outra referência ao determinismo, que posteriormente se tornou uma das mais citadas passagens de Marx para descrever o processo de condicionamento da vida social:

> Na produção social da própria existência, os homens entram em relações determinadas, necessárias, independentes de sua vontade; essas relações de produção correspondem a um grau determinado de desenvolvimento de suas forças produtivas materiais. A totalidade dessas "relações de produção" constitui a estrutura econômica da sociedade, a base real sobre a qual se eleva uma superestrutura jurídica e política e à qual correspondem formas sociais determinadas de consciência. O modo de produção da vida material condiciona o processo de vida social, política e intelectual. Não é a consciência dos homens que determina seu ser; ao contrário, é o seu ser social que determina a sua consciência (MARX, *Contribuição à crítica da Economia Política*, 1859) [cf. passagem completa no início deste capítulo].

Neste texto, um prefácio que prepara um ensaio de crítica da Economia Política, a imagem da "base" parece convergir para um "modo de produção" que corresponderia à maneira como os homens em sociedade se organizam para produzir sua vida material. A totalidade dessas "relações de produção", são palavras de Marx, constitui a "estrutura econômica da sociedade", a base sobre a qual se eleva a "superestrutura". São diferenças sutis entre uma passagem e outra, mas pode-se perceber que aqui a "base" é mais enfaticamente econômica que social. Marx fala agora em "relações de produção", e não em "relações sociais", quando pretende delimitar a base determinante, aqui já explicitada como a "estrutura econômica" da sociedade (sinônima, no texto, de "modo de produção da vida material"). O que fica de fora, agora, e que cons-

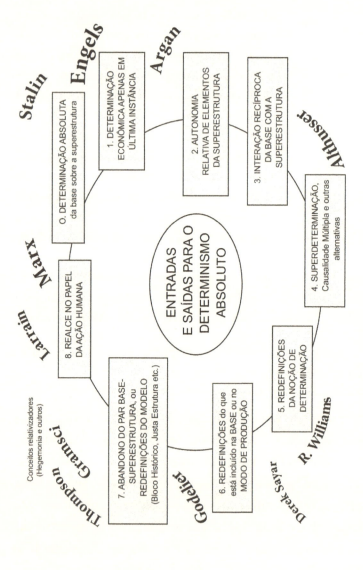

Quadro 3. Entradas e saídas para o determinismo

titui a superestrutura determinada, corresponde ao "processo da vida social, política e intelectual". Dito de outra forma, a base encurtou em relação à que era descrita em *O 18 brumário*, e a superestrutura ampliou-se concomitantemente. Estas oscilações entre as várias passagens de Marx e Engels que se referem às determinações sociais sincrônicas já apontavam para variações que iriam ser frequentemente exploradas pelos marxismos subsequentes. No limite, existirão autores que buscarão estender o modo de produção também aos aspectos culturais, de maneira que as determinações e condicionamentos passarão a ser considerados por dentro do próprio modo de produção, em um universo mais complexo de interações, e não como originários de um setor específico – a economia – do qual as demais instâncias sociais constituirão meros reflexos.

De modo geral, os resultados das investigações empíricas da História tenderam a favorecer mais os modelos relativizados de determinismo, que oferecem aberturas para as complexidades históricas com as quais os historiadores vão se deparando em seus processos efetivos de pesquisa, do que os modelos unilineares e redutores de determinismo. O "Quadro 3" procura indicar as saídas fundamentais que têm sido pensadas por historiadores, sociólogos e filósofos marxistas no sentido de relativizar a questão do determinismo. O ponto "zero" corresponde ao problema, que é a ideia de que possa haver uma determinação absoluta de uma Base sobre a Superestrutura. O econômico teria aqui uma primazia, e as normas e cultura desdobrar-se-iam como meros reflexos secundários. Esta posição foi radicalizada por alguns marxistas chamados ortodoxos, mas a verdade é que nos próprios textos de Marx não está muito claro que o fundador do marxismo acreditasse nesse tipo de determinação absoluta. O próprio Engels (1820-1895), cuja vida ultrapassou à de Marx (1818-1883) em doze anos, já pôde se confrontar em 1890 com novos questionamentos que o levaram a rever ou aprimorar suas posições frente ao problema, inclusive considerando o desenvolvimento mais avançado de um movimento socialista que já começara a gerar uma literatura crítica[41] a respeito. Daí as cartas a Bloch (1890) e Mehring (1893), nas quais apresenta suas novas posições. Daquela mesma época data a formulação do que registramos no "Quadro 3" como a primeira saída do impasse do determinismo absoluto: a ideia do "Determinismo em Última Instância". Uma passagem extraída de uma das cartas a Mehring ilustra bem a nova posição assumida por Engels em relação à questão do determinismo:

> No mais, falta apenas ainda um ponto que nas coisas de Marx e minhas não foi regularmente destacado de modo suficiente e em relação ao qual recai sobre todos nós a mesma culpa. Nós todos colocamos inicialmente – *e tínhamos de fazê-lo* – a ênfase principal, antes de mais nada, em derivar

---

**41.** ELY, Richard. *French and German Socialism* (1883). • KAUFMANN. "Utopias vitorianas de Thomas Morus a Karl Marx" (1879). • KIRKUP. *História do Socialismo* (1900). • LAVELEYE. *Socialism of Today* (1885). • LLEVELLYN-SMITH. *Economic Aspects of State Socialism* (1887). • RAE. *Contemporary Socialism* (1884). Todos são estudados e referidos no artigo de Hobsbawm intitulado "O Doutor Marx e seus críticos vitorianos" (2000: 281-292).

> dos fatos econômicos básicos as concepções políticas, jurídicas, e demais concepções ideológicas, bem como os atos mediados por meio delas. Com isso, negligenciamos o lado formal em função do conteúdo: o modo e a maneira como essas concepções surgem. Isso deu aos adversários um belo pretexto para erros e deformações. [...] Aqui [nos detratores do Materialismo Histórico] está subjacente a concepção vulgar, não dialética, de causa e efeito como polos opostos de modo rígido, com o esquecimento absoluto da interação. Esses Senhores esquecem com frequência e quase deliberadamente que um elemento histórico, uma vez posto no mundo a partir de outras causas, econômicas, no final das contas, agora também reage sobre sua circunstância e pode reatroagir até mesmo sobre suas próprias causas (ENGELS. *Carta a Mehring*, 1893).

Posição antípoda em relação à de "Determinação em Última Instância" é a ideia de "superdeterminação", sustentada pelo filósofo franco-argelino Louis Althusser (item 6). Althusser, em seu ensaio intitulado *Contradição e superdeterminação* (1962), havia introduzido no marxismo estruturalista francês o conceito de "superdeterminação" de modo a substituir a ideia de "contradição" por um modelo mais complexo de casualidade múltipla, tal como o que já vinha sendo empregado na Psicanálise, mas agora pensado como também aplicável a situações históricas e políticas. Em tal modelo, os princípios fundamentais do Materialismo Histórico parecem se esboroar: as determinações invadem a cena de todos os lados, um tanto desordenadamente, e "os problemas do Materialismo Histórico e Cultural são deixados sem solução, assim como embaralhados e elididos" (THOMPSON, 2001: 256).

Por outro lado, Louis Althusser é acusado de ter difundido em outras obras uma concepção bastante mecanizada em torno da mesma metáfora da oposição entre Base (vista como infraestrutura) e Superestrutura. Edward Thompson (1924-1993) dirige severas críticas às concepções de Althusser no ensaio "A miséria da Teoria ou Um planetário de erros", embora também desfeche contundentes críticas contra o Stalinismo, ao qual oporá à noção de "Socialismo Humanista". Para Thompson, ao dialogar de modo equivocado com o Estruturalismo, Althusser teria negado o papel ativo dos homens na história, concebendo-os como meros reflexos ou desdobramentos da estrutura. Também contra Althusser partem vigorosas críticas de Pierre Vilar, em um artigo que escreveu em 1973 para a Revista dos *Annales*, intitulado "Histoire marxiste, histoire em construction – Essai de dialogue avec Althusser".

Antes de prosseguirmos, será oportuno lembrarmos que outra forma de relativizar a rigidez do esquema de determinação imposto da base sobre a superestrutura corresponde à criação de novos conceitos. Não estabelecemos esses novos conceitos como uma nova posição, e por isso situamos sua menção na parte superior, fora do quadro circular das posições habituais frente ao problema da relação de determinação entre Base e Superestrutura. Antonio Gramsci, por exemplo, buscou relativizar a determinação econômica por meio do conceito de "hegemonia". Esse conceito procura lançar uma nova luz sobre os modos de dominação e controle que a "classe dominante" estabelece sobre as "classes dominadas". Essa dominação não seria feita apenas a partir das forças repressivas (militares e policiais) e da coação econômica direta. A hegemonia atua precisamente no nível daquilo que corresponderia à Superestrutura. Mas desde já devemos lembrar a posição de Gramsci relativamente ao seu entendimento do Modo de Produção. Para ele, a estrutura e a superestrutura constituiriam na verdade um "bloco histórico", de modo que não deveriam ser examinadas separadamente. Para além disso, é oportuno lembrar que Gramsci também reconhecia que as flutuações políticas e ideológicas não deveriam ser encaradas como meros reflexos imediatos da "infraestrutura":

> A pretensão de apresentar e expor qualquer flutuação da política e da ideologia como uma expressão imediata da infraestrutura deve ser combatida, teoricamente, como um infantilismo primitivo, ou deve ser combatida, praticamente, com o testemunho autêntico de Marx, escritor de obras políticas e históricas concretas [...]. Poder-se-á observar quantas cautelas reais Marx introduziu em suas investigações concretas, cautelas que não poderiam encontrar lugar nas obras gerais (GRAMSCI, 1997: 238).

Voltando à discussão sobre o conceito de "hegemonia", esta se relaciona à capacidade de uma classe dominante exercer seu poder sobre as demais não meramente a partir da coerção e da repressão, mas também por meio de um consenso estabelecido pela difusão de certo conjunto de verdades em que todos os grupos sociais terminam por acreditar, sem se darem conta de que, naquela ideologia de classe, que está sendo difundida como consenso, escondem-se interesses particulares. O momento em que a hegemonia se quebra é aquele em que as classes subalternas adquirem consciência e podem avançar em seu processo de luta social, impondo transformações nas relações de produção[42].

O conceito de "hegemonia" foi incorporado ao instrumental teórico do Materialismo Histórico, e também adquiriu novos desenvolvimentos. Thompson, por exemplo, procurava enxergá-lo através da ideia de "reciprocidade", que reforça a ideia gramsciana de que sempre existe uma influência também das posições das próprias classes dominadas na constituição da "hegemonia". Dessa forma, mesmo a hegemonia não implicaria um movimento unilinear, dos interesses das classes dominantes para a sujeição ideológica das classes dominadas.

Retornando às posições fundamentais diante da questão da "determinação", encontraremos aquela que qualificamos como uma "autonomia relativa de certos elementos da superestrutura". Esta posição começou a surgir quando os historiadores, antropólogos e sociólogos marxistas se puseram a estudar e pesquisar em áreas específicas relacionadas

---

**42.** O Estado, na teorização proposta por Gramsci, desempenha um papel duplo e contraditório em relação à difusão hegemônica no bloco histórico. Vejamos os comentários de J.A. Guilhon Albuquerque: "De fato, embora mantendo a metáfora da estrutura e da superestrutura, para Gramsci o Estado não é o último andar de um edifício, de onde a classe dominante exerce seu poder, mas uma função de classe, uma função contraditória que se desdobra na dupla função da hegemonia (ideologia, sociedade civil), e de ditadura (coerção, sociedade política)" (ALBUQUERQUE, 1985: 20).

à cultura e à política. Por exemplo, os estudos de História da Arte pareciam revelar a alguns historiadores um desenvolvimento autônomo de certos aspectos relacionados às formas de expressão artística ou ao desenvolvimento técnico. Nem sempre era possível atribuir tudo, no desenvolvimento da História da Arte, ao que vinha ocorrendo no plano econômico-social. Embora alguns historiadores da arte tenham trabalhado mais diretamente dentro desta posição de determinação do social-econômico sobre a arte, como foi o caso de Hauser, outros já atribuíram, ao menos em algum nível, uma autonomia aos desenvolvimentos artísticos. Giulio Carlo Argan, por exemplo, está mais próximo dessa posição. Ao mesmo tempo, há ainda a posição a meio caminho entre considerar uma autonomia mais acentuada de certos setores culturais e a ideia já mencionada da "determinação em última instância", proposta por Engels já nas cartas a Mehring[43].

A "posição 3" refere-se à ideia de que haveria uma interação recíproca entre Base e Superestrutura. Assim como os desenvolvimentos das forças produtivas redimensionam as

---

**43.** Antes de romper definitivamente com a metáfora "base/superestrutura", o que se dá muito claramente nos artigos de 1977, Thompson se refere, em um artigo de 1976 sobre "Os modos de produção e revoluções na Inglaterra", à necessidade de "levar a sério a autonomia dos acontecimentos políticos e culturais que são, todavia, em última análise, condicionados pelos acontecimentos "econômicos" [coloca especialmente entre aspas a palavra "econômicos"]" (THOMPSON, 2001: 207). Neste mesmo texto, ele já começa a se confrontar contra a metáfora "base/superestrutura", mas ainda não a rejeita definitivamente como nos artigos de 1977: "Especialmente, talvez convenha colocar em questão o esquema rígido infraestrutura/superestrutura: a tradição herdou uma dialética legítima, mas a metáfora mecânica singular pela qual ela se expressa é talvez enganosa" (THOMPSON, 2001: 207). "Talvez enganosa", nos diz Thompson, sem ainda querer avançar para o passo definitivo, que será o da rejeição da metáfora nos artigos de 1977.

relações de produção e concomitantemente aspectos como a arte, as expressões culturais, as concepções científicas, as ideologias, o imaginário, seria igualmente possível conceber que o desenvolvimento dessas áreas também pode retroagir sobre a Base, produzindo novas transformações.

A "posição 6" busca redefinir o que deve ser colocado na chamada "Base", ou então redefinir o que é o "Modo de Produção". São lançados questionamentos críticos que, no limite, colocam em xeque a própria metáfora utilizada (a ideia de uma base que se opõe e determina a estrutura). As perguntas são aqui colocadas. Resistirá à análise concreta de sociedades, das mais primitivas às mais complexas, a ideia de uma "base econômica" que define e redefine constantemente uma "superestrutura cultural"? A Base corresponde diretamente ao "Modo de Produção"? Este Modo de Produção inclui apenas o Econômico?

Derek Sayer, por exemplo, rejeita em seu ensaio *A violência da abstração* (1987) a aplicação da metáfora Base/Superestrutura como um modelo da relação entre níveis, práticas ou instâncias substancialmente distintos no interior da formação social, e afirma em seguida:

> Conceituar essa relação em termos causais (ou funcionais) é repetir exatamente a ilusão lógica da separabilidade superestrutural que Marx estava, acima de tudo, preocupado em refutar. Tais construções fogem espetacularmente ao assunto central desse argumento. A metáfora base/superestrutura aplica-se à relação entre o ser social e a consciência social e não é de modo algum um modelo virtual de "níveis" sociais" (SAYER, 1987: 91-92).

Portanto, Sayer denuncia um uso indevido da metáfora Base/Superestrutura, que um dia fora proferida por Marx para opor o Ser Social e a Consciência Social. O desvirtuamento dessa metáfora para simbolizar dimensões distintas do Social, tais como a Economia, a Política e a Cultura, teria sido obra de comentaristas posteriores. No limite, esses questionamentos tendem ao próprio abandono do par Base/Superestrutura como imagem adequada para a compreensão de uma realidade histórica e social, o que corresponde em nosso "Quadro 3" a uma das alternativas da "posição 7".

A rejeição da dicotomia estrutural parece ser, por exemplo, um dos desdobramentos da demonstração de Maurice Godelier de que não é possível separar *O ideal e o material*, no seu livro de mesmo nome. Por outro lado, caso se opte por conservar a distinção entre infraestrutura e superestrutura, o antropólogo francês recomenda que "esta não deve ser tomada como uma distinção entre níveis ou instâncias, nem tampouco entre instituições" (GODELIER, 1984: 18-19), de modo que aqui se tem uma posição bastante análoga à de Derek Sayer, anteriormente esclarecida. Mas a principal contribuição de Maurice Godelier, particularmente amparada em um sistemático trabalho antropológico, está em mostrar que o papel central que desempenha o Econômico nas sociedades capitalistas não pode ser estendido a todos os tipos de sociedades. Mesmo em sociedades nas quais o Econômico desempenhe o papel central, teríamos sempre de nos perguntarmos de que econômico estaríamos falando, sendo ainda preciso reconhecer, acompanhando Godelier em outro de seus ensaios, que cada sociedade produz sua própria racionalidade econômica, não sendo esta diretamente aplicável ou mesmo válida em relação a uma outra sociedade no tempo e no espaço (GODELIER, 1967: 303). De resto, e isto é ainda mais importante, seria possível demonstrar que "em certas sociedades as relações de parentesco (aborígenes australianos) e as relações políticas (Atenas no século V) ou político-religiosas (Antigo Egito) também funcionam como relações de produção" (GODELIER, 1984: 20). Dessa forma, de modo algum a "produção" corresponde a uma instância fixa, sempre a mesma, que se refere em todos os casos apenas a categorias propriamente econômicas (no sentido capitalista ou moderno).

É de fato importante para o historiador ou para o antropólogo redefinir, diante de cada realidade a ser examinada, o que faz parte da "produção" em cada caso. Godelier se pergunta, inclusive, porque no mundo atual o Econômico torna-se o dominante, enquanto que nesta ou naquela sociedade as relações de parentesco, as relações políticas ou as relações religiosas podem se tornar dominantes. Em poucas palavras, o que explica que "um determinado conjunto de relações se torne dominante em um lugar e, no outro, [predomine] um conjunto diferente?". Sua resposta aponta para a constatação de que "um conjunto de relações sociais se torna dominante quando funciona simultaneamente como relações sociais de produção, como arcabouço e fundamento social do processo material de apropriação da natureza" (GODELIER, 1984: 20).

Se, no limite, as proposições de Maurice Godelier tendem a desautorizar, ou ao menos colocar em suspeição a metáfora Base/Superestrutura, já a posição do historiador inglês Edward

Thompson (1924-1993), por seu turno, aponta tanto para a redefinição do sentido de "Modo de Produção", como para a rejeição radical daquela metáfora, que Thompson afirma ter sido meramente ocasional no próprio pensamento de Karl Marx. Podemos encontrar uma síntese de sua posição no célebre artigo "Folclore, antropologia e história social", publicado em 1977 na *Indian Historical Review*:

> Não estou pondo em dúvida a centralidade do modo de produção (e as subsequentes relações de poder e propriedade) para qualquer compreensão materialista da história. Estou colocando em questão – e os marxistas, se quiserem abrir um diálogo honesto com os antropólogos, *devem* colocar em questão – a ideia de ser possível descrever um modo de produção em termos "econômicos" pondo de lado, como secundárias (menos "reais" as normas, a cultura, os decisivos conceitos sobre os quais se organiza um modo de produção). Uma divisão arbitrária como esta, uma base econômica e uma superestrutura cultural, pode ser feita na cabeça e bem pode assentar-se no papel durante alguns momentos. Mas não passa de uma ideia na cabeça (THOMPSON, 2001: 254-255).

A metáfora estrutural, dessa maneira, não tem salvação de acordo com o ponto de vista de Thompson, uma vez que ela conduz inevitavelmente ao reducionismo e ao "determinismo vulgar". Pensar em um edifício que opõe sua base à superestrutura é já partilhar as diversas atividades e atributos humanos em uma instância ou outra: a economia, a tecnologia e as "ciências aplicadas" na base de apoio; e as leis, a religião, a arte, e outros tantos aspectos da cultura em compartimentos mais frágeis, erguidos depois e em cima. E pior, porque ainda se deixa outros elementos "a flanar, desgraçadamente, no meio linguístico, disciplina do trabalho" (THOMPSON, 2001: 256). Tal maneira de ver as coisas, parece sugerir Thompson logo em seguida, pode mesmo conduzir a situações absurdas e patéticas na ação política, pois tal como teria ocorrido na planificação stalinista, tende-se a acreditar que "a boa sociedade pode ser simplesmente criada a partir da construção de uma "base" industrial pesada", uma vez que "isto dado, uma superestrutura cultural irá, de algum modo, construir-se sozinha" (THOMPSON, 2001: 256). As preocupações teóricas de Thompson, como se percebe, alinham-se bem de perto aos seus esforços práticos de trabalhar em favor de um "socialismo humanista", sonho acalentado até sua morte em 1993[44].

Outro grupo de posições que procuram sair dos impasses do Determinismo Econômico remete a redefinições da própria noção de "determinação" (item 7), que se mostra por vezes aproximada das ideias de "tendência", "probabilidade" ou campo de possibilidades, de modo a trazer mais flexibilidade ao aspecto da determinação diacrônica no Materialismo Histórico. Pierre

---

**44.** A inadequação da metáfora que contrasta base e estrutura já é apontada por Thompson desde 1957, no texto em que discute o Socialismo Humanista (*New Reasoner* I, 1957). De modo geral, ele mostra sua pouca afinidade com o uso de metáforas no texto "As peculiaridades dos ingleses" (1978): "Enfim, a dialética da dinâmica social não pode ser vinculada a uma metáfora excludente dos atributos humanos. Só podemos descrever o processo social – como Marx mostrou em *O 18 brumário* – escrevendo história. E, mesmo assim, terminaremos apenas com um relato seletivo de um processo particular" (THOMPSON, 2001: 58).

Vilar, no célebre ensaio *Une histoire em construction* (1982), procura mostrar que "a produtividade é a condição necessária da transformação histórica; mas, contrariamente ao que se diz hoje, ela não é suficiente". Polemizava, portanto, contra os deterministas lineares de sua época[45]. O historiador francês está pronto a reconhecer que o modo de produção não se transforma simplesmente no outro exclusivamente a partir de suas transformações internas. Assim, no artigo "Problemas da formação do capitalismo", publicado em 1953 na revista *Past and Present*, o historiador francês busca avaliar a passagem do modo de produção feudal para o modo de produção capitalista a partir do contraste entre fatores exógenos e endógenos. Afirma, contudo, que é preciso ir ao cerne do sistema para captar o endógeno. De todo modo, reconhecer a participação de fatores externos na passagem de um modo de produção a outro é já repensar a natureza da determinação.

Repensar a noção de "determinação" ("posição 5") é também a proposta de Raymond Williams (1921-1988), ensaísta, novelista e crítico de arte que pode ser assimilado aos historiadores da escola inglesa do marxismo e que, tal como estes, trazia como principal preocupação a Cultura. "Marxismo e literatura", ensaio publicado em 1971, é possivelmente a obra em que se encontra mais bem aprofundada sua radical crítica à ideia de que, em uma determinada formação social, existiriam uma infraestrutura determinante e uma superestrutura determinada, concebíveis como esferas separáveis uma da outra.

---

**45.** Cf. tb. Lemarchand, 2007, p. 93-104.

Antes de prosseguirmos com algumas observações sobre a posição de Raymond Williams relativamente ao Determinismo, será oportuno lembrar a influência, em praticamente todos os pensadores marxistas ligados à Escola Inglesa, dos *Grundrisse* de Karl Marx (1857-1858). Este texto foi tão importante para a Escola Inglesa da historiografia marxista, como foi o texto "O fetichismo da mercadoria" para a Escola de Frankfurt[46]. Há nos *Grundrisse* uma singular passagem em que Marx se utiliza de outra metáfora, que não a da Base e Superestrutura, para expressar um tipo de determinação que atravessaria os modos de produção. Ele se expressa em termos de "uma luz geral, na qual estão imersas todas as cores e que modifica suas tonalidades particulares; [...] um éter especial a definir a gravidade de tudo o que dele se destaca". Esta passagem foi muitas vezes evocada pelos marxistas da Escola Inglesa, tal como Edward Thompson e o próprio Raymond Williams. Trata-se de uma metáfora em que se permite reconhecer a "cor particular" das diversas produções e esferas do social, nenhuma delas preponderante em relação às outras, e na qual a determinação atravessaria o modo de produção como um todo, como uma luz mais ampla que afeta a tudo, mas não elimina a tonalidade particular de cada elemento iluminado.

---

**46.** O volumoso manuscrito que recebeu este nome havia sido concebido por Karl Marx como uma preparação às suas mais alentadas obras de análise sobre o modo de produção capitalista, respectivamente a *Contribuição à crítica da economia política* (1859) e *O capital* (1867). Contudo, os *Grundrisse* teriam de esperar 81 anos para serem publicados pela primeira vez, o que ocorre em Moscou entre 1939 e 1941. O texto só retornaria à Alemanha, em sua forma completa, em 1953. Em 1964, foi traduzida para o inglês a parte dos *Grundrisse* intitulada "Formações econômicas pré-capitalistas", que recebeu um importante prefácio de Eric Hobsbawm.

Não é gratuito o sucesso desta passagem entre os marxistas ingleses, notadamente a partir dos anos 1960, quando o texto chega à Inglaterra. A metáfora permite que não se pense na instância cultural como mero reflexo de outra coisa, tal como pode ocorrer quando se lança mão da metáfora espacial da infraestrutura/superestrutura. Na verdade, Raymond Williams argumenta que Marx, mesmo nas ocasiões em que utilizou a metáfora espacial, sempre se propusera a pensar infraestrutura e superestrutura como uma "relação", e que somente depois foram surgindo as redefinições da Base/Superestrutura a partir de esquemas fechados, sejam temporais ou espaciais. Na leitura temporalizada da relação Base/Estrutura, a saber, pressupõe-se que a base econômica precede temporalmente a consciência, e, a partir daí, tomam forma a política e a cultura. De igual maneira, na leitura espacializada dessa mesma metáfora, investe-se na visualização em termos de "camadas" bem separadas: a política, a cultura, a ideologia, a base econômica, sendo esta espacialmente anterior às demais (o edifício, vale dizer, é construído a partir de uma determinada base, e somente a partir daí vão surgindo os demais andares). A proposta de redefinir "determinação", em Williams, é sustentada como um retorno a Marx, como uma correção de um desvio que fora imposto ao materialismo histórico por marxistas posteriores.

Teria sido a não percepção de que a base é em si mesma "um processo dinâmico e internamente contraditório" o que teria levado ao entendimento da infraestrutura como área dotada de propriedades fixas, prontas a exercer suas incontornáveis determinações. Por isso mesmo, Raymond Williams propõe a revisão do conceito de "determinação" (WILLIAMS, 1977: 86), que segundo sua concepção deveria estar relacionado à fixação de limites, ao estabelecimento de horizontes, à produção de pressões, mas nunca à manifestação de uma força irresistível a determinar todas as demais instâncias sociais, a partir de um jogo de reflexos, e a conduzir a história em uma direção única que excluiria do destino humano a liberdade e as escolhas. Em síntese, se Thompson rejeitara radicalmente o conceito de "infraestrutura", indo um passo além, já Williams pretendera salvar essa noção imprimindo um novo sentido à ideia de determinação – depurando-a, por assim dizer, do "determinismo" em *stricto sensu*. Mas aqui também surge a necessidade de um novo ajuste, e Raymond Williams tomará emprestado também o conceito althusseriano de "superdeterminação"[47].

Por fim, uma saída para o impasse ou para o imobilismo da Determinação Absoluta é conceder na análise historiográfica um maior espaço para a ação humana ("posição 8"), para seu poder de transformar a realidade – sempre, é claro, no interior dos quadros das condições objetivas que enredam os homens, mas sem necessariamente tolher seus movimentos a ponto de imobilizá-los e frear seu poder criativo. Retornamos aqui a Marx, na verdade ao Marx historiador, pois é mesmo impressionante que, diante de situações histórico-sociais concretas a serem analisadas – o que Marx fez em *O 18 brumário* (1852), *Luta de classes na França* (1850),

---

**47.** "O conceito de 'superdeterminação' é uma tentativa de evitar o isolamento de 'categorias autônomas', e, não obstante, interativas, é claro" (WILLIAMS, 1979: 92).

*A Guerra Civil na França* (1871) – reaparece a complexidade da ação humana. A arte com que Marx equilibra nessas obras a determinação que se impõe sobre os homens e a capacidade desses mesmos homens de propor ou impor transformações na realidade que os enreda vai aparecendo à medida que a história se mostra complexa ao historiador Marx. Os esquemas simplistas não funcionam mais, e Marx permite-se, em *O 18 brumário*, a uma análise digna de um historiador profissional, investigando fontes diversas, tirando partido das contradições entre o discurso das leis e os entreditos que nelas se escondem, trazendo à tona as páginas de jornais da época e abordando-as como discursos, atentando para o movimento dos preços e para a vida material dos camponeses, indagando por suas reminiscências imaginárias. As classes não se reduzem aqui ao esquema simplista que no *Manifesto Comunista* (1948) opõe capitalistas e trabalhadores: surgem as várias nuances pertinentes a cada grupo social, suas idiossincrasias, seu fazer-se diante dos acontecimentos.

    A História, para o historiador Marx, mostra suas duas facetas: aquilo que se impõe sobre os homens a partir de condições objetivas herdadas das gerações anteriores, e aquilo que vai sendo transformado por sua ação, por seu confronto através das lutas sociais. A História é para ele espaço de aprisionamentos e de liberdades. Há épocas em que a História parece se impor tiranicamente sobre esses homens, deixando-lhes margens estreitas, no interior das quais, contudo, eles se movimentam; e há épocas em que esses mesmos homens parecem tomar para si a tarefa de revolucionar seus destinos. Às vezes há simulacros, diálogos de uma época com outra, interpenetrações inesperadas. É célebre a abertura de *O 18 brumário* na qual Marx começa por evocar os acontecimentos franceses de 1848 a 1851 como caricaturas e reapropriações da Revolução Francesa ocorrida sessenta anos antes, registrando em seguida os dilemas dos homens diante de uma História que ao mesmo tempo sofrem e sobre a qual atuam:

> Os homens fazem sua própria história, mas não a fazem como querem; não a fazem sob circunstâncias de sua escolha e sim sob aquelas com que se defrontam diretamente, ligadas e transmitidas pelo passado. A tradição de todas as gerações mortas oprime como um pesadelo o cérebro dos vivos. E justamente quando parecem empenhados em revolucionar a si e às coisas, em criar algo que jamais existiu, precisamente nesses períodos de crise revolucionária, os homens conjuram ansiosamente em seu auxílio os espíritos do passado, tomando-lhes emprestados os nomes, os gritos de guerra e as roupagens, a fim de apresentar a nova cena da história do mundo nesse disfarce tradicional e nessa linguagem emprestada. Assim, Lutero adotou a máscara do apóstolo Paulo, a Revolução de 1789/1814 vestiu-se alternadamente como a República Romana e como o Império Romano, e a Revolução de 1848 não soube fazer nada melhor que parodiar ora 1789, ora a tradição revolucionária de 1793/1795. De maneira idêntica, o principiante que aprende um novo idioma, traduz sempre as palavras desse idioma para sua língua natal; mas, só quando puder manejá-la sem apelar para o passado e esquecer sua própria língua no

emprego da nova, terá assimilado o espírito desta última e poderá produzir livremente nela (MARX. *O 18 brumário*).

A ação humana combina-se aos condicionamentos objetivos no entretecer da História. Marxistas diversos irão se contrapor aos exageros que podem surgir com a ideia de determinismo, que em outros autores impõe-se de forma absoluta, e buscam chamar a atenção para aquilo que assegura ao mundo humano um espaço de liberdade: a Práxis. Jorge Larrain, autor ao qual já nos referiremos, procura lembrar que "são os seres humanos, com sua atividade prática, que provocam a mudança dentro de um quadro de opções limitadas" (1986: 116).

Falemos um pouco da "determinação diacrônica" – aquela que relaciona as diversas formações sociais no tempo, procurando conceber uma como historicamente derivada da outra. Sabe-se que Stalin, em seu exercício ditatorial durante a experiência soviética do socialismo, decidiu impor à historiografia russa sob seu controle a ideia de que haveria uma sucessão histórica única e unívoca de cinco modos de produção para quaisquer sociedades humanas: o comunismo primitivo, o escravismo antigo, o feudalismo, o capitalismo, o socialismo.

Esta imposição de uma sequência modelar única constitui, na verdade, uma deformação das intenções de Marx e Engels nos textos em que discutem as passagens entre modos de produção, pois os fundadores do Materialismo Histórico não pretendiam criar uma "lei a-histórica" que submetesse a História. Em uma das *Cartas russas*, datadas de 1878, Marx esclarece isto a Vera Zazulich, que lhe indagara sobre o que pensava a respeito do caso russo, onde já crescia um movimento revolucionário em uma sociedade na qual havia amplas permanências feudais, um capitalismo ainda muito incipiente, e na qual o campesinato representava um grupamento social extremamente significativo a ser considerado como força social. Em uma resposta que não chegou a ser enviada, mas que esclarece à historiografia posterior sua posição a respeito, Marx menciona que poderia estar se apresentando "a melhor oportunidade que a história já ofereceu a uma nação para passar a uma sociedade sem classes sem sofrer as cruéis leis do capitalismo" (FONTANA, 2004: 213). Marx, portanto, admite aqui a possibilidade de que uma sociedade saltasse do feudalismo ao socialismo.

Textos como este, que para muitos parecem contradizer a clássica passagem da *Contribuição à crítica da economia política* (1859), mostram que a ideia de uma determinação diacrônica rigorosa e de via única não era sustentada por Marx e Engels, embora tenha sido adotada por setores posteriores do Marxismo, como foi o caso da historiografia stalinista. Mesmo antes, em 1890, por ocasião de congressos do Partido Social-Democrata Alemão, começava a surgir uma "esquerda esquemática" que queria se opor radicalmente à virada parlamentarista que começava a se anunciar no PSDA. Os esquerdistas esquemáticos procuravam afrontar o novo estilo da social-democracia (futura base para a ideia de atingir o socialismo pela via parlamentar e pacífica) interpretando certos textos como o *Manifesto Comunista* ao pé da letra e como modelos dogmáticos aos quais deveria se ajustar a História. Contra esses esquematismos, Engels escreveria algumas das famosas cartas de 1890. De todo modo, o esquematismo dogmático de fins do século XIX constituiria o início de uma vigorosa tradição que, mais tarde, culminaria com as imposições stalinistas sobre a sucessão linear e única dos modos de produção. Mas isto ainda geraria muitas controvérsias, que se intensificariam particularmente na segunda metade do século XX[48].

Eric Hobsbawm, que assim como Thompson é componente da "escola inglesa de historiadores marxistas", apresenta uma posição peculiar no que se refere à sucessão dos modos de produção. Já desde 1964, na introdução à edição inglesa da parte dos *Grundrisse* que se refere às "Formações econômicas pré-capitalistas" (1991), Hobsbawm afirmara que, se o Materialismo Histórico sustentava-se na ideia de que a história se entretece da sucessão de modos de produção, por outro lado não haveria qualquer sucessão única previsível, ou mesmo certos modos de produção que devem aparecer necessariamente no decurso da história. A função dos historiadores seria estudar os modos de produção surgidos concretamente

---

**48.** Para complicar, o próprio Engels, ao fim da vida, passa a se preocupar em edificar um programa de ação política que terminará por preparar um caminho para o dogmatismo. Livros como *O Socialismo Utópico e o Socialismo Científico* (1880) – extraído do *Anti-Duhring* de Engels (1878) no calor de uma disputa territorial contra outra formulação socialista que havia surgido – constituirão a partir daí uma literatura voltada para um público mais amplo a ser convertido para as ideias socialistas. Estas obras, por vezes manuais bastante esquematizados, anunciarão o início de uma ortodoxia marxista que, passando por Labriola e Plekhanov, culminará com Lênin, vindo a constituir o que por vezes é denominado "Marxismo-Leninismo". Exemplo da vulgata marxista reducionista é o manual de Bukharin (1970), publicado pela primeira vez em 1921.

do devir histórico, mas não postular uma tipologia única e válida para toda a história humana.

De igual maneira, Hobsbawm aponta um ajuste na forma de compreender as transformações inerentes aos modos de produção. No balanço "Marx e a História", publicado em 1984 na revista *New Left*, propõe a ideia de que os elementos desestabilizadores de um Modo de Produção implicariam muito mais na potencialidade para a transformação do que na certeza de transformação. Para além disso, à parte os motivadores internos, admite já a presença de fatores externos na transformação de um modo de produção em outro, com o que o historiador anglo-egípcio passa a situar a transformação histórica em um nível de percepção mais amplo no qual as mudanças dão-se também a partir do contato entre duas sociedades, e não apenas como algo que se produz exclusivamente no interior do sistema (1984: 47).

Também entre outros dos historiadores marxistas ingleses, para além dos já mencionados Thompson e Hobsbawm, surgiria a crítica aos esquemas lineares de Determinismo. O determinismo diacrônico – o que prevê a sucessão de modos de produção transformando-se uns em outros – seria criticado em seus esquemas mais lineares e simplistas pelo arqueólogo australiano Gordon Childe, cuja longa atividade historiográfica percorrera um extenso arco de contribuições até atingir, nas últimas obras, uma crítica sistemática às concepções tradicionais e lineares de progresso, inclusive as de certos setores marxistas. É interessante analisar esta complexa obra, que começa nos primeiros livros a falar sobre a humanidade primitiva em termos de uma longa ascensão em direção à "revolução neolítica", e que atinge, ao final da vida, a crítica radical à ideia de que a história conduzir-se-ia através de um processo de determinações ao qual chamaria de "final previsto por antecipação" (TRIGGER, 1980).

A questão da oposição interativa entre "liberdade" e "necessidade" está no cerne das preocupações de outro grande pensador ligado ao Materialismo Histórico, o húngaro Georg Lukács (1885-1971). Para ele, apenas o "marxismo vulgar" concebia a realidade histórica como diretamente determinada por condições objetivas que se impunham sobre os homens de maneira linear e inflexível, sendo característica central do "marxismo autêntico" precisamente o reconhecimento de uma realidade que se abre como campo para a ação dos grupos sociais e dos indivíduos. O resultado mais significativo dessa preocupação fundamental é o ensaio *História e consciência de classe* (1923), que busca reconstituir a teoria marxista da "alienação", importante conceito retomado por Karl Marx para compreender as relações de trabalho na sociedade capitalista, além de explorar ainda os conceitos de "ideologia", "falsa consciência", "reificação" e, finalmente, a noção que dá título ao ensaio, a de "consciência de classe". O objeto central das discussões empreendidas por Lukács neste célebre ensaio refere-se ao confronto entre a "ideologia" projetada pela consciência de classe burguesa e o desenvolvimento, no proletariado, de uma consciência de sua posição revolucionária. Uma discussão como esta nos remete a outra importante constelação de conceitos que tem construído a identidade teórica do Materialismo Histórico – o quadro teórico que gira em torno do conceito basilar de "classe social" –, e é deste âmbito conceitual que trataremos no próximo item.

Antes de prosseguirmos, será oportuno lembrar que uma reflexão em maior profundidade sobre o determinismo diacrônico leva ainda a considerar, para além da transformação externa de uns modos de produção em outros, os motores que impulsionam o movimento histórico por dentro desse processo. Gerry A. Cohen – um dos mais destacados historiadores da corrente que ficou conhecida a partir dos anos 1970 como "Marxismo Analítico"[49] – irá se deter nesta questão. Em seu ensaio *A Teoria da História de Marx: uma defesa* (1978), situa o motor interno da história no desenvolvimento tecnológico do Modo de Produção, dentro do qual as "forças de produção" apresentariam em longo prazo uma tendência ao desenvolvimento autônomo. A favor delas ou contra elas, ampliando ou opondo sua inércia, atuariam as relações sociais e a política, de acordo com o clássico modelo dialético da oposição contraditória entre forças de produção e relações de produção. Outro dos historiadores ligados ao "Marxismo Analítico", Robert Brenner (1977), prefere situar o motor que movimenta o modo de produção capitalista na própria competição capitalista. Richard Miller, por seu turno, em um ensaio de 1984 intitulado *Analisando Marx: moralidade, poder e história*, recoloca a questão em maior nível de complexidade:

---

**49.** O "Marxismo Analítico" – corrente surgida no início dos anos 1970 – também ficou conhecido como "Marxismo da Escolha Racional", contando com autores como Gerry Cohen, Robert Brenner, John Elster e John Roemer. A clareza e precisão conceitual é uma preocupação constante do grupo, que entre outros assuntos discute a contradição entre "forças de produção" e "relações de produção".

> A mudança econômica interna básica resulta (onde quer que de fato aconteça) de uma tendência autotransformadora do modo de produção como um todo, isto é, das relações de produção, das formas de cooperação e da tecnologia por meio das quais se produzem os bens materiais.

Mais adiante, prossegue:

> A mudança pode basear-se em desenvolvimentos nas formas de cooperação ou na tecnologia, permitindo que tenha acesso a uma força produtiva intensificada um determinado grupo subordinado e motivando sua resistência às antigas relações de produção por terem estas inibido o desenvolvimento maior dessa nova força de produção. Mas nessa ampla teoria do modo de produção, a mudança também pode ser totalmente interna às relações de produção. Os padrões de controle nas antigas relações de produção podem tornar inevitável que um grupo inicialmente não dominante adquira poder e pretenda superar as antigas relações (MILLER, 1984: 172-173).

Não há, conforme propõe Miller, um esquema simplista e mecânico que explique com uma única fórmula o movimento interno da história, por dentro do próprio modo de produção, e a transformação pode surgir de fato de inúmeras maneiras, o que parece estar bem mais de acordo com a variedade de situações que nos oferece a História. Esta leitura também confirma a maior maleabilidade que encontramos no Marx historiador, quando este analisa situações histórico-concretas como em *O 18 brumário* (1852) e *Luta de classes na França* (1850). Diante da diversidade histórica possível, das forças sociais em múltiplas relações e dos fatores diversos, os esquemas simplistas cedem para dar lugar a análises mais complexas.

É oportuno lembrar também o destaque que, nos textos históricos – tanto de Marx como de historiadores marxistas posteriores –, recoloca o fator humano como principal foco da transformação, como força maior que movimenta a História por dentro. A importância dos homens, individualmente e constituindo classes sociais, cresce nas análises históricas específicas, e é a isto que se refere Jorge Larrain em sua *Reconstrução do Materialismo Histórico* (1986), em um ensaio no qual evoca como texto central para compreender o modelo histórico de Marx não o tão falado "Prefácio" de *Contribuição à crítica da Economia Política*, mas sim o principal texto por meio do qual Marx exerceu excepcionalmente a função de historiador: *O 18 brumário* (1852). Retomando a célebre passagem em que Marx ressalta que "são os homens que fazem a história, mas sempre sob condições que não são de sua própria escolha", Larrain não hesita em afirmar que toda a transformação vem da própria ação humana, ela mesma desempenhando o papel de principal força motora da história:

> São os seres humanos, com sua atividade prática, que provocam a mudança dentro de um quadro de opções limitadas. É verdade que os seres humanos não escolhem livremente suas forças produtivas e suas relações de produção – recebem-nas das gerações precedentes –, mas isto absolutamente não os

torna impotentes para mudá-las, nem impede várias possibilidades na tentativa de alterá-las (LARRAIN, 1986: 116).

À leitura habitual de que forças poderosas para além do homem constituem o verdadeiro motor da história, contrapõe-se uma outra: na verdade seria o próprio Homem o grande regente de toda transformação. É ele quem, integrando-se e contrapondo-se às condições objetivas de sua própria existência, e atuando dentro dos limites que lhe toldam os movimentos, apresenta-se em última instância como o grande responsável pela transformação histórica. Isto nos leva a discutir o segundo grande núcleo de conceitos que traz vida à concepção do Materialismo Histórico: aquele que se constrói em torno das ideias de "classe social" e de "luta de classes".

## 8 Classes Sociais e Luta de Classes

> A história de todas as sociedades, até hoje, tem sido a história da luta de classes. Homem livre e escravo, patrício e plebeu, barão e servo, membro especializado das corporações e aprendiz, em suma: opressores e oprimidos estiveram em permanente oposição; travaram uma luta sem trégua, ora disfarçada, ora aberta, que terminou sempre com a transformação revolucionária da sociedade inteira ou com o declínio conjunto das classes em conflito (MARX & ENGELS. *Manifesto Comunista*, 1848).

O *Manifesto Comunista* (1848), um longo texto do qual transcrevemos apenas um trecho inicial, é um escrito bastante peculiar. Ao contrário de grande parte das obras de Marx ou de Engels, não é um texto exclusivamente filosófico ou científico, destinado a estudar uma questão histórica, a analisar uma realidade social, ou a discutir conceitos com vistas a estruturar um sistema de compreensão da realidade. Este texto, em primeiro lugar, é o que diz o próprio título: um *manifesto*. Foi escrito para expressar o programa e propósitos da Liga Comunista, bem como para sensibilizar para a causa socialista certos setores organizados do movimento de trabalhadores, em meados do século XIX. Trata-se, em boa parte, de um instrumento de confronto e de propaganda, mas que ao mesmo tempo traz incorporadas algumas das ideias científicas de Marx e Engels acerca da história, da economia e da sociedade.

A razão de transcrevermos aqui este pequeno trecho que dá partida à argumentação desenvolvida no *Manifesto Comunista* é que, neste escrito orientado pela perspectiva do Materialismo Histórico, ocupam uma posição primordial, e também são beneficiados por uma explicitação direta, três dos conceitos basilares para o novo paradigma: "classe social", "luta de classes" e "consciência de classe". Assim, se no Prefácio para a *Contribuição à crítica da Economia Política* (1859), bem como em *A ideologia alemã* (1846), afirma-se que a história é a "história do desenvolvimento dos modos de produção", já no *Manifesto Comunista* veremos à partida a afirmação de que a história é a "história da luta de classes".

As duas afirmações não são de modo algum incompatíveis; na verdade se complementam, e mesmo se interpenetram. Na longa duração, os "modos de produção" se sucedem, e novas "formações sociais" vão se afirmando em uma história de longo termo que, para o Materialismo Histórico, é regida por um eterno movimento dialético. Contudo, os atores da história são os seres humanos. A história não ocorre sem a ação destes, e ao mesmo tempo ultrapassa o mero limite de ação dos indivíduos. A história, para o Materialismo Histórico, afirma-se aqui como uma história dos grandes grupos sociais, das massas, de forças sociais que agregam os indivíduos. Essa história, todavia, dá-se concomitantemente ao desenvolvimento dos modos de produção, uma vez que os grupos humanos e as forças sociais em contraposição representam posições, interesses e modos de agir articulados ao modo de produção.

Uma "classe social", ao menos em uma perspectiva possível, ocupa sempre uma posição específica no "modo de produção", na formação social a ser examinada. Sua história – a das classes sociais em confronto, aliança e luta – é ditada por um ritmo histórico mais agitado: ela se agita a partir de eventos, assiste à eclosão de revoluções, vê-se atravessada por manifestações ideológicas que podem assumir a forma de produtos culturais específicos. As lutas dão-se nas ruas, nas relações de trabalho, no confronto cotidiano, mas também por meio de textos, discursos, preconceitos, permanências e inovações. O modo de produção é estrutura e cenário para a atuação das classes sociais, verdadeiros sujeitos da história, de acordo com as proposições que fundamentam o Materialismo Histórico.

O conceito de "classe social", e as decorrentes noções de "luta de classes" e de "consciência de classe" ocupam, portanto, uma posição central no quadro teórico em que se apoia o Materialismo Histórico. Começaremos por lembrar que o conceito de "classe" aparece desde cedo nos escritos de Marx e Engels (embora não tenha sido criação destes, já que os historiadores franceses do período da Restauração já o haviam utilizado). Em Marx e Engels, conforme já veremos, o conceito não chegou propriamente a adquirir um delineamento fechado e tampouco muito preciso (apesar de sua importância central para cada um desses autores), e chegam a ser registradas formas de utilização relativamente distintas destes conceitos em alguns dos grupos nos quais podemos subdividir suas obras (as filosóficas, as econômicas e as históricas, por exemplo).

Assim, mostra-se bem diferente o encaminhamento filosófico que Marx imprime ao conceito de "classe social" em suas obras de juventude, como é o caso dos *Manuscritos econômico-filosóficos* (1844), quando o contrastamos com o encaminhamento que ele mesmo dará ao conceito em obras mais marcadamente econômicas, tal como *O capital* (1867). Por fim, nas obras históricas – *As lutas de classe na França* (1850), *O 18 brumário* (1852) e *A Guerra Civil na França* (1871) – surge outro tratamento, que busca se adaptar à realidade histórico-social examinada e à análise empírica das fontes[50].

---

**50.** A obra de Engels equivalente às *Lutas de classe na França* (1850) e ao *18 brumário* de Marx é *A guerra dos camponeses na Alemanh*a (1850) – um livro que surge a partir de uma reflexão sobre o fracasso das revoluções de 1848, e que busca estabelecer um paralelo entre o insucesso deste levante e a igualmente fracassada Guerra dos Camponeses de 1525. Aliás, é particularmente notável que as primeiras tentativas historiográficas tanto de Marx como de Engels – respectivamente *As lutas de classe na França* e *A Guerra dos Camponeses* – tenham surgido sob um clima de decepção em relação às revoltas de 1848. A sua motivação era a de compreender o que saíra de errado nesses processos históricos.

Na obra *O capital* (1867), por exemplo, que tem por objeto de análise o sistema capitalista, existe certa passagem da terceira parte do livro na qual veremos Marx confrontar três classes distintas: a classe dos trabalhadores assalariados (que vivem da venda de sua força de trabalho), a classe dos capitalistas (que extraem seus rendimentos do "lucro", ou da "mais-valia", que é uma forma tipicamente capitalista de exploração do trabalho assalariado), e, por fim, a classe dos proprietários fundiários, que vive da renda da terra. Se atentarmos para o que estes exemplos nos mostram, a "classe social" parece ser definida aqui em termos da "origem dos rendimentos" que se referem a cada grupo social: salário, lucro, renda da terra[51].

Em contrapartida, existe outra passagem, escrita em coautoria pelos fundadores do Materialismo Histórico, na qual se faz referência às sociedades antigas, sendo que agora aparece a proposta de uma definição de classes por outros critérios. Trata-se agora de uma passagem do anteriormente citado *Manifesto Comunista* (1848), na qual é mencionada a contraposição entre *escravos* e *homens livres*. O que se mostra aqui é a dicotomia estabelecida entre duas classes a partir de um estatuto relacionado à liberdade. Não mais há, portanto,

---

**51.** Uma atenção especial a esta tripartição é trazida por Marx em um dos textos mais importantes de *O capital*, aquele que traz o título de "Fórmula trinitária" (1971: 124-132). Neste, o objetivo de Marx é precisamente o de colocar a nu aquilo que se vê encoberto por uma ideologia que induz a todos a conceber o capital como "aquilo que dá lucro", a terra como aquilo que produz "renda fundiária", e o trabalho como o que "produz salário". As relações, dessa maneira, são no sistema capitalista reduzidas a "coisas", em uma reificação que também adere às "classes sociais", e a Economia não é mais do que a aparência decorrente de intrincadas relações sociais e históricas entre os seres humanos.

uma referência em relação à origem dos recursos que cada classe extrai para o seu viver, pelo menos nessa passagem. No próprio trecho do *Manifesto Comunista* que colocamos como epígrafe deste item, veremos outras dicotomias classistas apoiadas no *status* social, além da já citada divisão entre "livres" e "escravos" que se relaciona à Antiguidade Grega. Assim, Marx irá mencionar a dicotomia entre "barões" e "servos" como aquela que dá o tom da alta Idade Média (poderia tê-la apresentado em termos de "senhores" e "servos da gleba", ou entre "guerreiros" e "camponeses", esta última já resvalando para o critério funcional). "Mestre" e "aprendiz", assim como "patrício" e "plebeu" – as outras duas dicotomias mencionadas no mesmo trecho – também insinuam o critério do *status* social, o que reforça o exemplo mencionado.

Por fim, uma terceira situação pode ser ilustrada com uma passagem à qual voltaremos depois, extraída do livro *O 18 brumário* (1852). Nesta, e também em outras obras históricas, a classe começa a ser definida pela consciência de pertencimento que passa a ser desenvolvida pelos indivíduos que a compõem, sempre por oposição a outros grupos. Também veremos outra peculiaridade nessa mesma obra, que é uma daquelas em que Marx se coloca efetivamente como historiador (e não como "economista" ou "ativista político", tal como ocorre nos dois exemplos anteriores). Aqui, obrigado a se instalar em um nível de observação que permita uma avaliação mais complexa da História, tal como ocorre com qualquer historiador, Marx não se compraz mais em discutir a Luta de Classes em termos de uma dicotomia simplificada: ao contrário, irá perceber a múltipla interação entre os diversos grupos sociais, com seus respectivos representantes no plano político. Guardemos este ponto, pois ele será importante mais adiante.

Estes exemplos, que apenas poderemos mencionar mais superficialmente neste pequeno texto de introdução à questão da Luta de Classes, mostram-nos perfeitamente que Marx e Engels foram construindo o quadro conceitual do Materialismo Histórico gradualmente, e já o adaptando às necessidades concretas a serem enfrentadas por seus escritos, sobretudo porque mais pretendiam abrir caminhos do que estabelecer um sistema abstrato e fechado de pensamento. Já com os historiadores e filósofos marxistas subsequentes, os conceitos associados a "classe social" começam a ser beneficiados por um esforço maior de sistematização, e com isso adquirem múltiplas significações. Gramsci, Lukács e Edward Thompson são apenas três dos nomes importantes nessa discussão que se estende por todo o século XX e alcança o XXI.

Por outro lado, o conceito de "classe social" também passou a ser operacionalizado por inúmeros outros campos teórico-metodológicos que atravessam as diversas ciências sociais e humanas, de forma que o conceito não é apenas pertinente ao Materialismo Histórico, sendo utilizado por diversificados autores não necessariamente relacionados, mesmo que indiretamente, ao pensamento marxista. Nomes tão distintos como Pitirim Sorokim (1889-1968) ou Max Weber (1864-1920), entre tantos outros, teorizaram sobre o conceito de "classe social" e buscaram absorvê-lo em seus próprios sistemas de pensamento e análise social.

Obviamente que, com o campo teórico-metodológico que se desdobra das obras iniciais de Marx e Engels, a partir de então denominado Materialismo Histórico, a noção de "classe social" passa a estar necessariamente ligada a outras: não apenas às já mencionadas noções de "luta de classes" e "consciência de classes", como também ao conceito de "modo de produção" (pois, tal como mencionamos, uma "classe social" deverá de um modo ou de outro se posicionar em relação ao modo de produção vigente). De igual maneira, interage com o conceito de "classe social" a noção de "ideologia", relacionável ao modo como uma classe expressa seus interesses, ou também a noção de "hegemonia", criada por Gramsci para dar conta das maneiras como as classes sociais dominantes impõem seus interesses às classes sociais dominadas, sem necessariamente se valer do uso da força física ou da coerção econômica. Dessa forma, no Materialismo Histórico a "classe social" aparece dentro de certa constelação de noções e conceitos que contribuem para sua delimitação.

Antes de adentrarmos no universo de especificações de "classe social" para o Materialismo Histórico, será oportuno verificarmos o que a palavra "classe social" tem em comum a quase todos os âmbitos teórico-metodológicos que a utilizam. Para todos esses campos, a ideia de classe social se relaciona à estratificação social. É o fato de que todas as sociedades conhecidas geram dentro de si divisões específicas que passam a enquadrar a humanidade que abrigam, o que impõe a utilização de noções e conceitos que expressem essas divisões sociais, normalmente divisões sociais hierarquizadas de alguma maneira, consoante algum critério. Quanto a isso, é preciso entender desde já que a estratificação social nas várias sociedades conhecidas não impõe apenas estratos a que poderemos nos referir como "classes". Há outros tipos de divisões que cortam a totalidade social conforme a natureza histórico-social da sociedade em questão: para as sociedades medievais, por exemplo, fala-se habitualmente em "ordens", um tipo de divisão hierárquica na qual há menos facilidade para os indivíduos se deslocarem de um estrato a outro; na sociedade indiana, por exemplo, fala-se em "castas", um tipo de divisão ainda mais clivada e na qual praticamente inexiste a possibilidade de deslocamento do indivíduo de um estrato a outro.

As discussões em torno dos vários tipos de estratificações gerais – como as "classes", "ordens", "estados", "castas" – são muito complexas, e apenas poderiam ser encaminhadas de maneira proveitosa em textos mais especializados. De igual maneira, para além dessas estratificações gerais – isto é, formas de dividir a sociedade que partilham sua humanidade em grandes grupamentos –, existem ainda outras inúmeras categorias que atravessam a sociedade conforme critérios vários: categorias profissionais, etárias, de gênero, e assim por diante. Posto isto, voltemos à questão do conceito de "classe social".

Retomaremos a ideia (ainda exterior ao Materialismo Histórico) de que, em seu sentido mais geral, a noção de "classes sociais" divide uma sociedade em grupos mais ou menos amplos de homens a partir de critérios relacionados à natureza da função que exercem na vida social e à parcela de vantagens (ou desvantagens) que extraem de tal função. Nesse sentido, os subconjuntos sociais que podem ser denominados "classes" são definidos em termos de *status*, de privilégios, de benefícios relacionados à distribuição desigual de bens econômicos, de acessos discriminatórios a valores culturais, de lugar nos processos de produção econômica, de divisão preferencial das prerrogativas relativas ao poder e à autoridade, ou mesmo nos termos de uma identificação de si que um certo grupo social constrói ideologicamente. Esses critérios, que frequentemente aparecem combinados, podem também se contradizer em uma sociedade complexa. Assim, em determinada sociedade historicamente localizada, pode-se dar a circunstância ou conjuntura de que a classe alta tradicional se veja relativamente empobrecida, ou pode ocorrer o empobrecimento acentuado de indivíduos pertencentes a uma classe que se encontre no alto da topografia social. Nas sociedades europeias do Antigo Regime, um nobre podia se ver circunstancialmente empobrecido, mas nem por isso deixaria de pertencer à nobreza.

Em sua acepção mais restrita, que é a que estaremos privilegiando neste momento, as "classes" devem ser diferenciadas das meras "estratificações sociais" a partir da ênfase mais incidente no aspecto da *relação* do que no da *distribuição* dentro da estrutura social. "Relação" refere-se aqui tanto à relação das classes umas com as outras quanto – e na verdade principalmente – à relação da classe com o modo de produção que caracteriza a sociedade examinada. Uma classe social, dito de outra maneira, refere-se a uma determinada posição no modo de produção. Dentro dessa concepção relacional das classes sociais, busca-se enfatizar que as classes são menos agregados de indivíduos do que grupos sociais reais, identificados por sua história e por sua posição na organização da sociedade. Começamos a aproximar aqui os conceitos de "classe social" e "luta de classes". Mas, antes de prosseguirmos, será oportuno lembrar ainda que existe uma ampla discussão historiográfica a respeito da possibilidade de se utilizar adequadamente o conceito de classe social para sociedades pré-industriais[52].

No universo de escritos de Marx e Engels, existem textos que ora autorizam o uso generalizado de classe como categoria que pode ser utilizada para qualquer período histórico, e outros que ora sugerem a ideia de que o conceito "classe" aplicar-se-ia mais especificamente à sociedade capitalista. No *Manifesto Comunista*, por exemplo, já vimos que Marx e Engels afirmam que "a história de todas as sociedades que até hoje existiram é a história da luta de classes". É assim que, neste panfleto que procura evocar uma tendência geral pertinente à evolução das sociedades, Marx tende a destacar os já mencionados pares de classes antagônicas (escravos/senhores; servos/senhores feudais; proletários/burgueses; e assim por diante). Contudo, se nesse texto-manifesto a "luta de classes" é admitida como coextensiva a todas as sociedades e a todas as temporalidades, já se encontra mesmo em Marx a discussão sobre possíveis limitações de historicidade relacionadas ao uso do conceito de "classes sociais". É o que

---

[52]. A posição de Georges Gurvitch (1894-1965) é a de que as classes constituem fenômeno específico do mundo industrial. Para períodos anteriores, as estratificações sociais deveriam ser expressas em termos de "estados" (ou estamentos) e "ordens".

se verifica em alguns outros textos, nos quais os fundadores do Materialismo Histórico são levados a admitir que a classe seria uma característica singularmente distintiva das sociedades capitalistas. Isto parece ocorrer em certa passagem de *A ideologia alemã*, na qual se pode ler que "a própria classe é um produto da burguesia". Ao lado disto, em *O 18 brumário* (parte VII) veremos Marx investir na ideia de que uma classe sempre se constrói por oposição a outra(s): "Na medida em que milhões de famílias vivem sob condições econômicas de existência que separam seu modo de vida, seus interesses e sua cultura das outras classes e as colocam em oposição hostil a estas outras classes, elas formam uma classe" (MARX, 1852). Visceralmente, os conceitos de "classe social" e de "luta de classes" são aqui postos a interagir com vistas a uma análise histórico-social específica.

Apesar de conformar um trecho relativamente grande, será bastante útil reproduzirmos abaixo este texto de Marx, pois *O 18 brumário* (1852) é precisamente uma das obras nas quais Marx se coloca na posição específica de historiador. Seu objetivo é examinar o processo sociopolítico da História da França que, em meados do século XIX, terminou por conduzir ao poder Luís Bonaparte (1808-1873), um sobrinho de Napoleão. A questão histórica específica não estará nos interessando particularmente aqui. Apenas queremos ilustrar como, em determinada passagem desse livro, Marx descreve um dos grupos sociais envolvidos nos conflitos que conduziram à eleição democrática de Luís Bonaparte, e depois à restauração imperial que ele mesmo promove, imitando o antigo gesto de Napoleão Bonaparte ao coroar a si mesmo

Imperador da França[53]. A passagem revela não uma definição de classe, a ser instrumentalizada posteriormente, mas sim a habilidade do fundador do Materialismo Histórico em mostrar as "classes" operando em situações histórico-sociais objetivas:

> Os camponeses minifundiários formam uma imensa massa, cujos membros, todos, vivem em uma mesma situação, mas sem estar ligados por muitas relações. Seu modo de produção os isola uns dos outros, ao invés de estabelecer entre eles um intercâmbio recíproco. Esse isolamento acentua-se devido ao mau estado dos meios de comunicação e em vista da pobreza dos camponeses. Seu campo de produção, o minifúndio, nesta cultura não permite qualquer divisão do trabalho, nenhuma aplicação da ciência, não ocorrendo, consequentemente, diversidade no desenvolvimento, variedade nos talentos, nem riqueza na situação social. Cada família de camponeses se basta a si mesma, produz diretamente a maior parte do seu consumo e adquire, assim, seus meios de subsistência por meio de uma troca com a natureza, mais do que a partir de um comércio com a sociedade. O minifúndio, o camponês e sua família; ao lado, outro minifúndio, outro camponês, outra família. Uma certa quantidade de famílias constitui um vilarejo,

---

**53.** O processo histórico analisado por Marx é aquele que principia com as revoluções de 1848, e que se desenvolve até 1851. Marx estava trabalhando aqui com uma história muito recente, pois começou a escrever este ensaio em dezembro de 1851 e terminou-o em março de 1852, publicando-o na revista *A Revolução*.

e determinada quantidade de vilarejos constitui uma zona departamental. A grande massa da nação francesa é, dessa forma, constituída por um simples acréscimo de grandezas de mesmo nome, mais ou menos como um saco de batatas se forma com batatas. Pelo fato de viverem dentro de condições econômicas de existência que distinguem seu modo de subsistência, seus interesses e cultura por oposição àqueles das outras classes, esses milhões de famílias constituem uma classe, inimiga recíproca de outras classes. Mas em vista do fato de apenas estarem reunidas através de um vínculo meramente local, e de a identidade dos interesses não criar aqui comunidades, nem união nacional, nem organização política, os camponeses minifundiários *não* constituem uma classe. Permanecem, por isso, incapacitados para se fazerem representar, com seu nome próprio, tanto em um parlamento como em uma convenção. Não podendo a si mesmos se representarem, necessitam de representantes fora de seu meio (MARX. *O 18 brumário*, 1852).

O que vemos neste texto peculiar? De um lado, Marx enuncia, a partir de sua descrição dos elementos que são comuns a todos os camponeses minifundiários, esta que pode ser indicada como uma primeira condição para que se possa falar em uma classe social. É preciso que um número muito grande de famílias viva em condições similares, partilhem os mesmos interesses e que se movimentem no interior de uma mesma cultura. Este caldo de identidade desenha na organização social uma primeira condição para que se possa falar em uma classe social, e Marx também chama a atenção para um segundo aspecto importante: esta classe, ou este grupo que começa a se delinear como uma classe, precisa estar contraposto a outros grupos sociais definidos por condições de existência e interesses sociais radicalmente distintos. Em Marx, veremos constantemente tal situação: uma classe é sempre delineada por oposição a outras classes. É nesse contraste social que sua identidade se forma, adquirindo contornos mais precisos. E é no pertencimento às mesmas condições e modo de vida que cada indivíduo começa a construir sua sensação de pertencimento a este ou àquele outro grupo social. Conforme Marx descreve, temos aqui "um minifúndio, um camponês e sua família; ao lado, outro minifúndio, outro camponês, outra família". Estendendo o olhar mais além, poderemos perceber que uma quantidade de famílias vivendo em situações praticamente análogas "constitui um vilarejo", e que "determinada quantidade de vilarejos constitui uma zona departamental". O fundador do Materialismo Histórico afirma, para negá-lo mais adiante, que "pelo fato de viverem dentro de idênticas condições econômicas de existência que distinguem seu modo de subsistência, seus interesses e cultura por oposição àqueles das outras classes, esses milhões de famílias *constituem* uma classe".

No entanto, em certa medida cada camponês está isolado dos outros. Conforme assinala Marx, a especificidade de seu modo de produção o leva a isso. Ao contrário dos operários em uma fábrica, ou de outros grupos sociais inseridos em uma realidade urbana, as diversas famílias camponesas – especificamente nessa situação histórica descrita por Marx – tendem a se isolar uma das outras: elas constituem unidades dotadas de certa autonomia no que se refere aos laços entre umas e outras. Por isso, dirá Marx, "em vista do fato de apenas estarem reunidas a partir de um vínculo meramente local, e de a identidade dos interesses não criar aqui comunidades, nem união nacional, nem organização política, os camponeses minifundiários *não* constituem uma classe". Há uma riqueza teórica extremamente interessante nessa dupla afirmação, contraditória, de que por um lado estes camponeses franceses *são* uma classe, e que, por outro lado, por não criarem vínculos de mútua comunicação e pertencimento, *não são* uma classe. Penetramos aqui, sutilmente, no âmbito de um segundo conceito que será fundamental para o Materialismo Histórico: a "consciência de classe".

Um grande conjunto de indivíduos submetidos a condições análogas e a oposições sociais análogas começa *efetivamente* a pertencer a uma "classe social" na mesma medida em que seus diversos componentes começam a desenvolver uma consciência de pertencimento a este mesmo grupo, mas também, sobretudo, a se enxergarem em uma rede de oposições que os situa frente a outros grupos, que passam a ser percebidos como antagônicos. A "consciência de classe", portanto, envolve dois aspectos entrelaçados: uma consciência de unidade, e uma consciência de oposição (de contradição no interior de uma totalidade ou de uma unidade maior). O fato de um número muito grande de indivíduos pertencerem a um grupo não implica, necessariamente, que todos eles, ou a maior parte deles, ou mesmo uma parte minimamente significativa desses indivíduos, possuam consciência de pertencerem a este grupo. Esta consciência de pertencimento ao grupo – de que este grupo constitui uma unidade de interesses pelos quais lutar – precisa ser conquistada como "consciência de classe". Isto também não é possível, na perspectiva do Materialismo Histórico, sem que tal grupo adquira concomitantemente uma consciência de oposição, uma consciência de que essa unidade constituída pelo grupo constitui-se por oposição a outros grupos. É a oposição de um grupo frente a outros que fortalece sua unidade. Não é possível atingir esse estágio de unidade e consciência sem a "luta de classes", e é este um dos pontos essenciais em que certas correntes positivistas divergem das correntes que habitam o paradigma do Materialismo Histórico. Para o Positivismo Comtiano, por exemplo, é perfeitamente possível pensar a História nos termos de uma "conciliação de classes". Para o Materialismo Histórico, apregoar a "conciliação de classes" – fazer crer que esta é a natureza habitual das sociedades históricas – é mascarar a luta de classes, é tentar afrouxar a "consciência de classe" em um dos dois elos que a constituem, que é a consciência de uma oposição.

Sintetizando, podemos dizer que um certo grupo social – no qual a maior parte daqueles que o compõem não parece ter uma consciência de que sofrem coletivamente o mesmo tipo de exploração – começa somente a se transformar quando se desenvolve precisamente essa "consciência de classe". Nesse momento, o grupo passa a se conceber no interior de uma luta social – de uma "luta de classes" – e já se enxerga efetivamente como uma "classe social". Tal processo, que será descrito por Marx e Engels em algumas oportunidades, e por historiadores marxistas na análise de inúmeras situações históricas, não é o que temos na sociedade francesa analisada por Marx em *O 18 brumário* (1952), na qual os camponeses ainda não tinham desenvolvido uma consciência de classe. Aqui, eles *são* uma classe, mas também *não são* uma classe. Vamos entender esta interessante contradição apontada por Marx.

Inspirando-se em um conceito análogo que havia sido desenvolvido por Hegel, mas que nada tinha a ver com a análise de uma sociedade, Marx irá aqui desdobrar seu conceito de classe social em dois: existiria a "classe-em-si", e a "classe-para-si". A "classe-em-si" é aquela que se forma porque um conjunto muito grande de pessoas está submetida às mesmas condições sociais, ao mesmo regime de trabalho, aos mesmos modos de viver e de se expressar culturalmente, sendo também necessário que esse grande conjunto possa ser percebido por oposição a outros grupos sociais (a outras "classes sociais", com inserções distintas e modos de vida diferenciados, que se opõem reciprocamente). A "classe-para-si", contudo, apenas se forma quando a "classe-em-si" desenvolve a "consciência de classe", quando começa a perceber sua posição em uma "luta de classes", e a adquirir, portanto, a possibilidade de fazer valer seus direitos, de se representar nas instâncias sociais e políticas socialmente disponíveis (ou de criar mesmo novas instâncias de representação). O poder começa a ser disputado por uma "classe-em-si" quando ela se torna "classe-para-si" a partir do desenvolvimento de uma "consciência de classe" que a conduz a uma "luta de classes" (ou à percepção de que ela está realmente imersa em uma

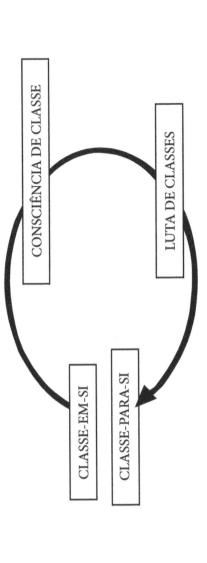

Figura 1. Processo de formação da "Consciência de Classe" e estabelecimento da "Luta de Classes"

luta de classes). Existe, portanto, um refinado processo social que conduz da "classe-em-si" à "classe-para-si" (Figura 1):

Este processo é mostrado por Marx nas obras em que ele se dispôs a empreender análises históricas, e também por Engels. Ainda em suas análises de um modo de produção específico – notadamente do modo de produção capitalista, que foi seu principal objeto de estudo, Marx começa a analisar em detalhe as maneiras como a luta de classes se estabelece, os modos como uma classe dominante exerce seu poder e sua exploração sobre outra. A descoberta da "mais-valia", um conceito econômico que não poderemos aprofundar aqui, insere-se nessa busca de percepção de como a classe dos "capitalistas" extrai seu lucro a partir da exploração do "proletariado", obrigando-o a trabalhar mais, intensivamente, sem que ele perceba, e sem agregar valor a esse trabalho que o operário é conduzido a fazer. Marx procura estudar, em sua obra magna – *O capital* (1867) – os diversos mecanismos próprios da exploração capitalista, como a divisão de trabalho na fábrica (ou em outros ambientes), com a consequente "alienação" dos trabalhadores (outro conceito que precisaria de maior espaço para ser explicado em todas as suas implicações). No momento, o que nos interessa mais é examinar esta tríade de conceitos: a "classe social", a "consciência de classe" e a "luta de classes", e relacioná-los aos demais conceitos que dão forma ao paradigma do Materialismo Histórico, em especial o já discutido conceito de "modo de produção" e também o conceito de "ideologia".

Os conceitos de "classe social" e "luta de classes" receberam, a partir das sucessivas gerações de historiadores marxistas, tratamentos diversificados. De toda maneira, o que tem unificado todo o pensamento marxista no que concerne às classes sociais é que estas devem ser examinadas essencialmente em sua relação com o "modo de produção". Naturalmente que, tal como já vimos anteriormente, o próprio conceito de modo de produção foi sendo compreendido diversificadamente no decorrer do desenvolvimento da concepção materialista histórica. Se é modificado o que se entende por "modo de produção", transmuda-se necessariamente o que se compreende por "classe social" e por sua função no sistema.

Apenas para registrar uma posição clássica dentro do Materialismo Histórico, e explicitar a relação entre os conceitos de "classe social" e "modo de produção", poderemos destacar a definição de classe social estabelecida por Lênin (1870-1924), ainda em 1919, em um texto intitulado "A grande iniciativa":

> Chama-se classes a grandes grupos de pessoas que se diferenciam entre si por seu lugar num sistema de produção social historicamente determinado, por sua relação (as mais das vezes fixada e formulada nas leis) com os meios de produção, por seu papel na organização social do trabalho e, consequentemente, pelo modo de obtenção e pelas dimensões da parte da riqueza social de que dispõem. As classes são grupos de pessoas, um dos quais pode apropriar-se do trabalho do outro graças ao fato de ocupar um lugar diferente num regime determinado de economia social (LENIN, 1980: 147).

Este pequeno trecho extraído da obra de Lênin, apenas um dos que poderiam ter sido escolhidos, afirma antes de mais nada que as classes sociais "se diferenciam entre si pelo seu lugar num sistema de produção social historicamente determinado". Ao final da passagem, Lênin chama a atenção para o fato de que a posição diferencial que as classes ocupam no modo de produção permite que uma classe se aproprie do trabalho da outra. Lênin está recolocando aqui a relação entre "classes" e "luta de classes". Reaparece aqui a ideia de que as classes não existem isoladamente, mas sim em contraste de umas em relação às outras, tal como já havíamos comentado a respeito da maneira como Marx já buscava contraditar as classes sociais em seu ensaio *O 18 brumário* (1852).

A posição das classes no modo de produção implica não apenas que aquelas terão cada qual seus interesses específicos, mas também que tais interesses estarão necessariamente em *contradição* em relação a outros interesses, e mesmo no tocante à totalidade social. Quando apresentávamos o fundamento dialético do Materialismo Histórico, indicamos que é precisamente a "contradição" o que move a história dialeticamente. As relações entre as classes sociais, dentro dessa perspectiva, são de oposição, tornam-se *contraditórias*, e é por isso mesmo que se pode falar de uma "luta de classes". Ao contrário do Positivismo à maneira comtiana, que se expressa em termos de uma "conciliação de classes", o Materialismo Histórico procura explicar a história precisamente em função de uma "luta de classes": uma luta que termina por entretecer dramaticamente esta história social que se ajusta perfeitamente à história dos modos de produção. As contradições que opõem as classes sociais umas às outras correspondem, menos ou mais diretamente, às contradições que se dão a partir da inadequação entre as "forças de produção" e as "relações de produção". À medida que a contradição interna do modo de produção vai se tornando mais intensa, mais se radicaliza a oposição entre as classes que representam o avanço das forças produtivas e as classes que se beneficiam das relações de produção imobilizadas, agora transformadas em entraves ao próprio desenvolvimento do modo de produção. Nesse contexto, frequentemente a literatura marxista se expressa em termos de um antagonismo social que opõe as "classes dominantes" e as "classes dominadas". Esta é a posição clássica, que busca relacionar "classes sociais", "luta de classes" e "modo de produção". Existem outras possibilidades, mas podemos dizer que a posição clássica do Materialismo Histórico é esta.

Limitar-nos-emos, neste momento, a avançar para uma conceitualização mais recente. Ela surge para se opor a uma tendência, que se sucedeu a Marx e Engels, de limitar ou reduzir à sua dimensão econômica a ideia de classe social, e também para reinserir mais enfaticamente o conceito dentro de uma dinâmica social, já que muitos teóricos marxistas já vinham trabalhando com a ideia de classe social dentro de um quadro de estabilidade que pouco se prestava a análises historiográficas mais complexas.

A contribuição à qual nos referiremos é a de Edward Thompson (1924-1993), historiador inglês para quem a "classe social" deixa de ser uma "estrutura" e passa a ser uma instância cultural. Esta nova operacionalidade atribuída ao conceito, que permite que se examine como cultura a Classe Social, permite que Thompson – em um artigo de 1989, intitulado "Luta de classes sem classes?" – inverta uma fórmula que até então era aceita sem maiores questionamentos no pensamento marxista. Pensava-se que a "classe social" se forma, adquire consciência de si mesma, e somente a partir daí se estabelece a "luta de classes" (uma luta de classes específica, historicamente localizada). O que Thompson vem mostrar é que, ao contrário, tudo parte da "luta de classes", e que nesta luta de classes vai se produzindo a concomitante "consciência de classe", até que finalmente se constitui a "classe social" propriamente dita. Sem considerar a classe social como realidade cultural, não seria possível esta inovação lógica que assim é resumida por Thompson em suas "Observações sobre classe e falsa consciência":

> Para dizê-lo em todas as letras: as classes não existem como entidades separadas que olham ao redor, acham um inimigo de classe e partem para a batalha. Ao contrário, para mim, as pessoas se veem em uma sociedade estruturada de um certo modo (por meio de relações de produção fundamentalmente), suportam a exploração (ou buscam manter poder sobre os explorados), identificam os nós dos interesses antagônicos, debatem-se em torno dos mesmos nós e, no curso de tal processo de luta, descobrem a si mesmos como uma classe, vindo, pois, a fazer a descoberta de sua consciência de classe. Classe e Consciência de Classe são sempre o último

e não o primeiro degrau de um processo histórico (THOMPSON, 1977-b, 2001: 274).

É muito interessante observar aqui a inversão de relações processuais que Thompson ousou proferir, de modo a renovar o Materialismo Histórico em uma nova direção. Mais atrás, havíamos discutido o padrão clássico do Marxismo. Existe uma "classe social" (uma "classe-em-si", conforme vimos). Esta classe começa a desenvolver uma consciência de classe, e aí se estabelece uma "luta de classes". Thompson propõe uma inversão. É a partir da "luta de classes" que se desenvolve uma "consciência de classes", e que, por fim, forma-se a "classe social". É este o sentido último do título de um de seus famosos ensaios: "Luta de classes sem classes?" Neste título-pergunta, Thompson procura mostrar por que essa aparente contradição pode ser proferida (como pode haver uma luta de "classes", se ainda não existe uma "classe", alguém poderia retrucar). A questão é que, para Thompson, não existe uma "luta" de "classes", e sim uma "luta de classes". A "classe" não existe isoladamente, para ser a certo momento absorvida em uma luta; ao contrário, a "luta de classes" é que produzirá a "classe", a partir do desenvolvimento de uma "consciência de classe" (Figura 2).

Neste e em outros ensaios, Edward Thompson chama a atenção, enfaticamente, para o fato de que "classe não é uma categoria estática", isto é, "tais e tais pessoas situadas nesta e naquela relação com os meios de produção, mensuráveis em termos positivistas e quantitativos" (THOMPSON, 1977-a, 2001: 260). A classe é essencialmente uma "categoria histórica", diz-nos Thompson:

Figura 2. "Luta de Classes" sem "Classes": processo de formação de classe

Conhecemo-las porque, repetidamente, as pessoas se comportaram de modo classista. Este andamento histórico gera regularidade de resposta em situações análogas e, em certo nível (o da formação "madura" das classes) permite-nos observar o nascer de instituições e de uma cultura com traços de classe passíveis de uma comparação internacional. Somos então levados a teorizar este fenômeno como uma teoria global das classes e de sua formação, esperando encontrar algumas regularidades, certos "estágios" de desenvolvimento (THOMPSON, 1977-b, 2001: 270).

É assim que, com Thompson e os demais historiadores ligados à Escola Inglesa marxista, a classe social vai deixando de ser encarada como uma "estrutura" (algo estático) e vai se aproximando da noção de "identidade" – algo que é uma construção, ou melhor, que está envolvido por um processo de permanente construção, em um inesgotável fazer-se. O conceito de classe vai aqui se afastando da ideia de que esta é uma "estruturação econômica" para se aproximar cada vez mais da noção de que a classe é uma "construção cultural"[54]. Desse modo, a "classe social" vai deixando de ser imposta

---

**54.** Assim se expressa Thompson em uma passagem de *A miséria da teoria*: "Nenhuma categoria histórica foi mais incompreendida, atormentada, transfixada e des-historicizada do que a categoria de classe social; uma formação histórica autodefinidora, que homens e mulheres elaboram a partir de sua própria experiência de luta, foi reduzida a uma categoria estática, ou a um efeito de uma estrutura ulterior, das quais os homens não são os autores, mas os vetores" (THOMPSON, 1981: 57). O conceito de "experiência", aliás, é central em Thompson, correspondendo àquilo que une o modo de produção e o processo histórico concreto.

como uma categoria econômica, ou como uma categoria *exclusivamente* econômica, como geralmente vinha sendo postulado no âmbito daquilo que Thompson costuma chamar de "materialismo histórico vulgar". Doravante, no âmbito da ressignificação trazida pela Escola Inglesa, a "classe" deverá ser entendida como uma formação "tão econômica, quanto cultural". Sendo impossível favorecer um aspecto em detrimento do outro nesta leitura da classe social como simultaneamente econômica e cultural, Thompson é levado a propor a provocativa ideia de que a determinação em última instância – sugerida por Engels – pode abrir caminho tanto por formas econômicas como por formas culturais (THOMPSON, 1977-a, 2001: 260). Por outro lado, rejeita-se também aqui a tradição sociológica de cunho positivista segundo a qual a classe vê-se reduzida a mera medida quantitativa (a classificação por classes "a", "b" ou "c", aferidas por seu nível de salário, é apenas o desdobramento mais grosseiro dessa categorização quantitativa das classes)[55].

Também Antonio Gramsci, na verdade décadas antes de Thompson, já havia contribuído significativamente para o aprimoramento da questão em torno das noções de "classe", "luta de classes" e "consciência de classe". Mas buscou costurar tais noções com uma nova concepção, o já mencionado conceito de "hegemonia". Depois de Gramsci, os estudos e

---

**55.** Uma síntese das posições de Thompson em torno da conceituação que envolve as noções de "classe", "luta de classes" e "consciência de classe" pode ser encontrada no artigo "Algumas observações sobre classe e falsa consciência", publicado em 1977 nos *Quaderni Storici*, e depois republicado na coletânea *As peculiaridades dos ingleses* (post).

usos do conceito de hegemonia, como forma de compreender em maior nível de complexidade as relações de dominação entre classes, seguiriam adiante com outros historiadores marxistas da segunda metade do século XX, e na já discutida palestra-artigo proferida em 1977 com o título "Folclore, antropologia e história social", Edward Thompson ressalta esta abertura proporcionada por Gramsci a partir do conceito de "hegemonia", destacando que "muito raramente – e, neste caso, apenas por pouco tempo – uma classe dominante exerce, sem mediações, sua autoridade por meio da força militar e econômica" (THOMPSON, 2001: 239). Isto porque a dominação é fundamentalmente exercida por processos que envolvem a hegemonia, e nesse caso os historiadores socioculturais devem estar atentos ao estudo de temáticas como a do "teatro do poder", em suas múltiplas manifestações.

Por outro lado, e esta segue sendo mais uma das importantes contribuições de Edward Thompson, a hegemonia não envolveria uma imposição absoluta, devendo ser examinada à luz da "reciprocidade". Em outro artigo importante, publicado em 1976 com o título "Modos de dominação e revoluções na Inglaterra" (THOMPSON, 2001: 203-225), o historiador inglês redesenha muito claramente o quadro de reciprocidades nos quais também as classes inferiorizadas exercem sua pressão sobre as classes que se colocam na parte superior da estrutura social por meio da dominação hegemônica e do controle de recursos como as instituições do Estado e a coerção econômica. A capacidade das classes inferiorizadas interferirem na estrutura, mesmo que de maneira limitada, é explicitada na seguinte passagem:

Mas, em nossa história sem ruptura, temos um movimento no qual a pressão vinda de baixo é contida no alto, absorvida, o que conduz a uma modificação da estrutura, seguida por uma nova pressão de baixo (THOMPSON, 2001: 209)[56].

A constelação conceitual que envolve os conceitos e noções de "classe social", "luta de classes", "consciência de classe", e outras que não pudemos abordar aqui, como a de "posição de classe", constitui um dos mais ricos debates teóricos relacionados ao Materialismo Histórico, e, como tal, deve ser instrumentalizado pelos historiadores que trabalham com tal perspectiva teórico-metodológica.

## 9 Práxis

Examinaremos agora, ainda que de maneira apenas introdutória, outro conceito que desempenha uma posição importante no âmbito do Materialismo Histórico – e ainda mais no pensamento marxista propriamente dito, atento aos

---

**56.** O nível de poder das classes inferiorizadas nesse modelo de "reciprocidades" naturalmente deve ser compreendido como extremamente variável de acordo com os contextos e situações históricas específicas. Para seu objeto de estudo, a Inglaterra do século XVIII, diz-nos Thompson: "As características particulares da dominação da *gentry* e de sua relação com a plebe impedem a concepção dos aparelhos jurídicos e do Estado como simples instrumentos, flexíveis em todos os sentidos, das vontades da burguesia. O modo peculiar de dominação da burguesia implicava um Estado frágil e, por consequência, um grande poder da plebe, da arraia miúda" (THOMPSON, 2001: 209).

desdobramentos políticos e sociais do Materialismo Histórico no Presente[57]. A "Práxis" deve ser entendida como um conceito que une "Teoria" e "Ação", e logo veremos a importância de compreender isso para não confundir a práxis com a simples "prática". Por outro lado, em Marx este conceito partilha pelo menos três diferentes significados. Tem-se a "práxis" como "ação revolucionária" ("mudar o mundo, além de interpretá-lo", como diz a *Tese sobre Feuerbach*, n. 11). Tem-se a "práxis" como o caráter ativo e consciente que se estabelece sobre o perceber, o pensar e o fazer humanos (uma relação com a realidade que se coloca como "atividade prático-sensível", tal como propõe a *Tese sobre Feuerbach*, n. 1). E por fim tem-se a "práxis" como a própria atividade que permitiu ao homem, como espécie animal, mudar o mundo e a si mesmo por meio do "trabalho"[58]. Esses três sentidos para práxis aparecem em textos de Marx, e de alguma maneira os três convergem para a noção de que a práxis é um agir consciente que integra a teoria e a prática[59]. De todo modo, há uma trajetória conceitual que pode

---

**57.** A noção de "práxis", já vinculada à Dialética, aparece pela primeira vez na própria época de Marx, com o hegeliano de esquerda Cieskówski. Sobre isto, cf. Avineri, 1978, cap.V.

**58.** Frequentemente Marx pensará aqui, tal como ocorre nos *Manuscritos econômico-filosóficos* (1844), na capacidade industrial (a dimensão *"faber"* do homem) que o conduziu até uma sociedade industrial capaz de "humanizar a natureza" (isto é, de dotar as coisas exteriores e o mundo de uma forma humana). O próprio homem vê-se em seguida "naturalizado", porque inscrito de corpo e alma nessa natureza que ele mesmo humanizou.

**59.** O trabalho alienado, por exemplo, não corresponde a uma práxis, mas apenas a uma prática.

ser recuperada para favorecer uma melhor compreensão dessa importante noção que foi incorporada pelo Materialismo Histórico[60].

A história da palavra remete à Grécia Antiga, na qual a *praxis* se opunha tanto à *theoria* (uma atividade contemplativa, conforme vimos na Primeira Parte desta obra) como à *poiesis* (uma atividade que convergia para a produção de objetos, para a produção material, para os fazeres dela decorrentes). Entre essas duas instâncias humanas do pensar e do fazer, que eram a *Theoria* e a *Poiesis*, a Práxis correspondia a uma terceira instância que se relacionava ao "agir"[61], e mais especificamente à "ação que se realizava no âmbito das relações entre as pessoas, a ação intersubjetiva, a ação moral, a ação dos cidadãos", sendo por isso que Aristóteles costumava associar a Práxis às atividades "ética" e "política" (KONDER, 2006: 97).

---

60. Em Marx, um dos textos indicados para apreender os sentidos possíveis de práxis é o pequeno conjunto de comentários que recebeu o título de *Teses sobre Feuerbach* (1845). Esta pequena obra de duas páginas de grande intensidade filosófica não foi publicada durante a vida de Marx. Encontradas por Engels nos *Cadernos* do amigo já falecido, o antigo aliado intelectual de Marx resolveu publicá-las como apêndice de seu próprio livro *Ludwig Feuerbach e o fim da filosofia clássica alemã* (1888). Chamou a atenção para o extraordinário valor desse texto, que revelava de forma concentrada uma faceta mais filosófica de Marx que não era muito conhecida do público (lembremos que *A ideologia alemã* também não tinha sido ainda publicada, pelo menos em sua forma completa, e tampouco os *Manuscritos econômico-filosóficos* de 1844, o que só ocorreria no século XX).

61. O verbo "agir", relacionado à produção da "atividade", deriva de dois outros: *agere* (pôr em movimento) e *gerere* (gerar, criar). Distingue-se, todavia, do verbo *facere* – relacionado à *poiesis* –, que se refere à atividade executada em um determinado instante, com vistas a determinados fins e à produção de um produto concreto, pontual, bem definido. "Agir", ao contrário, pressupõe a "atividade" em seu sentido contínuo.

Para os gregos antigos, o homem não é apenas *homo sapiens* – um conceito que só coloca em relevo o aspecto da *Theoria* ou da capacidade de abstração. O homem também se distingue dos animais por ser um *homo faber* (um "homem que fabrica", isto é, que tem uma dimensão ligada à *Poiesis*), e um *homo prákticus* (um "homem que age", isto é, cujo existir associa-se inevitavelmente à *Práxis*). Os desdobramentos da dimensão de Práxis que se integra ao homem são muitos. É a Práxis que o mergulha na história e na necessidade de escrever a História – pois, ao contrário dos objetos fabricados pela *Poiesis*, as ações realizadas a partir da Práxis desapareceriam sem deixar vestígios, se os poetas e historiadores não as registrassem[62]. É também a Práxis, ainda acompanhando o pensamento de Aristóteles, que permite afirmar que "o homem é por natureza um animal político (*zoon politikon*)", um homem que, por meio dela realiza-se na comunidade política (a *pólis*)[63]. Mas os desdobramentos mais importantes da percepção da instância da Práxis são aqueles que dizem respeito a seus modos de interação com as outras duas instâncias (a *Theoria* e a *Poiesis*), uma vez que o homem não

---

**62.** Aristóteles vai falar sobre isso na *Poética* (1448b: 25 e 1450a: 16-22). Sobre o assunto, cf. Arendt, 2009, p. 73-78.

**63.** Marx retoma esta definição de Aristóteles ("o homem é um animal político") nos *Grundrisse*. O fundador do Materialismo Histórico dirá: "O homem é, no sentido mais literal, um *zoon politikon*, não apenas um animal social-gregário (*geselliges Tier*), mas também um animal que pode se individualizar (*sich vereinzeln*) na sociedade" (*Grundrisse*, 1857-1858). Naturalmente que ele explora dessa definição implicações totalmente diversas daquelas que foram conduzidas por Aristóteles na *Política* (Livro I, cap. I), na qual o filósofo grego procura justificar a escravização como uma situação natural.

pode se realizar integralmente – tornar-se um ser completo – sem uma interação adequada entre estas dimensões que o constituem. Isolar uma delas é produzir "alienação" – um conceito que discutiremos no vol. 4 desta série (no capítulo que analisará o pensamento específico de Karl Marx). De qualquer maneira, as formas de oposição e de interação entre a Teoria e a Práxis ("Contemplação" e "Ação") tornaram-se desde os gregos um objeto de intensa inquietação filosófica, atravessando a Idade Média e o Renascimento, até atingir a segunda Modernidade (século XIX em diante)[64].

Marx irá desde logo perceber a riqueza do conceito de "práxis", um agir que pode se estabelecer entre o "pensar" e o "fazer" (ou como resultado dialético do confronto entre essas duas instâncias) e incorporar algo de ambos. Ao mesmo tempo, tal como dá a perceber Leandro Konder em um dos seus mais importantes estudos sobre Marx, "a práxis é a atividade concreta pela qual os sujeitos humanos se afirmam no mundo, modificando a realidade objetiva e, para poderem alterá-la, transformando-se a si mesmos" (2006: 115)[65]. To-

---

**64.** Giordano Bruno (1548-1600), por exemplo, concebe o homem como um ser que combina necessariamente a teoria e a prática, isto é, como um ser atravessado pela Práxis: "A Providência determinou que ele [o homem] seja ocupado na ação pelas mãos e na contemplação pelo intelecto, de maneira que não contemple sem agir e não aja sem contemplar" (apud KONDER, 2006: 100).

**65.** Konder prossegue: "É a ação que, para se aprofundar de maneira mais consequente, precisa de reflexão, de autoquestionamento, da teoria; e é a teoria que remete à ação, que enfrenta o desafio de verificar seus acertos e desacertos, cotejando-os com a prática". Nesse sentido, a interligação entre práxis e teoria – uma interligação *necessária* – é "uma característica que distingue a *praxis* das atividades meramente repetitivas, cegas, mecânicas, 'abstratas'" (KONDER, 2006: 115). A mera *poiesis,* sem vir acompanhada de consciência e de liberdade, não consegue interagir com a *praxis.*

davia, há variações para os usos dessa expressão nos escritos desse "filósofo da práxis". Melhor dizendo, Marx, em momentos diversos, chama a atenção para aspectos diversificados da Práxis. Procuraremos refletir sobre alguns desses aspectos. Arriscaremos, por ora, uma representação visual para o círculo dialético que envolve as três instâncias constitutivas da relação que se estabelece entre o Homem e a Realidade que ele mesmo transforma. Não importando quem – entre a *Poiesis* e a *Theoria* – desempenha o papel de "Tese" e "Antítese", podemos compreender a Praxis como a "Síntese" que as supera ou integra[66] (Figura 3).

Nas primeiras obras de Marx, a práxis é preferencialmente descrita como uma atividade humana "prático-crítica", que nasce desde cedo das relações entre o homem e a natureza, esta extensiva ao meio social[67]. Nesse sentido, a práxis expressa o poder que o homem tem de transformar o ambiente externo, isto é, tanto a natureza como o meio social em que está inserido. Nas *Teses sobre Feuerbach* de Marx (1845), obra que Engels aponta como a primeira na qual o Materialismo Histórico começa a se apresentar como um sistema coerente, a proposta de uma práxis revolucionária também adentra

---

**66.** Para Marx, são alienados o homem que se isola na *Theoria* – um filósofo meramente contemplativo, por exemplo – e também o homem que é aprisionado nos limites da *Poiesis* sem que lhe seja permitido interagir com a *Theoria* e a *Praxis*, tal como pode ocorrer com a alienação do trabalho no mundo capitalista. A Práxis, contudo – em um dos sentidos específicos que Marx lhe dá –, liberta o homem da armadilha da alienação.

**67.** Já vimos que, entre os antigos gregos, a práxis correspondia ao processo no qual uma teoria ou habilidade era executada ou praticada, convertendo-se em experiência vivida e transformadora – um sentido que também estará presente em alguns textos de Marx, notadamente naqueles que se referem ao problema da "alienação".

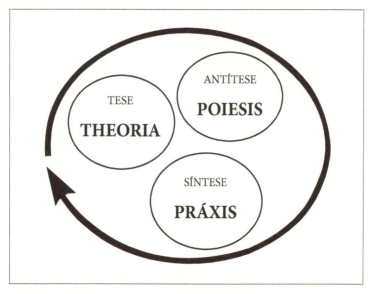

Figura 3. Três instâncias do encontro entre o homem e o mundo

o cenário teórico elaborado por Marx, terminando por se celebrizar na frase terminal na qual Marx diz: "Os filósofos não fizeram mais do que interpretar o mundo; cabe a nós transformá-lo" (tese 11).

É também nas *Teses sobre Feuerbach*, particularmente na tese 5, que Marx expõe as bases de uma teoria do conhecimento centrada no conceito de práxis. A argumentação de Marx parte da crítica de que Feuerbach não considerava o conhecimento do mundo sensível como atividade prática, isto é, como atividade que transforma a realidade apreendida. Para Marx, o conhecimento não deve ser visto como processo contemplativo ou passivo no qual o objeto é apreendido pelo "sujeito de conhecimento". Tampouco o conhecimento será visto como processo no qual o sujeito produz o objeto a partir de suas idealizações. O conhecimento, postulará Marx, é uma "atividade", e particularmente uma atividade concreta, uma "prática"[68]. Desse modo, está inscrita na concepção original do Materialismo Histórico a possibilidade, e na verdade a necessidade, de que a teoria se altere dialeticamente em seu confronto com a realidade. Isto autorizaria, segundo o que está implícito nas teses de Marx, reformulações várias, tantas quantas necessárias, no sistema conceitual do Materialismo Histórico, o que seria levado adiante por alguns de seus sucessores mais criativos. Ao contrário, não estaria autorizado por esta concepção o dogmatismo, a imobilização conceitual, ou a transformação do sistema teórico-metodológico do Materialismo Histórico em mera "doutrina" ou simples "programa de ação política" – o que teria precisamente acontecido em certos desenvolvimentos posteriores do chamado "marxismo-leninismo".

A interação entre teoria e ação a partir da práxis constitui um aspecto primordial para a compreensão do Materialismo Histórico, tal como o concebia Marx, e desde já podemos chamar a atenção para o primeiro equívoco que pode surgir no entendimento desse conceito, que é o de confundir "práxis" com "prática". Tal como têm observado alguns dos maiores analistas de Marx – e podemos citar os nomes de Leandro Konder (1992) e Arrigo Bortolotti (1976) –, esta confusão indevida e inaceitável tem permitido interpretações deturpadas em torno da tese 11 sobre Feuerbach (anteriormente mencionada). Não se trata de deixar de interpretar o mundo para, a partir de Marx, apenas nos ocuparmos de

---

**68.** Sobre isto, cf. o primeiro capítulo do ensaio *História e verdade*, de Adam Schaff, 1971.

transformá-lo. Na verdade, é impossível transformar o mundo sem interpretá-lo, e a interpretação que não corresponde a uma transformação é desde já uma abstração inútil. O fundador do Materialismo Histórico insurge-se, aliás, precisamente contra essas interpretações desprovidas de uma "terrenalidade" (para utilizar uma expressão de Marx nas *Teses sobre Feuerbach*). Mas estará longe de sancionar a confusão entre "prática" e "práxis", de modo que para ele não teria qualquer sentido dizer que a teoria não seria mais necessária, pois o importante seria o "mergulho pragmático na ação política revolucionária" (KONDER, 2006: 124). Mesmo na esfera do ativismo político, o componente da interpretação é fundamental por proporcionar a autocrítica e a revisão dos objetivos. Interpretar o mundo ao mesmo tempo em que o transformamos; e transformar o mundo com plena consciência (isto é, interpretando concomitantemente a ação de transformar o mundo). Este seria o sentido da última *Tese sobre Feuerbach* (1845).

Quando examinamos as reflexões de Marx em torno do conceito de Práxis, desde as primeiras obras, como é o caso dos *Manuscritos econômico-filosóficos* (1844)[69], chegando até

---

**69.** Os *Manuscritos econômico-filosóficos* (1844) só viriam a ser publicados em 1932, causando uma grande sensação na intelectualidade marxista por ocasião de sua tardia concretização editorial. Na verdade, esses escritos haviam sido elaborados por Marx para seu "autoesclarecimento", conforme as palavras do próprio autor, e não visavam publicação. Além disso, muitas páginas se perderam, o que reforça o caráter fragmentário deste fascinante conjunto de textos que traz à tona a dimensão filosófica do pensamento de Marx. Entre as maiores lacunas do texto está a ausência da maior parte do *2º Manuscrito*, que era uma parte particularmente importante. De todo modo, os Manuscritos causaram sensação quando foram publicados, póstuma e tardiamente. Revelam-se aqui as preocupações profundamente humanistas de um Marx atento à dilaceração da humanidade a partir da divisão social do trabalho, aos modos como o homem se relaciona com a natureza e o mundo social, transformando-os e transformando a si mesmo em um único gesto, e às possibilidades de superar a alienação a partir de uma postura revolucionária.

as obras de maturidade, entre as quais *O capital* (1867), também nos deparamos com sua posição valorativa em relação à *Poiesis*. Conforme dizíamos antes, além da *Theoria* e da *Praxis*, outra categoria importante para a filosofia grega era a *Poiesis*, que correspondia ao fazer mais concreto, aquele que conflui para a produção material[70]. Ao mesmo tempo em que Marx traz a *praxis* para uma centralidade que se relaciona à possibilidade de transformar conscientemente o mundo, seja por meio da recuperação de uma consciência que deve ser aplicada à vida, seja pela ação revolucionária, não devemos esquecer que Marx também trouxe para o centro de sua análise histórica a *poiesis*, esta esfera que se relaciona ao Trabalho[71].

---

**70.** Na mitologia greco-latina, o "deus da poiésis" era Vulcano (o Hefesto dos gregos), que possuía uma habilidade inexcedível para fabricar objetos e utensílios (também era o "deus do fogo", por meio do qual podia trabalhar artesanalmente com todos os materiais, dotando-lhes de uma forma e, em muitos casos, imprimindo a cada objeto forjado uma funcionalidade).

**71.** O "trabalho", uma categoria central para o Materialismo Histórico de Marx, também abre algumas possibilidades para nos avizinharmos do conceito de práxis. Vamos lembrar, a propósito, que o *Trabalho*, que corresponde ao modo como o homem transforma o mundo à sua volta, é apresentado nos *Manuscritos econômico-filosóficos* (1844) como o ponto de partida original da *Praxis* – esta que, no entanto, supera-o posteriormente, à medida que o "estar" no mundo se sofistica. É nesse sentido que o filósofo tcheco Karel Kosik (1926-2003), em seu livro *Dialética do concreto* (1969: 204), irá chamar atenção para o fato de que a *praxis* manifesta-se não apenas na "atividade objetiva do homem, que transforma a natureza e marca com sentido humano os materiais naturais", mas também na "formação da própria subjetividade humana". Nessa perspectiva, a práxis pode ser compreendida como a mediadora entre o indivíduo, a natureza e a sociedade, atentando para o fato de que é a partir dela que os seres humanos conferem sentido e transformam a realidade, o que implica tanto na possibilidade de transformá-la objetivamente como também de transformá-la fazendo-a passar através da subjetividade, dotando-a de novos sentidos. A própria realidade, para Karel Kosic, não é mais do que uma "práxis humana objetivada".

O Trabalho torna-se uma categoria tão primordial para os fundadores do Materialismo Histórico, que Engels chegará a dizer que "o Trabalho criou o Homem" – afrontando a tradicional frase de que "Deus criou o Homem"[72]. Com isso, o que distinguirá o homem dos demais animais não é mais o fato de que ele pensa (*homo sapiens*), e tampouco ele será definido aristotelicamente como um "animal político" e um "animal discursivo". O homem será agora um *animal laborans*, um "animal que trabalha" (ARENDT, 2009: 49). Além do mais, a história passará a ser vista por Marx sob a perspectiva dos verdadeiros sujeitos da *poiesis*: os trabalhadores. Embora o Trabalho, que corresponde à produção da vida material, possa ser examinado da perspectiva daqueles que os gerenciam e controlam – estes que, no mundo moderno, são os capitalistas – não é esta perspectiva, tão típica da história burguesa, aquela que Marx toma para si.

O Trabalho – que para Marx é a atividade de autocriação do homem – é abordado aqui da perspectiva de que aqueles que efetivamente o realizam podem se tornar os verdadeiros sujeitos da história. Assim como a partir do Trabalho o ser humano modifica o mundo e modifica a si mesmo, também os trabalhadores, por meio do seu "fazer" – da sua *poiesis* – terminam por modificar as próprias "forças produtivas" das quais participam como os principais "agentes de produção". Das condições de trabalho que são impostas aos trabalhadores, estes terminam por tirar, contraditoria-

---

[72]. A frase aparece em um texto de Engels intitulado: "The Part played by the Labor in the Transition from Ape to Man" (1950: 74).

mente, a sua força. Assim, se a fábrica aglomera os homens para atingir a maior eficácia de uma produção em série, isto também favorece a formação de vínculos de solidariedade e proximidade que se tornarão fundamentais para sua organização social com vistas a assumir uma posição consciente na "luta de classes". Víramos antes a análise de Marx em *O 18 brumário* (1852), de acordo com a qual o campesinato francês não chegara a se constituir em "classe-para-si" em função de seu isolamento. Marx, filósofo engajado através de uma *praxis* que pretende modificar o mundo na direção de uma sociedade sem a dominação de classes, pretende contribuir também para a organização classista dos sujeitos históricos da *poiesis*, que em sua época apresentam como vanguarda o proletariado. Este é o sentido de seu forte engajamento na organização da Internacional dos Trabalhadores[73]. Em Marx, a práxis é concebida em interação com a *theoria* e com a *poiesis*. O "agir" da *praxis* deve dissolver a mera "contemplação" para a qual pode deslizar a teoria,

---

**73.** Marx participa da organização da Associação Internacional dos Trabalhadores, em 1864, em Londres, a princípio mais discretamente, mas já ocupando um cargo de "Secretário pela Alemanha". Depois que a Internacional se estabelece, ele acabará se tornando o principal articulador desta organização. Depois de sete anos, em 1872, após o contexto da violenta repressão da Comuna de Paris, a Primeira Internacional iria se dissolver. O último congresso, em 1872, será marcado pela oposição entre Marx e Bakunin. O movimento internacional dos trabalhadores iria se reativar mais tarde, porém em 1889 ocorreria uma cisão no movimento, e a facção marxista terminará por fundar uma nova organização, que ficaria também conhecida como 2ª Internacional. Em desenvolvimento posterior, a 2ª Internacional assumiu uma orientação social-democrata, de modo que Lênin, discordando dos caminhos não revolucionários propostos pela nova orientação, terminou por fundar uma 3ª Internacional (a Internacional Comunista). Mais tarde (1938), seria criada uma 4ª Internacional pela dissidência inaugurada por Trotsky.

e ao mesmo tempo tem por tarefa despertar a *poiesis* da "alienação" que lhe é imposta.

Vejamos, em seguida, como se desenvolve o conceito de "práxis" em momentos subsequentes da História do Materialismo Histórico. Antônio Gramsci irá retomar o conceito marxiano imprimindo-lhe uma nova direção, e a *praxis* passa a ser compreendida como o fazer-se da própria História, o que se dá a partir da interferência do gênero humano nas condições ambientais (aqui sempre incluindo não apenas o ambiente natural, como também o ambiente social). Quando esteve preso durante o regime fascista italiano, Gramsci estava submetido a uma atenta censura relativamente aos seus escritos. Por isso, criou um termo substituto a partir do qual podia se referir ao Marxismo em seus escritos sem despertar suspeitas e repressões. Sintomaticamente, a expressão escolhida foi "Filosofia da Práxis".

Os fundadores do Materialismo Histórico, Marx e Engels, e também a primeira geração de marxistas que segue até Lênin e Trotsky, estavam fundamentalmente envolvidos com a ideia da práxis nesse sentido mais especificado por Gramsci – isto é, a concepção de que não deveria bastar ao historiador, sociólogo ou filósofo pensar a História. Era preciso viver a história (fazer a história) e isto implicava engajamento político direto, o que se manifesta na atuação de Marx e Engels junto à organização da Primeira Internacional. Da mesma forma, não bastaria ao revolucionário fazer a revolução, sendo necessário também pensar a Revolução – o que se expressa nas obras teóricas de Lênin e Trotsky. Mas Perry

Anderson, em suas *Considerações sobre o Marxismo Ocidental* (1974), sustenta que depois teria ocorrido um singular processo no qual foram se dissociando novamente a teoria e a prática, que na concepção marxista original deveriam ser inseparáveis a partir da noção de práxis.

Conforme Perry Anderson, a partir do final da terceira década do século XX teria ocorrido um duplo processo que afeta o desenvolvimento posterior do pensamento marxista: a bolchevização dos PCs e as pressões e repressões oriundas de governos fascistas. Com isso, um pensamento marxista que precisava recriar-se a si mesmo perde apoio no seio do próprio partido com as imposições unilaterais decididas nos comitês do Partido Único, e ao mesmo tempo um meio externo repressivo dificulta o trabalho dos intelectuais de esquerda. Nesse sentido, vai se formando um singular "marxismo ocidental" – um pensamento criativo, diversificado, crítico e dialético, porém desvinculado de uma prática – e, por outro lado, nos países sob a égide da liderança soviética, um marxismo bolchevista, político, prático e pobre de desenvolvimentos teóricos, chegando às esquematizações impostas por Stalin a golpes de martelo e à custa do silenciamento de todos aqueles que pensassem diferente do que havia sido decidido nos fóruns autorizados dos congressos socialistas organizados pelos bolcheviques. Estabelecia-se, assim, uma cisão. A Práxis cai aqui para segundo plano. De um lado temos uma vigorosa e criativa teoria desvinculada da prática; de outro, uma prática por vezes opressiva e silenciadora das criatividades teóricas.

## 10 Ideologia

Conceito particularmente importante para o Materialismo Histórico, e que acabou por se tornar um patrimônio conceitual para a Teoria da História e para Ciências Sociais, de maneira geral, é o de *Ideologia*. A expressão aparece um pouco antes de Marx, e tem já desde seus primeiros momentos uma pequena história na qual já começa a apresentar diferentes usos. Mas é com o Materialismo Histórico que o conceito adquire maior consistência teórica, embora prossiga se abrindo para certa diversidade de sentidos. Hoje em dia há uma variedade bastante considerável de delimitações desse conceito; Terry Eagleton registra em seu livro *Ideologia* nada mais nada menos do que dezesseis sentidos de uso mais comum na atualidade (EAGLETON, 1997: 15)[74]:

| |
|---|
| a) Processo de produção de significados, signos e valores na vida social. |
| b) Um corpo de ideias característico de um determinado grupo ou classe social. |
| c) Ideias que ajudam a legitimar um poder político dominante. |
| d) Ideias *falsas* que ajudam a legitimar um poder político dominante. |
| e) Comunicação sistematicamente distorcida. |
| f) Aquilo que confere certa posição a um sujeito. |
| g) Formas de pensamento motivadas por interesses sociais. |
| h) Pensamento de identidade. |
| i) Ilusão socialmente necessária. |

*Continua*

---

**74.** Sobre um panorama crítico para várias possibilidades de sentido atribuídas ao conceito de "ideologia", cf. Naess, 1956, p. 143ss.

| |
|---|
| j) A conjuntura de discurso e poder. |
| k) O veículo pelo qual atores sociais conscientes entendem o seu mundo. |
| l) Conjunto de crenças orientadas para a ação. |
| m) A confusão entre realidade linguística e realidade fenomenal. |
| n) Oclusão semiótica. |
| o) O meio pelo qual os indivíduos vivenciam suas relações com uma estrutura social. |
| p) O processo pelo qual a vida social é convertida em uma realidade natural. |

Tabela 1. Diversos significados para o conceito de Ideologia

À parte esta grande diversidade de sentidos que vai sendo agregada ao conceito de Ideologia no campo das Ciências Sociais e Humanas, vamos nos ater mais especificamente aos quadros clássicos do Materialismo Histórico. Desde *A ideologia alemã* (1846), livro escrito em parceria por Marx e Engels, o conceito começa a ser empregado mais sistematicamente. Nesse momento, contudo, Marx e Engels usam a noção de "ideologia" com o sentido de uma "especulação metafísica" que se encaminha por meio de uma "inversão da realidade". Como o objetivo dos fundadores do Materialismo Histórico nesta obra é criticar alguns autores que produzem uma visão de mundo ou "idealista", ou relacionada ao que Marx chamará de "materialismo vulgar", o conceito será aqui empregado com vistas a sistemas de pensamento que enxergam a realidade distorcida, em função de sua origem em certas posições de classe ancoradas em determinados interesses sociais e políticos ou em outros tipos de distorções[75].

---

**75.** Em especial, são desenvolvidas críticas a Feuerbach, Bruno Bauer e Max Stirner, que correspondem aos títulos dos três capítulos da obra.

Nas obras mais propriamente históricas de Marx, tal como em *O 18 brumário* (1852), ele irá se defrontar com situações históricas específicas, e consequentemente o conceito adquirirá uma delimitação mais rica, ao menos no que concerne à sua aplicabilidade para os estudos historiográficos. Em uma esplêndida análise sobre os usos desta noção no âmbito do Materialismo Histórico, Michel Löwi esclarece em seu pequeno ensaio *Ideologias e ciência social* (1995) este novo uso que passa a ser atribuído por Marx ao conceito de ideologia. Ao examinar as visões de mundo da pequena burguesia na França de meados do século XIX, à altura dos movimentos revolucionários que instauram a Segunda República, Marx aborda a noção de uma "estrutura ideológica". A ideologia será considerada aqui um "modo de ver as coisas", um "horizonte intelectual", por assim dizer.

Conforme a concebe Marx em *O 18 brumário*, a ideologia é sempre elaborada em nível de cada classe social, mesmo que os indivíduos que constituem a classe disto não se apercebam. Os diversos indivíduos apenas lhe dão formas específicas: se são escritores, produzirão textos que as expressam de formas singularizadas; se são cientistas sociais, erigirão sistemas que no fundo constituirão variações de um mesmo campo ideológico; se são políticos, por ela estarão lutando de um modo ou outro. Camponeses, operários, pequeno-burgueses, cada classe parece elaborar sua ideologia e é sobre ela que cada indivíduo, pertencente a cada classe ou representando-a, estabelece a sua práxis, sua ação social e política.

Para o caso das concepções científicas que representam os interesses e pontos de vista das diversas classes – mesmo que apregoem a neutralidade –, depreende-se das proposições de Marx que o indivíduo dificilmente pode ultrapassar o horizonte mental de sua classe social relativo ao momento histórico que está vivendo. Pode-se atingir o máximo de consciência possível dentro do horizonte mental que o circunda, mas não ultrapassá-lo, não ir além dele. A única maneira de se libertar do horizonte mental que se impõe a uma classe é colocar-se no ponto de vista de outra classe. Está explícito ou implícito nos textos de Marx e Engels, ainda, que é a classe revolucionária de cada contexto histórico a que se torna capaz de enxergar com maior objetividade possível a realidade social.

A Ideologia, tal como aparece delineada nos textos históricos de Marx e Engels, configura-se não como uma visão geral de mundo pertinente a toda a sociedade – um sentido que também aparece para esta noção – mas sim como algo que varia de classe a classe, ou mesmo de fração de classe em fração de classe: a "ideologia burguesa", a "ideologia pequeno-burguesa", a "ideologia proletária".

Questão polêmica, que já foi discutida, refere-se ao modo como a ideologia é determinada a partir de uma base ou condições específicas relacionadas a um determinado momento histórico e no interior de um certo modo de produção. Aqui, retornamos às já discutidas questões relacionadas à ideia de Determinismo. A Ideologia será mero reflexo das condições objetivas ou de uma base material? Pode apresentar alguma autonomia, retroagir sobre o sistema? Situando-se como projeto de agir sobre a sociedade, poderá modificar esta mesma sociedade? Ou ficará sempre a esperar que novos desenvolvimentos no âmbito das forças produtivas e das relações de produção abram-lhe novos espaços para seus desenvolvimentos e redirecionamentos?

## 11 Aspectos teórico-metodológicos relacionáveis ao Materialismo Histórico

Os historiadores ligados ao Materialismo Histórico começam a surgir em maior quantidade no decorrer do século XX. Referimo-nos a historiadores profissionais, familiarizados com aspectos específicos deste campo de conhecimento, e não apenas como ampliação de saberes, como pontos de inflexões para as filosofias da história, ou como análises históricas vindas de campos como a Economia e a Sociologia. Também se multiplicam os filósofos, sociólogos e linguistas atentos aos problemas relacionados à História. O "Quadro 4" apenas ilustra a complexidade do universo de autores ligados ao Marxismo Ocidental, registrando alguns de seus nomes mais conhecidos.

À parte a importância dos filósofos, sociólogos e economistas para a elaboração constantemente reatualizada de uma historiografia marxista, é quando os historiadores profissionais começam a pensar o Materialismo Histórico para a análise de temáticas propriamente historiográficas, a partir

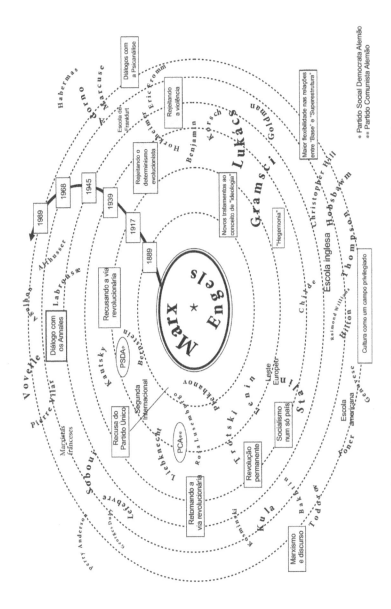

Quadro 4. Historiadores e filósofos vinculados ao Materialismo Histórico

de fontes específicas, que surge a oportunidade de se aplicar (e retificar) certas posições que haviam sido propostas desde inícios do Materialismo Histórico. Surgem também os métodos historiográficos propriamente ditos.

Pierre Vilar, por exemplo, dialogando com a Escola dos *Annales*, desenvolve um método que ele mesmo denomina "método globalizante". Ligado à sua concepção específica de "História Total", que está relacionada a "pensar tudo historicamente", Vilar aplicou seu método globalizante ao estudo da Catalunha, um trabalho monumental ao qual dedicou diversos textos em uma tentativa de apreender esta região da Espanha em seus vários aspectos, indo desde a apreensão do espaço e do meio físico até os processos relacionados à formação de consciência coletiva nos grupos sociais que partilham a Catalunha. O aprumo metodológico também o levou a buscar uma maior precisão do vocabulário historiográfico. Embora não tenha realizado o desejo de concluir um grande dicionário de conceitos importantes para a História, este trabalho resultou na *Introdução ao Vocabulário de Análise Histórica* (1985).

A já discutida Escola Marxista Inglesa apresenta uma abordagem na qual a dimensão empírica adquire uma estatura particularmente importante, o que se reflete de modo particular na metodologia, mas também na renovação de aspectos teóricos e do vocabulário historiográfico. De fato, os historiadores marxistas da Escola Inglesa, e particularmente Edward Thompson, são críticos contumazes da teoria autônoma, desencarnada. Thompson chega a registrar em uma passagem importante de *A miséria da teoria* (1978) esta dialética entre o processo de construção do conhecimento histórico e a realidade empírica observada e analisada:

> Não é verdade que a teoria pertença apenas à *esfera* da teoria. Toda noção, ou conceito, surge de engajamentos empíricos e por mais abstratos que sejam os procedimentos de sua autointerrogação, esta deve ser remetida a um compromisso com as propriedades determinadas da evidência, e defender seus argumentos ante juízes e vigilantes no "tribunal de recursos da história". Trata-se, num sentido bastante crítico, novamente de uma questão de diálogo. Na medida em que uma tese (o conceito, ou hipótese) é posta em relação com suas antíteses (determinação objetiva não teórica) e disso resulta uma síntese (conhecimento histórico), temos o que poderíamos chamar de dialética do conhecimento histórico (THOMPSON, 1981: 53-54).

As categorias, noções e conceitos empregados na reflexão historiográfica, portanto, devem ser considerados como pontos de partida, polos geradores de expectativas, e não como pontos de chegada aos quais os fatos e conclusões historiográficas devem ser ajustados. A atualização, transformação, e mesmo prática experimental da teoria deve ser aqui considerada como um desdobramento natural dos próprios pressupostos do Materialismo Histórico, abordagem científica que reconstrói a si mesma e que também está, como tudo, sujeita à própria história. Dessa maneira, a reelaboração conceitual no Materialismo Histórico, vista desta perspectiva, deve ser permanente[76].

Um exame da história do Materialismo Histórico desde seu surgimento e particularmente a partir do século XX mostra precisamente isto: a reelaboração conceitual conduzida pelos mais criativos dentre os historiadores, cientistas sociais e filósofos associados de alguma maneira ao Materialismo Histórico. É possível entender as grandes categorias-chave da dialética (não apenas da dialética marxista) – o Movimento, a Totalidade, a Contradição – como polos ao redor dos quais, ou entre os quais, foi se desenvolvendo todo um instrumental conceitual sofisticado que hoje faz parte do vocabulário habitual do historiador, seja a que corrente historiográfica ele se associe.

Assim, por exemplo, o polo conceitual "Contradição" produziu ou atraiu para a escrita da história certa quanti-

---

**76.** *A miséria da teoria*, de Thompson (1978), trazia por principal objetivo proceder a uma crítica rigorosa das ideias estruturalistas do marxista francês Louis Althusser, e criticar a penetração do estruturalismo marxista de tipo francês no grupo que sucedera os fundadores da Revista *New Left* (Thompson e outros) na direção desta revista (entre estes, estava Perry Anderson, outro grande nome entre os historiadores ligados ao Materialismo Histórico inglês. Entre as principais questões abordadas, *A miséria da teoria* discute o papel da ação humana na História; o papel específico dos dados empíricos em uma investigação historiográfica; a natureza e rumos do marxismo (inclusive o problema do stalinismo); o papel dos conceitos na elaboração do conhecimento histórico, particularmente no Materialismo Histórico; e a própria natureza do conhecimento histórico (à qual Thompson atribui o estatuto de um conhecimento aproximado, e não de uma ciência propriamente dita). O livro de Thompson, por sua vez, foi criticado por Perry Anderson em *Teoria, política e história: um debate com E.P. Thompson*, no qual Anderson busca se situar equidistantemente de Althusser (proponente, segundo ele, de uma "história sem sujeitos") e de Thompson.

dade e qualidade de conceitos no decurso da história da historiografia, de modo a dar conta das situações apresentadas pela história-efetiva, da complexidade da realidade histórica, das necessidades da prática historiográfica. Alguns conceitos surgem, outros são retomados, outros desaparecem ou saem de cena. A noção de "identidade", necessária para transitar no mundo teórico após a chamada "virada cultural", ocupa hoje o centro do cenário quando se fala na contradição entre grupos sociais. O conceito de "raça", depois dos mais recentes desenvolvimentos antropológicos e descobertas biológicas sobre a origem única da humanidade e sobre o intercâmbio multidiversificado de contribuições genéticas, sai de cena de um ponto de vista acadêmico, embora ainda prossiga como noção importante para os movimentos étnicos e antirracistas (portanto, para as questões de "identidade").

O polo conceitual da "Totalidade" gera o conceito de "inclusão", mas entre ele e o polo da "Contradição" surge o conceito da "exclusão", e também todas as categorias relacionadas à "mediação" que se refere às relações dos diversos grupamentos sociais ou culturais em relação à "totalidade social". A concepção de uma sociedade dividida em "classes sociais", cofundadora do Materialismo Histórico, situa-se também entre os polos da "Totalidade" e da "Contradição". O que é a releitura de uma sociedade a partir da apreensão de um conjunto de "classes" que se antagonizam por meio das lutas sociais senão um empenho em compreender em pleno funcionamento uma das três grandes leis da Dialética – a da "interpenetração dos contrários"? "Hegemonia", por exemplo, noção anteriormente discutida, é o conceito gramsciano que surgiu para tentar compreender como se dão os processos de dominação no interior da "totalidade social".

Em torno do polo conceitual do "Movimento" já se tornou clássico, e sempre reatualizado, o uso das categorias que se referem à transformação social, como "revolução" ou inúmeras outras noções que remetem ao enfrentamento social ou à transformação das condições históricas existentes, e que, portanto, situam-se ainda entre os polos do "Movimento" e da "Contradição". Foi também entre os polos do "Movimento" e da "Contradição" que foram surgindo as categorias da "circularidade cultural" (Bakhtin, mas depois Ginzburg) ou da reciprocidade (Thompson). Existe aqui, portanto, um amplo quadro teórico de conceitos, categorias e noções que podem ser instrumentalizadas pelos historiadores em suas releituras ou reconstruções das realidades históricas.

O Materialismo Histórico, enfim, reatualiza-se. Sua própria dimensão de historicidade radical, como um dos elementos que definem este paradigma, obriga a que a historicidade seja apontada para o próprio campo teórico formado pelas diversas correntes que constituem o Materialismo Histórico. Isso tem permitido sua renovação teórica, e também tem condenado aquelas correntes que se enrijeceram, que não acompanharam os próprios avanços da história.

# II  Descontinuidades

## 1  As críticas solitárias de Friedrich Nietzsche à historiografia do século XIX

> *Observa o rebanho que pasta diante dos teus olhos: ele não sabe o que significa nem o ontem nem o hoje; ele pula, pasta, repousa, digere, pula novamente, e assim da manhã à noite, dia após dia, estritamente ligado a seu prazer e à sua dor, ao impulso do instante, não conhecendo por esta razão nem a melancolia nem a tristeza. Este é um espetáculo duro para o homem, este mesmo homem que vê o animal do alto de sua humanidade, mas que inveja por outro lado a felicidade dele – pois este homem só deseja isto: viver como um animal, sem tristeza e sem sofrimento; mas ele o deseja em vão, pois não pode desejar isto como faz o animal. Talvez um dia o homem vá perguntar ao animal: "Por que tu não me falas da tua felicidade, por que ficas aí a me olhar?" Se o animal quisesse responder, lhe diria o seguinte: "É que eu me esqueço logo o*

*que queria dizer"* – *mas ele também esqueceria esta resposta, e ficaria mudo* – *e o homem fica admirado com isso* (NIETZSCHE, 2005: 70).

Positivismo e Historicismo, conforme pudemos ver em capítulos precedentes, constituíram dois importantes paradigmas historiográficos que foram se fortalecendo progressivamente no decurso do século XIX, ao se oferecerem como alternativas antagônicas para a Teoria da História. Um pouco depois, vimos que surgiu um terceiro paradigma importante, a partir de meados daquele mesmo século, oferecendo aos historiadores uma nova alternativa: o Materialismo Histórico. Este triedro de paradigmas trouxe uma peculiar substância teórica à historiografia oitocentista; mas nada impediria que encontrassem um lugar na "comunidade historiográfica" também os historiadores mais ou menos independentes, com contribuições historiográficas singulares, e ainda outros que parecem se situar entre dois paradigmas, produzindo combinações diversas entre os três modelos. Uma variação do paradigma historicista fora ainda fornecida pelos "historiadores românticos", que em geral trabalham com os mesmos pressupostos historicistas, mas que atribuem um lugar especial à Intuição em seus fazeres historiográficos.

Estas são algumas das diversas alternativas que se abriram para a Historiografia Científica, no primeiro século de sua existência. Não podemos esquecer, por outro lado, que nesse mesmo século XIX prosseguiram, ainda que não mais dominantes, as chamadas "filosofias da história", sobre as quais já discorremos no volume 1 – e a *Filosofia da*

*História* de Hegel, que toma sua forma definitiva ao final da vida deste filósofo alemão, pode ser mesmo considerada sua realização mais bem acabada[77]. Para além disso, uma série de gêneros historiográficos, nem sempre acolhidos dentro da comunidade dos historiadores profissionais, continua se manifestando no "século da história". Uma "história dos antiquários", preocupada com o mero registro do factual e do exótico, e as "histórias locais" laudatórias, encomendadas por famílias que dominam pequenas cidades, grassam por todo o século XIX e se estenderão também pelo século XX adentro.

Interromperemos por um instante esta reflexão sobre as correntes paradigmáticas que constituem a Teoria da História para examinar um paradigma alternativo que, ainda no próprio século XIX, começa a empreender uma crítica mais radical acerca do saber historiográfico que era então produzido. O "Paradigma da Descontinuidade Histórica",

---

[77]. As filosofias da história prosseguem no século XIX, e se estenderão até o século XX. Em 1861, por exemplo, aparece o *Tratado sobre o encadeamento das ideias fundamentais nas ciências e na história*, de Cournot, que Perry Anderson irá analisar em seu pequeno ensaio sobre *O fim da história* (1992: 28-48). Mas aqui teremos uma filosofia da história bastante original. Raymond Ruyer, que analisou e retomou as ideias de Cournot no ensaio *L'Avenir de l'humanité d'aprés Cournot* (1930), identificou mesmo uma semelhança entre as antecipações de Cournot – que "anuncia o nascimento de uma humanidade diligente, mediana, moderada, sem nobreza nem gênio" – e o "último homem" desenhado por Nietzsche em *Assim falou Zaratustra* (1883): aquele homem mediano que "em sua mesquinha sabedoria diz que 'outrora todo o mundo era louco'" (RUYER, 1930: 6-7). Sobre esta citação, e sobre a retomada de Cournot por Raymond Ruyer, cf. o já citado ensaio de Perry Anderson (1992: 30-31). Outro exemplo significativo de "filosofia da história" oitocentista é trazido pela obra do filósofo alemão Rudolf Hermann Lotze (1817-1881), que expressa no livro *Mikrokosmos* (1856-1864) uma "filosofia ética e religiosa da história marcada pela melancolia", para utilizarmos as palavras de Michael Löwy em seu livro sobre as "Teses sobre o conceito de História" de Walter Benjamin (LÖWY, 2005: 49).

se pudermos denominá-lo assim, foi de fato introduzido a partir da segunda metade do século XIX, embora só no decurso do século XX esse novo filão teórico comece a ser enriquecido mais sistematicamente por contribuições como a de Michel Foucault, Paul Veyne, Hayden White, e ainda toda uma série de historiadores do final do milênio que frequentemente são abrigados sob a designação de "pós-modernos" (uma designação que é, ela mesma, objeto de polêmica). Vale lembrar ainda que, mesmo no âmbito do moderno Materialismo Histórico – um paradigma que motiva a concepção da história como um processo por vezes assinalado pelas perspectivas deterministas ou, ao menos, possibilistas –, encontraremos autores que dialogam com a ideia de que a História não deixa de ser também constituída por descontinuidades, acasos, elementos caóticos, apostas ganhas e perdidas, caminhos bifurcados ou polifurcados que se abrem aos agentes históricos. Por isso, também examinaremos neste capítulo as concepções de alguns autores de influência marxista como Walter Benjamin, mas que não se reduzem a este paradigma que no capítulo precedente analisamos sob a designação de Materialismo Histórico[78].

---

**78.** Walter Benjamin (1892-1940), conforme veremos mais adiante, é já um autor do século XX, assim como Michel Foucault (1926-1984). Mas as ideias desses autores remetem a um posicionamento crítico que também já se prenuncia no século XIX, e por isso aproveitaremos para analisar neste capítulo alguns dos desdobramentos contemporâneos desse novo âmbito de concepção da História que denominamos "Paradigma da Descontinuidade". A expressão será empregada mais como um emblema, pois teremos na verdade outras ideias também envolvidas neste novo filão teórico que começa a se anunciar a partir de 1860.

Embora hoje já se encontrem bem estabelecidas todas essas contribuições teóricas que se sustentam sob parâmetros como o da concepção da descontinuidade histórica, da crítica ao progresso, da ideia de uma História concebida como Arte, ou da crítica à possibilidade de alcançar efetivamente uma "verdade histórica" (e que, no limite extremo, pode conduzir à proposta de sobreposição entre "história" e "ficção"), pode-se dizer que este grande filão teórico que começa a empreender uma crítica mais radical do conhecimento histórico – embora não necessariamente para negá-lo – também terá a primeira de suas raízes no século XIX.

A solitária crítica à historiografia do século XIX, que neste primeiro momento passaremos a examinar, foi produzida, paradoxalmente, pelo filósofo que possivelmente, entre todos os seus contemporâneos, teve maior consciência histórica – mais especificamente no sentido de perceber claramente que tudo está sujeito ao devir e de que nada tem valor absoluto. Mais ainda, o filósofo de cujas ideias sobre a História agora trataremos pôde desenvolver, mais do que qualquer outro, uma "consciência sobre a consciência histórica" – vale dizer, uma consciência sobre as implicações de se ter uma "consciência histórica", seja no nível individual, seja no nível social-coletivo. Em nenhum outro lugar, na filosofia oitocentista, encontraremos uma reflexão tão refinada sobre a incontornável faculdade humana de "lembrar" – geradora da inevitável "consciência histórica" e aqui compreendida como um pesado, mas inevitável fardo – em contraposição à vital necessidade de "esquecer". Compreender como um "fardo" a "consciência histórica", e não como um distintivo a mais na propalada "superioridade europeia" sobre os demais povos do século XIX, será o ponto nodal desta intrincada questão que se coloca aqui como "intempestiva" ou "extemporânea", isto é, "fora do tempo", porque na verdade "transversal a todos os tempos". De fato, essa reflexão sobre a necessidade de se conservar dentro de limites saudáveis o "histórico", e contrabalançá-lo com o "a-histórico", colocará o filósofo ao qual agora nos referiremos bem acima do ingênuo "orgulho de historicidade" que era tão comum aos intelectuais daquele "século da História". Este filósofo foi um dos maiores críticos da cultura de sua época, e seu nome era Friedrich Nietzsche (1844-1900)[79].

O texto mais longo e consistente de Nietzsche a respeito da História, e com vistas a uma crítica desfechada contra diversas das alternativas historiográficas de sua época, foi escrito em 1873, para ser publicado em 1874 com o título

---

**79.** Sobre Nietzsche, cf. nota n. 157, do vol. 1 desta série. Em relação à nossa afirmativa de que poucos filósofos tiveram, como Nietzsche, uma consciência histórica tão profunda, embora dele parta uma vigorosa crítica à historiografia de sua época e aos "excessos de historiografia", podemos sustentar essa afirmação a partir da própria crítica do conhecimento que foi encaminhada por Nietzsche. Nenhum filósofo, como ele, percebeu que o conhecimento é uma construção resultante de uma história e de efeitos de lutas e de embates diversos. Na primeira das cinco conferências da série *A verdade e as formas jurídicas* (1973), Michel Foucault assim se expressa sobre a crítica do conhecimento de Nietzsche, opondo-o a Kant: "Em *A vontade de potência*, Nietzsche afirma que não há um conhecimento em si. E quando diz isso, designa algo totalmente diferente do que Kant compreendia por conhecimento-em-si. Nietzsche quer dizer que não há uma natureza do conhecimento, uma essência do conhecimento, condições universais para o conhecimento, mas que o conhecimento é, cada vez, o resultado histórico e pontual de condições que não são da ordem do conhecimento. O conhecimento é um efeito ou um acontecimento que pode ser colocado sob o signo do conhecer. O conhecimento não é uma faculdade, nem uma estrutura universal. Mesmo quando utiliza um certo número de elementos que podem passar por universais, esse conhecimento será apenas da ordem do resultado, do acontecimento, do efeito" (FOUCAULT, 2003: 24).

"Sobre a utilidade e os inconvenientes da História para a vida"[80]. O ensaio aparece como a segunda das quatro *Considerações intempestivas* de Nietzsche (1872-1874), também traduzidas como *Considerações extemporâneas*. O filósofo alemão irá desfechar, aqui, uma mordaz crítica contras as diversas versões de historiografia e gêneros historiográficos de sua época. Para além disso, a crítica demolidora de Nietzsche não se dirige apenas aos diversos gêneros e modalidades históricas, mas volta-se também contra o próprio "excesso de história" – uma característica que vê como constituinte da dimensão de decadência da humanidade europeia que vivia a modernidade oitocentista[81].

---

**80.** Antes desta obra, Nietzsche já havia escrito outro texto no qual desenvolve reflexões sobre a História: o opúsculo "Fatum e História" (1862), escrito para a revista *Germânia* quando o filósofo tinha apenas 17 anos. O ensaio, todavia, ainda está muito distante, em estilo e profundidade filosófica, do Nietzsche que começaria a se destacar dali a dez anos, a partir de *O nascimento da tragédia* (1872). Algumas das ideias apresentadas em "Fatum e História" são mesmo irreconhecíveis como nietzschenianas.

**81.** Depois de uma bela reflexão filosófica sobre a necessidade do "esquecimento" para a felicidade, e sobre a incontornável impossibilidade humana de não desenvolver em algum nível a consciência histórica, isto é, de se lembrar sistematicamente do passado (ao contrário do animal), o problema geral desta *2ª consideração intempestiva* é proposto por Nietzsche nos seguintes termos: "Há um grau de insônia, de ruminação, de sentido histórico, para além do qual os seres vivos se verão abalados e finalmente destruídos, quer se trate de um indivíduo, de um povo ou de uma cultura" (NIETZSCHE, 2005: 73). Mais adiante, prossegue Nietzsche: "A serenidade, a boa-consciência, a atividade alegre, a confiança no futuro – tudo isso depende, num indivíduo, assim como num povo, da existência de uma linha de demarcação entre o que é claro e bem visível e o que é obscuro e impenetrável, da faculdade tanto de esquecer como de lembrar no momento oportuno, da faculdade de sentir com um poderoso instinto quando é necessário ver as coisas sob o ângulo histórico e quando não. Este é exatamente o princípio sobre o qual o leitor é convocado a refletir: o elemento histórico e o elemento a-histórico são igualmente necessários à saúde de um indivíduo, de um povo, de uma cultura" (p. 74).

Uma crítica central neste ensaio de Nietzsche é desfechada contra a "filosofia da história" concretizada pelo idealismo hegeliano, particularmente contra sua teleologia conformista em relação ao presente (esta teleologia cuja finalidade é a constituição do Estado, e que daria a forte impressão, a muitos autores posteriores, de que Hegel pensou a monarquia prussiana de seus últimos anos de vida sob a perspectiva de um "fim da história")[82]. De outra parte, Nietzsche também estará submetendo à sua crítica a historiografia científica de sua época, seja em sua versão positivista ou historicista – além de inúmeros outros gêneros e modalidades historiográficas que não se desenvolviam propriamente sob a órbita da historiografia profissional, como era o caso, por exemplo, da "história dos antiquários".

Vale lembrar que Nietzsche não desmerecia a importância da História, da qual era, aliás, grande conhecedor[83]. Sua crítica voltava-se contra o que chamará de "excesso de história", um traço da época que ele avaliará como patológico. No segundo volume de *Humano, demasiado humano* (1879), ele dirá: "O século passado [o século XVIII] tinha menos história, mas sabia fazê-la melhor (30, 186). Da mesma forma, Nietzsche estava longe de execrar toda a historiografia de seu

---

**82.** Nietzsche já vinha fazendo uma severa crítica a Hegel desde uma obra anterior: o pequeno ensaio "Sobre o futuro das nossas escolas" (1872), texto no qual ele critica a categoria hegeliana da eticidade e a tendência de Hegel a encarar o Estado como "um organismo ético absolutamente realizado" (3, I, 711).

**83.** Para uma boa demonstração de que Nietzsche não se opunha à História como campo de saberes e práticas, mas sim a um "excesso de história" e a certas modalidades específicas de História, cf. o artigo de Brobjer sobre "As relações de Nietzsche com o método histórico e com a historiografia germânica do século XIX", publicado na revista *History and Theory* (2007: 155-179).

tempo, e tinha uma admiração particular, por exemplo, pela obra historiográfica de seu amigo Jacob Burckhardt (1818-1897)[84]. Deste historiador alemão da cultura, aliás, Nietzsche irá extrair uma perspectiva peculiar sobre a importância da presença de grandes homens na história – mas numa acepção bem distinta daquela que vinha sendo imprimida pela chamada "História dos Grandes Homens" de Thomas Carlyle (1795-1881), para quem "a história do mundo não seria mais do que a biografia dos grandes homens" (1843). Lembraremos, à saída, que os grandes homens de Carlyle, que poderiam incluir os reis que receberam hereditariamente seus destinos e também toda a sorte de "campeões da mediocridade", estavam muito longe de serem os mesmos grandes homens que poderiam ser valorizados por Nietzsche – autor de um conceito de "super-homem" (*übermensch*) que

---

**84.** Burckhardt e Nietzsche se correspondiam, e costumavam trocar elogios ao trabalho um do outro. Algumas das cartas de Burckhardt a Nietzsche foram publicadas em 2003 em suas correspondências seletas (BURCKHARDT. *Cartas*), e as cartas de Nietzsche a Burckhardt na correspondência seleta de Nietzsche (1969). Uma carta de Burckhardt, datada de 1889, praticamente se abre com os comentários de Burckhardt agradecendo a menção ao seu trabalho na *2ª consideração intempestiva* (BURCKHARDT. *Cartas*, 2009, p. 295-297). Em outra carta, de 1889, Burckhardt comenta sua leitura de *Humano, demasiado humano* (2009: 338). Em mais duas outras cartas, Burckhardt agradece a Nietzsche o envio de obras suas que acabavam de ser publicadas: em uma carta de 1882 Burckhardt agradece o envio de *A gaia ciência* (2009: 370-371), e em uma carta de 1886 agradece o envio de *Além do bem e do mal* (2009: 375-376). Dessa maneira, pode-se perceber que a correspondência entre o filósofo e o historiador perdurou notavelmente. Dentre os mentores iniciais de Nietzsche – as pouquíssimas personalidades que lhe despertaram admiração no período de juventude (entre os quais se contam também Wagner e Schopenhauer) –, Burckhardt foi o único que mereceu a estima do filósofo até o final da vida. A última carta de Nietzsche a Burckhardt foi enviada em 1889, depois de seu último colapso mental, e nela vemos a seguinte frase: "Você foi nosso mestre maior" (NIETZSCHE, 1969: 345-347).

até hoje é mal compreendido[85]. Para Nietzsche, os "grandes homens" que poderiam interessar efetivamente a uma história de maior quilate seriam aqueles indivíduos excepcionais que formam "uma espécie de ponte sobre a torrente selvagem do devir" (NIETZSCHE, 2005: 157). Comunicando-se através da História, e por vezes profundamente solitários em suas próprias épocas e localidades, seriam estes homens notáveis que trariam um significado maior à História:

> Um gigante chama outro através dos intervalos desérticos do tempo, sem levar em conta os anões ruidosos que se agitam a seus pés; assim, eles perpetuam o elevado diálogo dos espíritos. A tarefa da História é a de servir de mediadora entre eles, para, fazendo isso, suscitar constantemente e promover o nascimento da grandeza. Não, o fim da humanidade não pode residir em seu termo, mas somente em seus exemplares superiores (NIETZSCHE, 2005: 157)[86].

---

**85.** Em certa passagem da *2ª consideração intempestiva*, Nietzsche dirá: "E se buscardes biografias, que não sejam aquelas que têm como refrão "Um Tal Senhor e seu tempo", mas sim aquelas que deveriam ter como título: 'Um lutador contra o seu tempo'" (NIETZSCHE, 2005: 228).

**86.** O modelo de grande homem para Nietzsche é Goethe, citado diversas vezes em seu opúsculo, e também em outras obras. Em certa passagem da *2ª consideração intempestiva*, ele faz contrastar o poeta alemão com intelectuais medianos de sua época: "Alguém quis recentemente nos ensinar que Goethe, chegado aos 82 anos, tinha já esgotado todas as suas virtudes. Porém, eu trocaria muitas carradas de vidas jovens e ultramodernas por alguns anos desse Goethe "esgotado", só para poder ainda participar de diálogos como aqueles que ele teve com Eckermann, e assim me abster dos ensinamentos da atualidade transmitidos pelos legionários do momento presente. Em comparação com esses mortos, como são poucos aqueles que têm ainda o direito de viver!" (NIETZSCHE, 2005: 148). Também em *Crepúsculo dos ídolos* (1888), o filósofo se expressa com admiração a respeito do poeta: "Ele se submeteu à integridade; ele se autocriou".

Passagens como essas seriam hoje incômodas para diversos setores da historiografia que expressam a percepção de que, cada vez mais no mundo contemporâneo, as grandes massas constituem uma força que precisa ser seriamente levada em consideração. Para além da contraposição aos modernos setores historiográficos que preconizam a "história das massas" e a "história vista de baixo", podemos comparar o modelo nietzscheniano de rememoração dos grandes homens (em tempo, dos verdadeiros "grandes homens") com o modelo de rememoração histórica proposto por Walter Benjamin, um materialista histórico que, destarte, traz consigo uma dose importante de influência nietzscheniana[87]. Benjamin, ao contrário de Nietzsche, sustentará na segunda de suas *Teses sobre o conceito de História* (1940) a necessidade de se estabelecer um outro objeto de rememoração mais importante para o historiador: as "vítimas esquecidas do passado", que habitualmente desaparecem na pena dos historiadores que se colocam ao serviço dos poderes dominantes, e que terminam por fazer da história "um cortejo triunfal dos vencedores" (tese 7). Assim, para Benjamin, e nesta questão diferenciando-se claramente de

---

**87.** Ainda neste mesmo capítulo, e também no quarto volume desta série, voltaremos a Walter Benjamin para uma análise mais apurada de sua proposta para um novo modelo historiográfico. Neste caso, a obra de referência será o livro *Teses sobre o conceito de História* (1940)

Nietzsche, o historiador não deveria "distinguir entre grandes e pequenos" (tese 3)[88]. Já para o autor das *Considerações intempestivas*, é precisamente nessa busca do verdadeiramente grandioso que estaria uma das principais funções do historiador que pretende ser útil à Vida. De qualquer maneira, como já se disse, não devemos confundir o grandioso de Nietzsche – um objeto acima de tudo rico em suas nuances psicológicas – com o grandioso dos cronistas oitocentistas de seu século, que se esmeravam em narrar as grandes batalhas e trazer para o centro do palco historiográfico a figura dos reis, generais, papas e imperadores.

Já que antecipamos a comparação entre Nietzsche e Benjamin, este autor ao qual retornaremos mais adiante, será interessante registrar ainda um contraste entre os padrões de "descontinuidade histórica" propostos por esses dois filósofos. Nietzsche propõe uma historiografia que rompa com a falsa continuidade histórica produzida pela tradicional noção de um tempo linear e contínuo impulsionado pelo progresso, e através do qual as épocas históricas se encadeiam umas às outras por meio dos grandes acontecimentos perseguidos pelos positivistas e historicistas tradicionais. Ao contrário, Nietzsche propõe ignorar essa falsa continuidade his-

---

[88]. "O cronista que narra profusamente os acontecimentos, sem distinguir grandes e pequenos, leva consigo a verdade de que nada do que alguma vez aconteceu pode ser dado por perdido na história" (BENJAMIN, tese 3, 1994: 223). Voltaremos às *Teses sobre o conceito de História*, de Walter Benjamin, ainda neste capítulo, uma vez que também este autor é um contumaz crítico da noção oitocentista de progresso, apresentando alguns pontos em comum com as proposições de Nietzsche, apesar de sua clara adesão ao Materialismo Histórico e à preocupação com uma História que se ponha a serviço da revolução social.

tórica e fazer uma ligação entre aquilo que importa nos vários momentos do passado e no presente. No modelo de história preconizado por Nietzsche, estabelece-se uma ligação entre os grandes homens (os verdadeiros grandes homens, e não os condutores de batalhas e sucessores de dinastias régias). Eles são pontos descontínuos na história, que o historiador-artista deve se empenhar em unir ("um gigante chama outro a partir dos intervalos desérticos do tempo, sem levar em conta os anões ruidosos que se agitam a seus pés; assim, eles perpetuam o elevado diálogo dos espíritos"). Unindo estes pontos, que são os que realmente importam para Nietzsche, o historiador-artista escreve uma nova História, estabelecendo ligações onde antes se viam descontinuidades: e, mais, ressignificando os diversos pontos importantes do passado e o próprio momento presente através da iluminação recíproca que entre todos esses pontos se estabelece.

O que nos propõe Walter Benjamin, este filósofo alemão que também discorre sobre a possibilidade de se explorar as descontinuidades históricas, mas já as colocando a serviço das causas sociais e de uma revolução que pretende fazer explodir o "*continuum* da história"? (BENJAMIN, tese 16, 2008: 231). Este filósofo, associado às preocupações com as lutas sociais e vinculando seu projeto ao paradigma do Materialismo Histórico, pretende unir a partir da reconstrução historiográfica não esses pontos descontínuos que são os "grandes homens" nietzschenianos, mas sim esses pontos descontínuos que são as revoluções que se deram no decorrer de toda a história, e que em momentos exemplares e fulgurantes puderam interromper, ainda que por um instante fugidio, o progresso habitual dos sistemas de dominação do homem sobre o homem, ou aquilo a que ele se refere como o "cortejo triunfal dos vencedores" na tese 7 (BENJAMIN, 2008: 225)[89].

A partir daí, podemos perceber a analogia e as diferenças entre Nietzsche e Benjamin: ambos propõem à historiografia a tarefa de recuperar pérolas ou "centelhas" nessa vasta história descontínua que é apresentada distorcidamente, pelos poderes dominantes, como uma "história contínua" interligada pelo movimento do progresso. Todavia, os pontos que cada um deles propõe revivificar a partir da prática historiográfica são distintos. Nietzsche reintegra, para que se ressignifiquem reciprocamente, os "grandes homens" (não os grandes heróis

---

**89.** Michael Löwy, que desenvolve uma brilhante análise em torno das *Teses sobre o conceito de História,* de Walter Benjamin, registra um exemplo significativo: "Um exemplo atual, no contexto latino-americano, ilustra de maneira impressionante as ideias de Benjamin: a sublevação zapatista de Chiapas em janeiro de 1994. Por um "salto de tigre em direção ao passado" [uma imagem utilizada por Benjamin na tese 14], os combatentes indígenas do EZLN liberaram as energias explosivas da lenda de Emiliano Zapata, extirpando o conformismo da história oficial e explodindo a pretensa continuidade histórica entre a revolução mexicana de 1911-1917 e o regime corrupto e autoritário do PRI – Partido Revolucionário Institucional" (LÖWI, 2005: 129). O próprio Walter Benjamin, em diversas passagens das *Teses sobre o conceito de História,* fornece diversos exemplos de práxis revolucionárias que se valeram da rememoração como força explosiva que permite unir dois pontos na história. Na tese 14 ele lembra que "a Antiga Roma era, para Robespierre, um passado carregado de "agoras", que ele fazia explodir no *continuum* da História", e que "a Revolução Francesa se via como uma Roma ressurreta" (BENJAMIN, tese 14, 2008: 230). Na tese 12, ele mostra como cada última classe oprimida em luta vê-se como herdeira de uma história milenar de lutas e resistências, e evoca o exemplo da liga *Spartakus,* fundada na Alemanha de 1919 por Rosa Luxemburgo e Liebknecht sob o emblema da milenar rebelião de escravos romanos que se vê ressignificada à luz da insurreição operária do início do século XX. Outro exemplo constantemente evocado por Benjamin, como o "grande homem" com o qual ele mesmo estabelece seu diálogo ao saltar o deserto da historiografia tradicional, é Louis Auguste Blanqui (1805-1881), revolucionário francês do século XIX que teve participação importante em diversas revoltas e cujo "som de bronze abalou o século passado", segundo os próprios dizeres de Benjamin (tese 12, 2008: 229).

das batalhas oficiais, mas os grandes espíritos como Goethe ou Rafael Sanzio); já Walter Benjamin reintegra as grandes sublevações, os momentos revolucionários, as "centelhas de esperança" que brilharam por meio do heroísmo revolucionário e do clamor dos movimentos sociais[90]: ele pretende dar a perceber que as revoluções se citam mutuamente, e que também elas, as revoluções e sublevações dos oprimidos, comunicam-se através de grandes "intervalos desérticos de tempo". Nietzsche e Benjamin apresentam, portanto, uma concepção análoga da História, mas cada um elegendo seus objetos específicos de interesse. A historiografia proposta por cada um destes filósofos é uma historiografia que se constrói a partir de "exemplares": os verdadeiros grandes indivíduos, pontos culminantes da humanidade, no caso de Nietzsche; e as revoluções exemplares, os gritos de revolta que tiveram suficiente força para imobilizar por um instante o tempo dos vencedores, para literalmente parar a catastrófica locomotiva da história, no caso de Walter Benjamin[91].

Por ora, retornemos à historiografia proposta por Nietzsche como um modelo que pode restabelecer a ponte entre a História e a Vida por meio destes grandes exemplares que chegam do "fundo dos tempos". Devemos ressaltar que, per-

---

**90.** A metáfora das "centelhas de esperança" é utilizada por Walter Benjamin na tese 6 (1994: 224).

**91.** Marx havia utilizado a metáfora de que "as revoluções são a locomotiva da história", por exemplo, no ensaio *Lutas de classe na França*. Benjamin, em um nota preparatória às *Teses sobre o conceito de História*, citada por Michael Löwy (2005: 93), inverte a metáfora, por considerar que a "locomotiva da história" poderia estar sendo conduzida à catástrofe pelo progresso tecnológico alinhado à deterioração das relações sociais: "É possível que as revoluções sejam o ato, pela humanidade que viaja nesse trem, de puxar os freios de emergência" (GSI, 3, p. 1.232, apud LÖWY, 2005: 94).

mitindo um menor estranhamento em relação às propostas de Nietzsche, as últimas décadas do século XX reabilitaram também a importância do indivíduo, e a própria retomada de biografias históricas pelos historiadores sinalizam de alguma maneira esta contrapartida[92]. De todo modo, o principal foco da *2ª consideração intempestiva* de Nietzsche não será tanto a proposta de determinado tipo de historiografia a ser preconizado em detrimento de outros, mas sim o encaminhamento da crítica de todos aqueles fazeres historiográficos que poderiam se tornar nocivos à Vida. Por meio desta crítica, Nietzsche pretendia encaminhar a própria crítica de todas as instâncias culturais de sua própria época, na verdade visando uma tradição de longo termo que, se em certos momentos da história havia rendido bons frutos, agora assumia tonalidades inesperadamente sombrias. Conforme pontua Nietzsche, a história daquilo que conduzira a essa situação sombria – cujo sintoma era um "excesso de História"

---

**92.** O chamado "Retorno da Biografia" pode ser percebido não apenas a partir da variedade de biografias que, particularmente a partir dos anos 1980, começaram a ser escritas por historiadores de renome como Christopher Hill (2001), Jacques Le Goff (1999) ou Georges Duby (1988). A importância desse retorno expressa-se, ainda, por meio de textos que discutem o fazer biográfico, tal como o artigo de Giovanni Levi intitulado *Os usos da biografia* (1989). A biografia que retorna ao seio historiográfico, em fins do século XX, é de todo modo uma outra biografia: pronta a reconhecer as ambiguidades do sujeito humano, a polifonia de vozes internas e externas que o constituem, sua inserção em muitas esferas dentro de cujas normas precisa negociar suas ações, suas incoerências, desvios, hesitações. Sua personalidade não é mais concebida, à maneira da biografia historiográfica de tipo antigo, de acordo com um padrão de absoluta estabilidade, e ao mesmo tempo seu destino não precisa mais ser unicoerente, teleológico, dirigido sem hesitações e alternativas para uma finalidade única que parece trazer uma tonalidade homogênea à sua existência. A esta questão voltaremos no vol. 5 desta série, relativa às experiências historiográficas contemporâneas.

e, na verdade, um "excesso de certos tipos de História" – ainda estava por merecer uma investigação futura "dos próprios historiadores!" O interesse do filósofo alemão pela questão, nesta *Consideração intempestiva*, pretendia ter a força de um diagnóstico, capaz ele mesmo de decifrar a morbidez por sob a aparência da saúde[93].

O "estudo da história pela História", encarado como forma pura de conhecimento – esta perspectiva que havia sido particularmente importante para o estabelecimento de uma "historiografia científica" e para o lançamento das bases necessárias para uma "Teoria da História" – será confrontado no ensaio de Nietzsche pela ideia de que a História deveria ser abordada com um olhar que se coloca no presente e se lança para o futu-

---

**93.** Na verdade, um objetivo mais direto que é explicitado no ensaio é mostrar que "os alemães não possuem uma cultura [real e autêntica], porque sua educação lhes impede disso" (NIETZSCHE, 2005: 171). Esta educação alemã que Nietzsche estará confrontando, na *2ª consideração intempestiva*, é uma Educação excessivamente carregada de História. Não se trata na verdade de negar a "necessidade da História", em alguma medida, mas sim de rejeitar o seu "excesso", bem como a ausência de uma educação voltada para a vida (p. 169). Por trás desse objetivo pontual, contudo, esconde-se um alvo maior: os valores da própria época. Ao *"cogito, ergo sum"* ("penso, logo existo"), Nietzsche sugere a contraposição do *"vivo, ergo cogito"* ("vivo, logo penso") (p. 172). Estará sob sua crítica todo um longo feixe de tradições racionalistas que tem em Descartes um de seus pontos elevados, e que se estende aos iluministas, a Kant, a Hegel.

**94.** Dirá Nietzsche na "sessão 4" de seu ensaio: "A necessidade da história não deve ser aquela de uma multidão de puros pensadores que só fazem contemplar a vida como espectadores, nem aquela de indivíduos que não conhecem outra sede ou outra satisfação senão o saber, outro fim senão o aumento dos conhecimentos; tal necessidade, ao contrário, está sempre orientada para a vida e se encontra, portanto, sempre dirigida e dominada pela vida. Esta é a relação normal que uma época, uma cultura ou um povo devem manter com a História – relação provocada pela fome, regulada pelo grau das necessidades, dominada pela força plástica inerente a cada coletividade: é preciso que o conhecimento do passado seja sempre desejado somente para servir ao futuro e ao presente, não para enfraquecer o presente ou para cortar as raízes de um futuro vigoroso" (NIETZSCHE, 2005: 99).

ro⁹⁴. A História, tal como propõe a própria indagação que dá título ao ensaio, deveria ter uma "utilidade para a Vida", e qualquer História que estenda seu olhar gratuito e vazio para o passado será considerada pelo filósofo alemão como uma "doença histórica"⁹⁵. A relevância exagerada do passado deveria aqui ser tomada como sintoma da miséria de um presente⁹⁶. Esse "excesso de história" – esta "virtude hipertrofiada" que corresponderia à cultura histórica de sua época – será o objeto de Nietzsche nesta *Consideração intempestiva* na qual começa por ser afrontada precisamente a cultura historicizante que constituía um dos maiores orgulhos da Alemanha oitocentista (NIETZSCHE, 2005: 69).

Por outro lado, é preciso considerar que o diagnóstico de "febre historicista", proferido por Nietzsche ao avaliar determinados setores da historiografia de seu tempo (2005: 69), dirige-se na verdade contra aquele historicismo incompleto, que ainda não assumira o relativismo no que se refere ao ponto de vista do próprio historiador (tenhamos em vista, aqui, o modelo historicista de Leopold von Ranke, que ainda não realizou o arco completo do historicismo no que se refere à subjetividade humana e à relatividade de todos os pontos de vista, pois apenas percebeu com maior clareza a

---

**95.** A metáfora do "sentido histórico" como doença singular do homem moderno do século XIX reaparecerá no aforismo 337 de *A gaia ciência* (1882): "Quando eu considero este século com os olhos de um século longínquo, não encontro coisa mais estranha na natureza do homem contemporâneo do que esta singular virtude, esta doença singular que se chama 'sentido histórico'" (NIETZSCHE. *A gaia ciência*, 337).

**96.** Nietzsche chamará a atenção para o caso daqueles que, precisamente por odiarem o presente e viverem sua vida real como sofrimento, desejam esquecer o presente em uma história na qual buscam a alegria perdida.

singularidade de cada sociedade histórica a examinar, mas sem investir ainda na percepção da singularidade do próprio historiador). Possivelmente, apesar de rejeitar o tipo de historicismo cientificista que predominava em sua época, Nietzsche já não estranharia tanto os posteriores desenvolvimentos do Historicismo, para os quais se chegaria a proclamar que "toda história é contemporânea"[97]. De fato, o filósofo alemão é pioneiro na observação de que o valor atribuído ao passado depende muito de como uma época avalia seu próprio presente, como bem ressaltaria Koselleck cem anos depois em *Futuro Passado* (1979)[98]. As abordagens historiográficas do século XX, ao menos boa parte delas, aproximam-se também da perspectiva nietzscheniana de que seria mais salutar, para a Vida, a História que se propusesse a reabrir constantemente o passado para novas interpretações e indagações.

---

**97.** A emissão pioneira dessa frase lapidar, depois retomada por Lucien Febvre (1953), é atribuída a Benedetto Croce (1938), historiador italiano atuante em fins do século XIX e na primeira metade do século XX. Croce, aliás, tem entre suas influências, para além do matiz hegeliano, a ideia nietzscheniana de que a História é antes uma Arte do que uma Ciência (1893).

**98.** Encontraremos, em textos diversos de Nietzsche, um número significativo de passagens que revelam essa consciência histórica que não apenas reconhece a historicidade de todo objeto, mas também do próprio historiador – a saber, essa consciência de que cada época reconstrói o passado de uma nova maneira, ou mesmo de que o passado é redefinido por cada indivíduo que se põe a praticar a História. Mais ainda, o filósofo explicita essa transformação a que está sujeita a própria História como forma de conhecimento. Em *Aurora* (1881), encontraremos estas palavras: "Do mesmo modo como os homens mudam, muda também continuamente a imagem da história" (NIETZSCHE, 2005: 303). Os *fragmentos póstumos* do outono de 1884 ressaltam: "O passado é diferente para cada um de nós: na medida em que cada um extrai um fio condutor a partir desse passado, uma simplificação (também para os meios e para os fins)" (NIETZSCHE, 2005: 304).

O historiador-artista proposto por Nietzsche, por oposição ao historiador-cientista de sua época, aproxima-se de alguma maneira do historiador que, a partir do século XX, cada vez mais compreende a História (escrita) como incessante (re)construção da história (um dia vivida). Ou seja, a "história-arte" de Nietzsche não é tão distinta da "história-'ciência em construção'" proposta por alguns setores historiográficos do século XX. O gesto de fazer um "problema" atravessar o material histórico que lhe chega do passado – unindo, por meio do pensamento historiográfico, dois elementos ou processos que estavam separados, forjando uma unidade que rigorosamente falando não existe, ou criando uma nova forma de relacionamento de um evento em particular com a realidade mais ampla – é já de si um procedimento artístico, segundo Nietzsche, e só isso já faria a História mais se aproximar da Arte do que da Ciência[99]. Claro está que se tem aqui, neste questionamento nietzscheniano sobre a impossibilidade de trazer cientificidade à História, apenas uma certa concepção de "ciência", conforme veremos até o

---

**99.** Em relação a tais aspectos, Nietzsche irá comparar o historiador-artista ao dramaturgo: "Juntar tudo pelo pensamento, relacionar cada acontecimento particular ao conjunto da trama, com base no princípio de que é preciso introduzir nas coisas uma unidade de plano, quando na verdade ela aí não existe. É assim que o homem estende sua teia sobre o passado e se torna senhor dele, é assim que se manifesta seu impulso artístico" (NIETZSCHE, 2005: 121). Cerca de um século depois dessas proposições de Nietzsche, Paul Veyne, um historiador que se filia a Nietzsche a partir da influência de Michel Foucault, retomaria a ideia de que a História deveria ser essencialmente a composição de uma "trama" (esta proposição aparece no livro de Paul Veyne intitulado *Como se escreve a História* (1971), e precede em dois anos o polêmico ensaio de Hayden White sobre *A meta-história* (1973). Também encontraremos algumas reflexões a respeito da recriação historiográfica em Duby, 1994, p. 13-14.

final deste capítulo. Mas nada disso será mais um problema para amplos setores da historiografia do século XX – por exemplo, as primeiras gerações de historiadores ligados à Escola dos *Annales* – para os quais, quando se fala em "ciência", não se tem em vista, obrigatoriamente, o modelo de ciência pautado na objetividade e neutralidade positivistas. Mas a essas questões voltaremos mais adiante[100].

Apesar das contundentes críticas à historiografia científica de sua época, há ainda um inimigo historiográfico maior previsto pelo texto "Sobre a utilidade e os inconvenientes da história para a vida" (1873). As principais críticas de Nietzsche, neste seu ensaio sobre a História, dirigem-se contra o gênero das "filosofias da história", ou na verdade contra aquela teleologia tão típica do homem que habita a modernidade tardia de sua época: este homem saturado de "consciência histórica", ou, antes, de "falsa consciência histórica", que deseja obsessivamente olhar o passado para nele enxergar um sentido

---

**100.** A esta forma de lidar com os materiais históricos, Nietzsche chama de "transfiguração da história", e constitui a função mais específica do "historiador-artista". A característica fundamental desse tipo de historiador seria precisamente a de examinar o passado motivado pelo que há de grande e exemplar no presente, e a partir daí reapresentar o material histórico de uma nova maneira, no interesse da vida de sua própria época. Por outro lado, Nietzsche é taxativo a respeito da importância de não se escrever a História a partir das mediocridades e das vulgaridades de cada presente. Há, portanto, certa forma "artística" de se reconstruir o passado a partir de questões e motivações do presente: "É somente a partir da mais elevada força do presente que tendes o direito de interpretar o passado; é somente na extrema tensão das vossas faculdades mais nobres que adivinhareis o que é grande no passado, o que é digno de ser conhecido e conservado" (NIETZSCHE, 2005: 126). Em outra passagem, Nietzsche registrará um comentário lapidar: "A voz do passado é sempre uma voz de oráculo; só a podereis compreender se vos tornardes os arquitetos do futuro e os conhecedores do presente" (NIETZSCHE, 2005: 127).

que conduza a História inevitavelmente a ele mesmo, final legítimo de todos os processos. Este homem, que se quer enxergar como o centro e o fim da história, seria aquele mesmo homem que, comodamente assentado entre a ingenuidade e a arrogância, pretende acreditar cegamente na ideia de que ele mesmo seria o centro da Criação. É nesse sentido que, de acordo com a crítica nietzscheniana, parece se desnudar o fato de que a teleologia eurocêntrica das filosofias idealistas dá-se às mãos com a visão cristã do mundo. Teleologia e Teologia aqui interagem, uma tornando-se a substância da outra. Desmitificando essa secreta aliança e criticando também outras leituras de fundo evolucionista, o filósofo alemão terá uma percepção bem distinta da realidade oitocentista: ao invés de um degrau glorioso da história, Nietzsche verá a cultura europeia de sua época sob o signo da decadência[101]. A desconstrução da centralidade europeia, postulada explícita ou implicitamente pelas mais diversificadas correntes histo-

---

**101.** Pode-se contrapor esta leitura nietzscheniana da não superioridade da civilização europeia a um conjunto amplo de correntes historiográficas que situam o desenvolvimento europeu no centro do mundo. Assim, não apenas as filosofias da história de inspiração iluminista amparam-se na ideia de que as sociedades europeias constituem a ponta de lança do progresso histórico, como também os historiadores positivistas registram a mesma posição. Encontraremos nos volumes da *História da civilização na Inglaterra*, do historiador positivista Thomas Buckle, a seguinte passagem que pode servir de exemplo: "Tanto quanto nos podemos deixar guiar pela experiência do passado, é-nos possível afirmar que os obstáculos [da natureza] foram insuperáveis em todas as civilizações não europeias: com efeito, nenhuma nação os venceu ainda. Mas, na Europa, que se ergue sobre um plano menor do que as outras regiões do mundo – e que é, além disso, uma região mais fria, de solo menos exuberante, de aspecto menos imponente e revelando mais fraquezas em seus fenômenos físicos –, foi mais fácil ao homem libertar-se das superstições que a natureza sugeria à sua imaginação, e foi-lhe também mais fácil realizar, senão, em boa verdade, uma justa distribuição da riqueza, algo pelo menos que dela mais se aproxima do que tudo o que se conseguiu nos países mais antigos" (BUCKLE, 1857, apud GARDINER, 1995: 149).

riográficas de seu tempo, permitirá a Nietzsche desconstruir a própria categoria iluminista do "progresso"[102].

De modo geral, o pensamento de Nietzsche coloca-se contra qualquer tipo de "finalismo". A ideia de que o mundo histórico caminha para um fim pré-determinado – seja ele o paraíso da Razão Iluminista ou a apoteose da redenção socialista – é estranha a este pensamento filosófico para o qual a história é uma interminável e complexa transformação que sofre a ação de inúmeras forças em confronto e que se redireciona contra o plano de fundo dos revezes de acasos e potências cegas,

---

**102.** Em *O anticristo* (1888, publicado em 1895), Nietzsche dirá: "A humanidade não representa *de maneira alguma* uma evolução para o melhor, para o que é mais forte, para o que é mais elevado, no sentido em que se acredita agora. O 'progresso' é somente uma ideia moderna, uma ideia falsa". É preciso ainda ressaltar que, se a ideia de "progresso" tem sua história (NISBET, 1985) – uma história que remonta, em uma primeira menção desta expressão, a autores como Leibniz (1697: 150), mas que só no século XVIII se conceitualiza, particularmente com Kant (1798), para daí seguir se reafirmando até o terceiro milênio –, há também uma história da rejeição ao conceito de progresso, desde seus desenvolvimentos iluministas e em contraposição aos seus desdobramentos no século XIX. Rousseau já se opusera à ideia de progresso no próprio século XVIII, e, para ele, o que estava em franca progressão era a "desigualdade humana" (ROUSSEAU, 1750). Já Charles Fourier, enxergando além da exploração das classes sociais menos favorecidas, chamaria a atenção para o fato de que o progresso tecnológico da chamada "Civilização" encobria a exploração crescente do gênero feminino, e ressaltava que, na verdade, o "progresso social" de uma nação deveria ser medido pelo nível de emancipação feminina por esta permitido (FOURIER, 1808). No campo do pessimismo filosófico surgiria Arthur Schopenhauer (1788-1860), que em *O mundo como representação* (1819) não via na História senão a expressão da Vontade a partir de sua interminável repetição do ciclo vicioso da carência, necessidade, desejo e tédio. Hermann Lotze (1817-1881), em uma obra de 1864 intitulada *Mikrokosmos*, irá rejeitar uma concepção oitocentista de progresso que deixa atrás de si milhões de excluídos em relação à possibilidade de obter a felicidade. Em uma perspectiva distinta, sem uma preocupação social, como a esboçada pelos seus antecessores na crítica da ideologia do progresso, Nietzsche oporá à concepção de um desenvolvimento linear e progressivo da história a perspectiva da descontinuidade, da história que se joga como uma aposta de resultados imprevisíveis, e que não permite assegurar em momento algum que a humanidade "caminha em direção ao melhor", tal como haviam proposto Kant (1798), Hegel (1830) ou Augusto Comte (1830-1842).

constituindo-se cada momento nessas inúmeras trajetórias como um ponto de transição e uma abertura de decisão[103]. Não poderia haver por trás do desenrolar histórico um plano secreto da natureza, como queria Kant, ou a mão invisível da Providência, como queria Hegel, pois ao invés de uma totalidade na qual "o Real é Racional, e o Racional é Real", o mundo seria constituído de um infindável devir que coloca em jogo descontinuidades, imprevisibilidades, acasos, de modo que a bem arrumada dialética hegeliana, na qual cada coisa encontra seu lugar em uma totalidade coerente, mostra-se desde o princípio incompatível com o fragmentado devir nietzscheniano[104]. Mais do que tudo, a História corresponde-

---

**103.** Em um texto escrito entre 1880 e 1881, mas publicado como *Fragmento póstumo*, Nietzsche expressa-se nestes termos: "Uma época de transição: é assim que todo mundo chama a nossa época, e todo mundo tem razão. Mas não no sentido de que este termo conviesse mais à nossa época do que a qualquer outra. Onde quer que coloquemos o pé na História, em todo lugar encontraremos uma fermentação, os velhos conceitos em luta com os novos, e os homens dotados de uma intuição sutil, que se chamavam antigamente de profetas, mas que se contentavam com sentir e ver o que se passava com eles – eles sabiam e em geral se aterrorizavam muito com isso. Se isto continuar assim, tudo vai cair em pedaços e o mundo terá de morrer. Mas ele não morreu; na floresta os velhos tonéis se quebraram, mas uma nova floresta sempre desabrochou em seguida: em toda época, houve um mundo em decomposição e um mundo em devir" (NIETZSCHE, 2005: 303).

**104.** Mais uma vez contra a noção de "progresso", e articulando-a à sua concepção de um mundo que vai se refundando diuturnamente a partir de descontinuidades, experiências e acasos, assim se colocará Nietzsche em um *fragmento póstumo* de 1888: "Não nos enganemos! O tempo 'progride' – Gostaríamos de acreditar que tudo o que está no tempo também 'progride', 'vai adiante' [...] que a evolução é uma marcha para a frente [...] Esta é uma aparência enganadora que seduz os espíritos mais ajuizados: mas o século XIX não representa um progresso em relação ao século XVIII: e o espírito alemão de 1888 está em regressão quando comparado ao espírito alemão de 1788 [...] A 'Humanidade' não avança, ela própria não existe [...] O quadro de conjunto é o de um imenso laboratório de experiências, no qual algumas coisas têm sucesso, espalhadas através de todos os tempos, e onde em grande parte outras malogram, quando falta uma ordem, uma lógica, uma ligação, e um engajamento [...]" (NIETZSCHE. *Fragments Posthumes*, 15[8]177; apud 2005: 288).

ria a uma transformação que se redefine a cada instante não apenas por causa das descontinuidades e acasos, mas, sobretudo, porque o mundo histórico seria o resultado do confronto de um número incalculável de vontades de potência, cada qual com seu quinhão na redefinição das inúmeras possibilidades que se abrem a cada instante. Nesse sentido, a noção de inevitável e automático "progresso" da humanidade não seria mais do que uma falácia[105]. O próprio conceito de "humanidade", ou mesmo de "homem",

---

**105.** De certo modo, podemos sintonizar as críticas de Nietzsche contra a ideia de que o "progresso" ocorre inevitavelmente, de modo que a História corresponderia no fim das contas à caminhada da humanidade na direção do "melhor", com as apreensões que serão expressas muitas décadas depois por Walter Benjamin (1892-1940) em suas *Teses sobre o conceito de História* (1940). Benjamin, tal como já registramos antes, denunciará o grande engodo presente na ideia de que o progresso ocorre de maneira mecânica – o que, em última instância, termina por implicar na despolitização do homem comum, na incitação à sua inação. Tanto para Nietzsche, como para Benjamin, cada homem não pode se eximir da responsabilidade de interferir nos destinos do mundo. Não existe um plano da Natureza e da História dado de antemão, para assegurar uma evolução para o melhor. O progresso, dirá Nietzsche, só pode ocorrer, se ocorrer, como resultado de uma decisão humana, de cada homem, do confronto e da resultante de todas as ações e inações de cada homem. O progresso é apenas uma possibilidade, uma vez que cada instante no tempo se instala como uma abertura de decisão. De maneira análoga, encontraremos nas *Teses sobre o conceito de História*, a mesma ideia de que a cada instante se abrem novas possibilidades. A diferença é que Nietzsche concentra-se no papel do indivíduo para esta abertura de decisão, enquanto que, para Benjamin, essa "chance" de modificar as coisas dá-se no âmbito coletivo: "Na realidade, não há um só instante que não carregue consigo sua chance revolucionária – ela precisa apenas ser definida como uma chance específica, ou seja, como chance de uma solução inteiramente nova em face de uma tarefa inteiramente nova" (BENJAMIN, tese 17, 1985: 231).

faria parte dessa falácia na qual repousaria toda a cultura europeia[106].

Para além da rejeição dos finalismos e determinismos historiográficos há ainda a incisiva crítica aos aspectos negativos da "historiografia tradicionalista", tal como Nietzsche denomina aquela modalidade historiográfica mais demarcada pela mera meticulosidade do historiador, e que assume a mais plena gratuidade na forma da "História dos Antiquários":

> Aquele que aprendeu a ver nisso o sentido da história não pode assistir sem pesar ao espetáculo destes viajantes curiosos e destes micrologistas minuciosos que escalam em todos os sentidos as pirâmides das grandes épocas terminadas; aquele que encontra aí modelos para imitar e superar não deseja encontrar no caminho o ocioso que, ávido por distrações e sensações, perambula nesses lugares como entre tesouros acumulados de uma galeria de pintura (NIETZSCHE, 2005: 83).

É mesmo impressionante verificar como tal crítica de Nietzsche, voltada contra os "historiadores antiquários" de seu

---

**106.** Em diversas oportunidades, os conceitos de "homem" e de "humanidade" são colocados em xeque por Nietzsche. O "Homem", este personagem das aventuras finalistas esboçadas por cada filósofo da história, esta engrenagem primordial de cada sistema inventado pelas diversas teorias sociais, não seria mais do que uma abstração, e, no limite, o que existiria seria o conjunto dos indivíduos concretos, singulares, únicos. Em *Aurora* (1881), Nietzsche dirá: "Quando desejamos determinar o fim do homem, colocamos em primeiro lugar um certo conceito de homem. Porém, somente os indivíduos existem, a partir destes que já são conhecidos; não se pode alcançar este conceito de homem que elimina o individual – fixar o fim do homem seria, portanto, impedir os indivíduos em sua ascensão ao individual e os obrigar a se tornar *generalidades*" (NIETZSCHE, 1881).

tempo, atualiza-se na década de 1980, no fim da qual François Dosse irá escrever seu impactante ensaio crítico denominado *A história em migalhas* (1987). Talvez o filósofo alemão não convivesse, senão com certa estranheza, com títulos historiográficos como *História íntima do beijo* (ENFIELD, 1980), *História do estupro* (VIGARELLO, 1998), *História da cozinha faraônica* (TALLET, 2002), *Uma história do canibalismo* (DIEHL & DONNELLY, 2006), *Breve história das nádegas* (HENNIG, 1997), *Una vieja historia de la mierda* (AUSTIN, 1988), *Evolução das coisas úteis – clipes, garfos, latas, zíperes e outros objetos* (PETROSKI, 2007), ou a "História da Praia" oferecida pelo historiador pós-moderno Alain Corbin com o seu *Território do vazio: a praia e o imaginário ocidental* (CORBIN, 1989). É possível que também não visse com bons olhos, ou ouvisse com bons ouvidos, as opiniões do historiador Georges Duby, em certo momento de sua trajetória historiográfica, acerca das possibilidades de encarar a História como mero "meio de diversão" ou como "forma de evasão" da realidade (DUBY, 1977)[107], e, ainda que alguns dos historiadores pós-modernos reivindiquem sua herança, sobretudo remontando

---

**107.** Nietzsche inicia seu ensaio com a seguinte citação de Goethe: "Além disso, odeio tudo aquilo que me instrui sem aumentar ou estimular minha atividade" (NIETZSCHE, 2005: 67). Está se colocando contra "a instrução que não estimula a vida" (ibid., p. 68). Mas seria possível estender a reflexão na direção da "diversão que não estimula a vida", pois o filósofo alemão irá rejeitar em seu ensaio a gratuidade de certas formas de História ("os conhecimentos históricos que são somente um luxo dispendioso e supérfluo"). Dirá ele, logo nos momentos iniciais de seu ensaio: "Certamente, temos necessidade da história, mas, ao contrário, não temos necessidade dela como tem o ocioso refinado dos jardins do saber. [...] Temos necessidade dela para viver e para agir, não para nos afastarmos comodamente da vida e da ação e ainda menos para enfeitar uma vida egoísta e as ações desprezíveis e funestas" (NIETZSCHE, 2005: 68).

aos textos nietzschenianos que chamam a atenção para a dimensão imaginativa e artística da História[108], seria curioso saber o que pensaria Nietzsche sobre algumas das realizações de determinados setores do pós-modernismo historiográfico que parecem claramente se propor ao mergulho na experiência de reduzir a História à sua dimensão estética, sem maiores receios de se confundir com a ficção literária, mas também sem maiores preocupações de encontrar uma utilidade da história para a vida. A miríade de alternativas historiográficas das últimas décadas do século XX talvez suscitasse no filósofo alemão a vontade de escrever outro ensaio "Sobre a utilidade e os inconvenientes da história para a vida"[109].

---

**108.** Em *Aurora* (1881), poderemos encontrar essa passagem que certamente agradaria aos setores do pós-modernismo historiográfico ligados ao "giro linguístico": "Um historiador não trabalha com aquilo que realmente aconteceu, mas somente com os acontecimentos supostos: pois apenas estes últimos tiveram *efeitos*. Assim também, só lida com heróis supostos. Seu objeto, a pretensa história universal, são opiniões sobre ações supostas e seus móveis supostos, que dão por sua vez pretexto para opiniões e ações cuja realidade se dissipa instantaneamente em fumaça e só traz *efeitos* de fumaça – permanentemente, procriação e criação de fantasmas que pairam sobre as profundas névoas da realidade. Todos os historiadores contam coisas que nunca existiram, exceto na imaginação" (NIETZSCHE. *Aurora*, 307).

**109.** Se considerarmos, nos tempos mais recentes, alguns dos setores do pós-modernismo historiográfico mais influenciados pelo "giro linguístico" dos anos 1960, poderemos nos surpreender com esta passagem da *2ª consideração intempestiva* de Nietzsche (ele mesmo um autor que é tido como referência por diversos setores do pensamento pós-moderno): "Se, ao contrário, as doutrinas que professam a soberania do devir, a instabilidade de todos os conceitos, de todos os tipos e de todas as espécies, a ausência de qualquer diferença fundamental entre o homem e o animal – doutrinas que tenho como verdadeiras, mas também como fatais –, se tais ideias, no furor desta educação que atualmente causa tantos estragos, fossem lançadas ao povo por mais uma geração, então não deveria causar espanto que este povo, esmagado por tão miserável mesquinharia, morresse de ossificação e egoísmo; ver-se-ia assim um povo ser desagregado e deixar de existir, para ceder lugar talvez, no teatro do futuro, aos sistemas do egoísmo individual, às associações que visam à pilhagem dos não associados e outras criações da vulgaridade utilitarista" (NIETZSCHE, 2005: 160).

Entre as novas propostas historiográficas surgidas a partir do século XX, possivelmente o filósofo alemão – se fosse possível imaginá-lo em nossa época – conviveria melhor com a Micro-História (que não pode, em hipótese alguma, ser confundida com a "história em migalhas" condenada por François Dosse), já que, se a modalidade da Micro-História procura se valer do microscópico, é apenas com vistas a atingir um aspecto ou uma dimensão mais ampla da realidade social. Quanto à História das Massas – uma forma de história que para Nietzsche estava começando a se difundir progressivamente, e que deslocava a atenção para as massas como principal motor da história[110] – esta, o filósofo alemão também rejeita veementemente, chegando a registrar algumas considerações que certamente poderiam irritar consideravelmente os especialistas em História Serial.

> As massas não me parecem merecer atenção senão em três aspectos: em primeiro lugar, na medida em que elas têm uma imagem ofuscada dos grandes homens, impressa certamente num papel ordinário e com chapas gastas; em segundo lugar, na medida em que elas opõem resistência aos grandes homens; e, enfim, na medida em que elas servem como instrumentos dos grandes homens; quanto

---

**110.** "Porém, o tipo de história que em todo lugar está agora vigorando é justamente aquele que faz dos grandes instintos da massa o fator histórico primordial, e que vê em todos os grandes homens somente a expressão mais clara dessas forças, como pequenas bolhas de ar que sobem para a superfície das ondas" (NIETZSCHE, 2005: 167).

ao resto, que vão para o diabo, e a estatística com elas! (NIETZSCHE, 2005: 160)[111].

De todo modo, para além dos "cultuadores da estatística" – sendo esta uma possível alusão às metodologias cientificistas que começavam a ser propostas por historiadores positivistas como Thomas Buckle (1821-1862)[112] –, é sobretudo

---

**111.** A rejeição de Nietzsche em relação às massas populares é ainda hoje, sob o contexto das modernas sociedades democráticas que aprenderam a valorizar o coletivo, aquilo que mais dificulta a assimilação intelectual de um grande número de contribuições importantes do filósofo alemão que são efetivamente primordiais para a revitalização crítica do conhecimento. As lúcidas percepções de Nietzsche acerca da História, por exemplo, são menos avaliadas do que deviam pelos historiadores, muitos dos quais não conseguem ultrapassar a desconfiança relativa a esta faceta pessoal de Nietzsche. Discorremos sobre isto no "cap. 4" da Primeira Parte desta série: frequentemente se cai no erro de entender um grande pensador como um pacote: ou este é adotado por inteiro, ou rejeitado definitivamente. Um pequeno traço na singularidade de certo autor pode ser suficiente para que este seja estigmatizado, em prejuízo do campo disciplinar para o qual suas contribuições poderiam ser mesmo vitais. Por outro lado, há autores cuja história da recepção de suas ideias está mais marcada por esse tipo de rejeição. Se pensarmos em um outro grande nome da história do pensamento ocidental, Sigmund Freud, podemos lembrar que a história da recepção de suas ideias beneficiou-se de uma aceitação ampla e geral não apenas no interior do campo da Psicologia (apesar das inevitáveis rupturas no seio do movimento psicanalítico); no entanto, em relação às "massas", Freud tinha rejeições análogas às de Nietzsche. Em um texto de 1917, *O futuro de uma ilusão*, ele é explícito: "É tão impossível passar sem o controle da massa por uma minoria, quanto dispensar a coerção no trabalho da civilização, já que as massas são preguiçosas e pouco inteligentes; não têm amor à renúncia instintual e não podem ser convencidas pelo argumento de sua inevitabilidade; os indivíduos que as compõem apoiam-se uns nos outros para dar rédeas à sua indisciplina" (FREUD, 1974: 18).

**112.** Em um texto sobre a "Necessidade de uma Ciência da História", publicado na *História da civilização na Inglaterra* (1857), Thomas Buckle (1821-1862) registra sua confiança no uso da estatística: "As estatísticas têm sido alvos de esforços tão laboriosos que possuímos hoje uma informação completíssima não só acerca dos interesses materiais do homem como também acerca de suas peculiaridades morais, tais como o número de diferentes crimes, a proporção de uns em relação aos outros, a influência sobre eles exercida pela idade, pelo sexo, pela educação, e coisas semelhantes" (BUCKLE, apud GARDINER, 1995: 133).

contra os autênticos "antiquários" que Nietzsche se propõe a desfechar algumas de suas principais críticas. O filósofo demonstrará uma particular aversão a estes colecionadores de fatos e de quinquilharias históricas contra os quais também se insurgiria mais tarde a crítica mordaz de Lucien Febvre, porta-voz da nova história da Escola dos *Annales*, nos célebres *Combates pela história*, publicados em meados do século XX (FEBVRE, 1953).

Mais do que as críticas pontuais contra os tipos de historiografia e de literatura histórica de sua época, a importância do ensaio de Nietzsche sobre "A utilidade e os inconvenientes da história para a vida" está em dar a perceber as motivações que estão por trás da feitura da História. Não encontraremos em nenhum pensador da época, seja filósofo ou historiador, uma reflexão como esta. Nietzsche nos dirá que são três as principais razões pelas quais os homens se sentem impulsionados a escrever a História (e a consumir este tipo de escritos):

> A História interessa aos seres vivos por três razões: porque eles agem e perseguem um fim; porque eles conservam e veneram o que foi; porque eles sofrem [no Presente] e têm necessidade de libertação. A estas três relações correspondem três formas distintas de história, na medida em que é permitido distinguir aí uma história monumental, uma história tradicionalista [antiquária] e uma história crítica (NIETZSCHE, 2005: 82).

Algumas implicações serão desenvolvidas ou desdobradas por Nietzsche a partir dessa identificação das três motivações humanas primordiais para escrever história. Assim, o primeiro padrão de motivações – o fato de que os seres humanos "agem e perseguem um fim" – implica que os homens frequentemente necessitem ir buscar no passado os acontecimentos que sinalizam e mesmo justificam seus fins no momento presente, da mesma forma em que tendem a desejar encontrar no passado os heróis e pioneiros das ações em que hoje se inscrevem. Também aqui encontraremos os que buscam modelos exemplares, seja por terem esperança no futuro ou por terem desesperança em relação ao presente. Alguns buscam filiar-se a uma estirpe de grandes homens, por medíocres que sejam hoje. De todo modo, a vertente mais obscura deste primeiro modo de fazer a História surge das contradições entre a atividade histórica dos homens de hoje (ao perseguir seus próprios fins) e a percepção depreciativa do presente. De certa maneira, Nietzsche está se referindo aqui ao fazer historiográfico que brota do sentimento romântico, ou ao menos da vertente pessimista do Romantismo, que contempla a miséria de seu presente a que por isso ou deposita suas esperanças em um futuro que poderá um dia recuperar a grandeza do passado, ou que simplesmente, desencantada, quer refugiar-se no passado grandioso que se pretende ser irrepetível. A este modo de fazer a História que surge do fato de que "os homens agem e perseguem um fim", Nietzsche chamou de "História Monumental" (*Monumentalische*).

Uma riqueza adicional do ensaio de Nietzsche, neste ponto em que ele começa a rastrear os três modelos irredutíveis de historiografias que poderiam (ou não) beneficiar a vida, é o fato de que ele busca examinar cada modo de fazer a História como resultado da confluência entre um tipo de historiador (um tipo de produtor de conhecimento), uma espécie singular de consumidor de História (isto é, um tipo de leitor para esta forma da História), e uma certa sorte de objetos que são tomados como historicizáveis pelos historiadores. Estas três coisas, na verdade, estão implicadas: não são mais do que aspectos uma da outra. Assim, a "história monumental" pode ser definida, no que se refere aos seus objetos, em termos de uma forma específica de conhecimento: "O estudo daquilo que os tempos antigos produziram de clássico e de raro" (leia-se: de especial, de glorioso, de modelar, de memorável, de fascinante, de "fora do comum") [NIETZSCHE, 2005: 85]. A este tipo de conhecimento corresponderia uma espécie de historiador e uma espécie de consumidor de História. Uma coisa entrelaça-se à outra: o objeto de investigação, o produtor, o leitor; e, se formos pensar mais adiante, existirão também implicações sobre o "estilo" de cada história.

É oportuno pensar também sobre a forma como Nietzsche ultrapassa a mera crítica demolidora de ídolos. Não há propriamente uma modalidade de história ruim em si mesma[113]. Cada um dos três fazeres históricos categorizados por Nietzsche – a "história monumental", a "história tradicionalista" e a "história crítica" – pode apresentar facetas nas quais predomi-

---

**113.** "Cada uma destas três concepções da História só é legítima quando referida a um solo e a um clima particulares: em qualquer outro lugar elas se tornariam uma excrescência parasitária e devastadora" (NIETZSCHE, 2005: 90). E, mais adiante: "Estes são os serviços que a História pode prestar à vida; todo homem, todo povo precisa, segundo seus fins, suas forças e as suas carências, possuir um certo conhecimento do passado, tanto sob a forma da história monumental quanto sob a forma da história tradicionalista ou sob a forma da história crítica" (p. 98).

na a positividade ou a negatividade[114]. Se a "história monumental" busca no passado modelos para a ação dos homens no presente, a busca do que é exemplar e realmente grande pode funcionar como um estímulo para seguir em direção ao futuro – isto naqueles historiadores que avaliam positivamente a humanidade (ou a possibilidade de que esta, se não pode ser grande como um todo, ao menos pode gerar grandes homens). Assim, o primeiro tipo de homens que podem encontrar conforto, ou, antes, excitação, na história monumental, é aquele representado pelos historiadores que têm esperança no futuro. Nietzsche expressa sua simpatia por esse primeiro ramo de historiadores monumentalistas, reconhecendo neles aqueles que oferecerão o material historiográfico necessário àquele "homem ativo e poderoso que trava um grande combate e que tem necessidade de modelos, de mestres, de consoladores que não consegue encontrar à sua volta e no presente" (NIETZSCHE, 2005: 82)[115]. É interessante

---

**114.** Sem deixar de se referir aos modos positivos de tratar com esses três modelos historiográficos, Nietzsche registrará os tipos negativos que podem se acercar, respectivamente, da "história crítica", da "história tradicionalista" e da "história monumental": "A transposição imprudente destas espécies ocasiona muitas desgraças: o espírito que critica sem necessidade, aquele que conserva sem piedade e aquele que conhece a grandeza sem ser capaz de realizar grandes coisas são como aquelas plantas que, arrancadas do seu solo originário, retornam ao estado selvagem e degeneram" (NIETZSCHE, 2005: 90).

**115.** Exemplifica Nietzsche: "Era nesse sentido que Schiller (1759-1805) se interessava por ela [pela História]: pois a nossa época é tão miserável, dizia Goethe [em uma carta a Eckermann], que o poeta não pode mais encontrar em seu entorno os caracteres humanos que carece para sua obra" (NIETZSCHE, 2005: 82). Nietzsche recupera, na sequência deste mesmo texto, parte daquela função da história "mestra da vida": "Foi pensando neste homem que Políbio, por exemplo, disse que o estudo da história política constituía a melhor preparação para o governo do Estado e que ela era, dentre todas as disciplinas, a única capaz de nos exortar, pela recordação das infelicidades de outrora, a suportar constantemente os caprichos da fortuna" (NIETZSCHE, 2005: 83).

observar aqui o pioneirismo deste ensaio de Nietzsche, pois ele nos fala não apenas dos "produtores de história" (os historiadores), mas também dos "consumidores de história", obviamente que sem utilizar esses termos. O filósofo alemão está antecipando um conjunto de reflexões que só veremos aflorar mais consistentemente a partir de autores da segunda metade do século XX, como Reinhart Koselleck, Michel de Certeau ou Paul Ricoeur. Sobre os consumidores positivos deste primeiro ramo da "história monumental", assim se expressa Nietzsche:

> Para não perder a coragem e sucumbir de tédio no meio dos ociosos fracos e incuráveis, no meio de pessoas que querem parecer ativas quando são somente agitadas e febris, o homem de ação interrompe por um instante sua corrida e toma fôlego na contemplação do passado. Mas o fim desta corrida é uma felicidade qualquer, talvez não a sua própria, mas, na maioria das vezes, a felicidade de um povo ou da humanidade inteira; a resignação lhe repugna, e ele utiliza a História como remédio contra esta resignação (NIETZSCHE, 2005: 83).

Com certa tristeza, Nietzsche procura revelar as ilusões que frequentemente se ocultam neste primeiro ramo de historiadores e consumidores de História ligados à "História Monumental":

> Acreditar que os grandes momentos da luta dos indivíduos formam uma cadeia contínua, que eles ligam ao longo de milênios os píncaros da humanidade, que o apogeu deste instante já há muito tem-

> po terminado está diante de seus olhos ainda vivo, grandioso e luminoso – esta é a ideia fundamental da fé na humanidade que se exprime na exigência de uma história monumental. Mas é justamente esta exigência, ou seja, de que o que é grande deveria durar eternamente, que suscita a mais terrível das lutas. Pois tudo o que vive ainda grita: "não"! O monumental não deve jamais vir à luz – esta é a divisa contra a qual se choca o homem de ação. O hábito grosseiro, a mesquinhez e a baixeza que penetram até nos menores recônditos do mundo envolvem tudo o que é grande com uma pesada atmosfera terrestre; tudo isso entrava, esgana, sufoca, asfixia esta atmosfera na via que a grandeza deve trilhar rumo à imortalidade (NIETZSCHE, 2005: 84).

Mas há também outros historiadores e consumidores de História Monumental que seriam tão pequenos como o seu presente: renegando seu presente e cético em relação ao futuro, este segundo ramo de História Monumental vai buscar nostalgicamente no passado os exemplos da grandiosidade que acredita não ser mais possível nos dias de hoje, mesmo nos indivíduos especiais. A este ramo de historiadores monumentalistas Nietzsche dedica um especial desprezo, ao se referir a eles como "aviltadores do presente".

Alguns vícios historiográficos podem decorrer de um ou de outro desses ramos de historiadores monumentalistas. Alguns, em sua ânsia de tomar do passado os modelos grandiosos para o que fazem no presente – muitas vezes para as pequenas coisas que fazem em sua vida atual –, podem ser levados a criar falsas homologias, a estabelecer nexos e relações despropositadas, sem qualquer consciência histórica de que estão construindo a História a partir de seu presente (construção que, aliás, é inevitável). A generalização incorreta de particularidades históricas encontra aqui um terreno propício para proliferar[116]. Também espreitará aqui, como um inimigo sempre pronto a se infiltrar nesta desmedida historiográfica, o "anacronismo", este nosso conhecido pecado capital dos historiadores (voltaremos a esse aspecto mais adiante). De igual maneira, o exagero, conduzindo às raias da monumentalidade que se torna mesmo grotesca, pode rondar a pena dos historiadores monumentalistas, pronto a lhe torcer os dedos para falsear as coisas. A falsidade, a deformação, o enfeite, a imprecisão, o anacronismo, a generalização indevida são os vícios que rondam este fazer historiográfico:

> Enquanto a historiografia tiver como vocação essencial transmitir ao homem fortes impulsos profundos, enquanto o passado tiver de ser descrito como imitável e digno de imitação, como algo que se pode produzir uma segunda vez, ela [a história monumental] corre o risco de ser deformada, enfeitada e assim aproximada da invenção poética; há mesmo épocas que não são capazes de distinguir entre um passado monumental e uma ficção mítica: são de fato os mesmos impulsos que se poderiam retirar de um ou de outro desses mundos (NIETZSCHE, 2005: 87-88).

---

**116.** O desejo de que se repita, no presente ou no futuro, o passado glorioso ou o brilho deste e daquele clássicos, estaria no cerne desse falseamento que leva ao estabelecimento das falsas homologias: "Ela [a história monumental] aproximará, generalizará, e finalmente identificará coisas diferentes; eternamente ela reduzirá a diversidade dos motivos e das circunstâncias para apresentar uma imagem monumental, quer dizer, exemplar e digna de imitação, dos *effectus* em detrimento das causas" (NIETZSCHE, 2005: 87).

Pode-se pensar uma relação entre a utilidade da história monumental para extrair exemplares para a vida, tal como exposto por Nietzsche, e a antiga noção de uma História *vitae magistra* ("mestra da vida"), presente nos historiadores antigos e também em pensadores do início da Modernidade como Nicolau Maquiavel. Mas não temos aqui exatamente a mesma coisa. Frequentemente, a antiga concepção da *historia magistra vitae* estava implicada na ideia de que o passado se repete ciclicamente, tal como postulava Maquiavel (1520). Esta ideia de que nada de novo pode surgir, "pois os homens e os elementos são os mesmos de outrora" (MAQUIAVEL, 1994: 18), é obviamente estranha a Nietzsche, para quem o futuro sempre se afirma como uma nova tomada de decisão, um novo lance de dados, uma escolha[117]. Além disso, Nietzsche adverte que esta busca de exemplares não deve, de maneira alguma, implicar a anulação do historiador ou do

---

**117.** O rompimento da historiografia com essa antiga ideia de que a História poderia ser *magistra vitae* porque, de algum modo, tudo se repete, dá-se com o próprio estabelecimento de uma Historiografia Científica a partir de fins do século XVIII. A ideia de Progresso, como tão bem demonstrou Koselleck (2006: 316-319), é um elemento importante que se agrega a esse quadro, reforçando-se com a ideia de que o futuro impõe-se como algo novo (em Nietzsche, o futuro também se impõe como o novo, mas não como o novo que necessariamente tende para o melhor, tal como havia postulado Immanuel Kant, em 1798, na obra *O conflito das faculdades*). Em fins do século XVIII e inícios do século XIX, já sob o impacto dos acontecimentos inéditos da Revolução Francesa, verifica-se a gradual recorrência de autores que sustentam a ideia de que o futuro trazia a cada dia "novos fenômenos", tal como preconizará Woltmann (1799: 3), e que "os propósitos didáticos são incompatíveis com a História", tal como sustentará Creuzer (1803: 232). Sobre isto, cf. Koselleck, 2006, p. 319. De todo modo, ainda assim poderemos encontrar sobrevivências da ideia de uma História *magistra vitae* nos períodos subsequentes, e é assim que tal ideia, que remonta à *Oratória* de Cícero (106-43 a.C.), e que se reatualiza com as palavras de Diodoro (90-30 a.C.) na *Bibliotheca Histórica*, continua a repercutir nas últimas décadas do século XIX, reatualizando mais uma vez a ideia de que a História pode nos resguardar de incorrer em erros antigos (DIODORO, Ed. Vogel, 1883, tit. I, c. 1).

leitor que consome a história monumental. Na operação historiográfica que pretende ser útil à vida, passado e presente, objeto histórico e historiador, precisam estar cuidadosamente equilibrados. Parceiros na reconstrução histórica, um polo deve nutrir o outro; mas não pode se dar que um anule o outro. Quando isso ocorre, a História deixa de interessar à Vida, ou torna-se mesmo nociva a ela. O conhecimento do passado, ou a inspiração em exemplares do passado, não deve fomentar nos homens de nosso tempo o "enfraquecimento da personalidade", nem interferir em sua responsabilidade de agir criativamente e tomar suas próprias decisões[118].

A enumeração de descaminhos nos quais se pode se ver enredada a História Monumental segue adiante no ensaio de Nietzsche. No limite, a modalidade da História Monumental cultuará ainda o "efeito-em-si"[119]. A seleção limitada de monumentos com vistas à justificação do presente, ou a

---

**118.** Dirá Nietzsche, a certa altura da sua *2ª consideração intempestiva*: "Aquele que não ousa confiar em si mesmo, mas procura maquinalmente conselho junto à História e perguntando 'que sentimento devo experimentar aqui?', a este, o medo o transforma gradualmente em ator. Ele se põe a desempenhar um papel, frequentemente inclusive vários papéis e, quanto mais ele os desempenha, mais ele os desempenha mal e grosseiramente" (NIETZSCHE, 205: 113).

**119.** "Poder-se-ia, sem exagero, chamá-la – na medida em que ela faz a maior abstração possível das causas – de uma coleção de "efeitos-em-si", de acontecimentos que farão sempre o papel de efeito. Aquilo que se festeja por ocasião das festas populares, das comemorações religiosas ou militares, é no fundo este "efeito-em-si": é isto que impede os ambiciosos de dormir, é isto que os aventureiros colocam como um amuleto no fundo de seus corações; é somente isto e não o verdadeiro núcleo histórico das causas e dos efeitos que, corretamente avaliado, provaria que jamais uma mesma combinação poderia sair novamente do jogo de dados do futuro e do acaso" (NIETZSCHE, 2005: 87). Mais tarde, Nietzsche parecerá resolver tal angústia, para si mesmo, com sua teoria do "Eterno Retorno". Mas esta é uma outra questão.

escolha exclusiva dos "efeitos" que interessam ao momento que se pretende "justificar", em detrimento de todo o material restante que chega caoticamente do passado, poderia trazer ainda uma desgraça adicional: a condenação à *anamnese* de tudo aquilo que não interessou a este ou àquele tempo. Este esquecimento das coisas, que tanto assustara Heródoto na antiga Grécia, poderia decorrer também em progressivo empobrecimento do material histórico à disposição dos historiadores. Se cada novo tempo faz seu recorte do que é memorável, a partir de um material que já se encontrava recortado pela geração anterior, e assim sucessivamente, o empobrecimento do material histórico disponível é um problema a se levar em consideração. Nietzsche não explicita isso, mas pode-se refletir sobre essa questão a partir destas suas palavras:

> Quando a concepção monumental do passado *predomina* sobre as outras concepções, quer dizer, sobre a história tradicionalista e a história crítica, é o próprio passado que *se ressente* com isso: segmentos inteiros deste passado são esquecidos, desprezados, e ecoam num fluxo cinzento e uniforme, de onde alguns fatos mascarados emergem como ilhas isoladas (NIETZSCHE, 2005: 87-88)[120].

O pior de tudo, para o filósofo alemão, seria, no entanto, o que pode estar secretamente escondido nas entranhas da história monumental: nem sempre as motivações do homem

---

**120.** Veremos, por outro lado, que também não é uma solução aceitável, segundo Nietzsche, este falar de tudo – ou, antes, esta coleção das pequenas coisas que seria típica da segunda modalidade analisada pelo filósofo alemão: a História Antiquária.

ativo e heroico, mas as pequenas inclinações dos indivíduos mesquinhos que podem destilar, a partir da história monumental, seu aviltamento e sua hostilidade em relação ao presente – este aviltamento que frequentemente se veste nessa pele de cordeiro (ou de lobo) que é a eternização do clássico, daquele singular irrepetível que não pode ser senão cultuado como objeto de adoração, já que nunca mais encontrará condições para seu retorno, e que agora se torna alimento para a passividade em relação ao futuro ou, mesmo, para a opressão de tudo o que é novo. Não raro, a história monumental poderá ser empunhada por espíritos a quem Nietzsche se refere como "animais amedrontados e efêmeros, que nascem para as mesmas misérias e se esforçam durante algum tempo para retardar seu fim" (NIETZSCHE, 2005: 84). Nas mãos dos detratores do presente, a história monumental pode se tornar "o disfarce sob o qual se dissimula seu ódio contra os grandes e poderosos do presente, fazendo-se passar como possuindo uma admiração satisfeita com os grandes e poderosos do passado" (NIETZSCHE, 2005: 90)[121]. Um último alerta de

---

**121.** "Este é o véu sob o qual eles transformam em seu contrário o sentido dessa concepção da história; quer eles tenham claramente consciência disso ou não, eles agem como se sua consigna fosse: 'deixai que os mortos enterrem os vivos'" (NIETZSCHE, 2005: 90). Nietzsche dá-nos o exemplo da história monumental aplicada nocivamente à História da Arte: "Imaginemos as personalidades totalmente ou parcialmente infensas à arte, armadas e paramentadas pela história monumental dos grandes criadores; contra quem voltariam elas as suas armas? Contra seus inimigos hereditários, contra as fortes naturezas artísticas, quer dizer, contra os únicos que sabem tirar desta história um verdadeiro ensinamento, um ensinamento orientado para a vida, para em seguida transformá-lo em uma prática superior. O caminho é barrado, o horizonte é ocultado, quando se cerca com uma dança idólatra e servil a monumentalidade mal compreendida de algum grande acontecimento do passado, como se quisesse dizer a eles: 'Vede, esta é a arte autêntica e verdadeira: que importa a vós os artistas em gestação, escravos de suas exigências?'" (NIETZSCHE, 2005: 88-89).

Nietzsche a respeito da "história monumental" assume tonalidades proféticas:

> A história monumental nos engana com as suas analogias; com suas sedutoras semelhanças, ela incita o corajoso à temeridade e o entusiasta ao fanatismo; e se ela caísse nas mãos e nas cabeças de egoístas talentosos ou de malfeitores exaltados, então, os impérios seriam destruídos, os príncipes assassinados, as guerras e as revoluções desatadas e o número de "efeitos-em-si" na história, quer dizer, os efeitos sem causa suficiente, seria novamente aumentado. Tudo isso para mostrar os males que a história monumental pode acarretar nos homens ativos e fortes, para o bem ou para o mal. Mas que estragos não provoca quando ela cai nas mãos e a serviço dos impotentes e dos indolentes! (NIETZSCHE, 2005: 88)[122].

Afora a modalidade da "história monumental", que busca no passado aquilo que é grandioso – e que pode interessar tanto ao homem de ação em sua caminhada para o futuro, como também ao homem fraco e medíocre que se interessa pela grandiosidade do passado justamente porque ele mesmo não é capaz de nada que seja grande –, duas outras modalidades historiográficas aparecem no texto de Nietzsche "Sobre a utilidade e os inconvenientes da história para a vida".

---

**122.** Veremos, por outro lado, que também não é uma solução aceitável, segundo Nietzsche, este falar de tudo – ou, antes, esta coleção das pequenas coisas que seria típica da segunda modalidade analisada pelo filósofo alemão, em sua versão mais negativa: a História Antiquária.

A uma delas já nos referimos em uma de suas formas negativas, que é a "história dos antiquários". Nietzsche denomina a esta terceira vertente historiográfica de "história tradicional". O fetiche que se ergue por trás deste tipo de história é o da veneração do passado, e sua obsessão em particular é a da obstinada busca das origens. Paira sobre este tipo de história o espírito do colecionador, que se interessa por tudo que vem do passado, do menor grão de poeira às maiores inutilidades, e qualquer coisa torna-se digna de ser colecionada, recolhida pela memória histórica, convertida em patrimônio para as gerações vindouras, exposta em um museu de quinquilharias históricas no qual todas as coisas adquirem o mesmo valor. Percebe-se aqui que esta predisposição historiográfica é diametralmente oposta à da "história monumental", e que a função do historiador não é mais a de buscar no passado a grandeza que servirá de exemplo. O comum, o rotineiro, mas também cada fato ou objeto exótico, singular, torna-se objeto de culto; em sua forma mais degenerada, a "história tradicional" conduz a um passado morto.

> A História interessa, portanto, em segundo lugar, àquele que tem o gosto pela conservação e pela veneração, àquele que se volta com amor e fidelidade para o mundo de onde veio e no qual foi formado; com este ato de piedade, ele de algum modo agradece por sua existência. Cultivando cuidadosamente o que sempre foi, quer conservar para aqueles que nascerão depois dele as condições nas quais ele próprio nasceu – e é assim que presta um serviço à vida. A posse do "ferro-velho ancestral", numa alma assim

constituída, toma um novo sentido: pois esta alma é possuída por seu patrimônio. Tudo o que é pequeno, limitado, bolorento, envelhecido, recebe sua dignidade e sua intangibilidade próprias do fato de que a alma conservadora e adoradora do homem tradicionalista se transporta para esses objetos e aí constrói um ninho macio (NIETZSCHE, 2005: 91).

Este outro tipo de historiador, que meticulosamente elabora a "história tradicional", deve possuir algumas habilidades, tais como "o poder de intuição e de adivinhação", e também o "faro para traços quase apagados" (NIETZSCHE, 2005: 92). Ele é um rastreador de todas as coisas do passado, e tem especial predileção pelas pequenas coisas, e mesmo pelas coisas inúteis. Contudo, tal como dirá Nietzsche, no fim das contas o historiador tradicionalista não poderá avaliar aquilo que ele mesmo recolhe do passado, e nem perceber que valor isto ou aquilo poderá ter para a vida, uma vez que ele não faz mais do que "atribuir a todas as coisas uma importância igual, e demasiada importância a coisas minúsculas" (p. 92). Entre os vícios e riscos que residem nesse tipo de história, conforme anotará o filósofo alemão, estarão a "fúria cega do colecionador", o "pedantismo rotineiro" que gira em torno do próprio umbigo do historiador fascinado por um passado já sem vida, bem como a tendência a recobrir tudo o que é antigo e passado por "um véu uniforme de veneração". No limite, ao se cultuar desmedidamente o passado e impedir que o presente seja almejado e desenvolvido, este modelo de história terminará por "mumificar a vida" (p. 92-93).

Além do colecionismo inútil, o vício historiográfico mais conhecido que pode acompanhar os "historiadores tradicionais" é o da "factualidade": estaremos aqui diante daquele tipo de historiador que Lucien Febvre, em seus manifestos do movimento dos *Annales*, chamará de "historiadores factuais" ou "historiadores eventuais" (FEBVRE, 1953). Este historiador "sabe conservar a história; mas não sabe engendrá-la" (NIETZSCHE, 2005: 92). Nietzsche chamará esses historiadores factuais de "meros operários da história". Para não dizer que eles são inúteis, o filósofo alemão admitirá que podem se tornar excelentes "auxiliares para a história", fornecendo materiais para os verdadeiros historiadores[123].

Mais uma vez a crítica de Nietzsche mostra-se profética, e antecipa uma discussão que só voltará a ocorrer de modo mais intenso a partir das primeiras décadas do século XX, particularmente com a dicotomia que os historiadores ligados ao movimento dos *Annales* lançariam depois de 1929 (data de fundação da Revista dos *Annales*) contra seus predecessores nas instituições historiográficas francesas, opondo veementemente sua "história-problema" à "história eventual" dos historiadores metódicos. Formular um problema, de todo modo, é situar-se no presente, olhar para o passado com a perspectiva desse presente. Mas o "historiador tradicionalista", do qual nos fala Nietzsche, valoriza o passado em si mesmo, e em sua versão mais negativa, utiliza mesmo o passado para depreciar

---

**123.** "Porém, não se deve desprezar os operários que carregam, acumulam e selecionam os materiais da história, até porque eles jamais se tornarão grandes historiadores; não se deve tampouco confundi-los com estes últimos, mas vê-los como operários e auxiliares necessários a serviço do mestre de obras" (NIETZSCHE, 2005: 127).

o presente. A partir da veneração do antigo, ele desconfia do novo. Torna-se então um obstáculo à Vida.

O modelo antagônico em relação ao "historiador tradicionalista" é o do "historiador crítico". Enquanto aquele venera o passado, este procura estabelecer um distanciamento crítico em relação ao passado, na verdade um corte, uma cisão. A História Crítica é aquela que atende à necessidade de "romper e dissolver" uma parte do passado[124]. Em sua versão mais negativa, a História Crítica termina por julgá-lo e condená-lo impiedosamente, por vezes em prejuízo à própria vida no presente, o que é tão nocivo como o excesso de veneração e incorporação acrítica do passado no "historiador antiquário"[125]. Contra a crítica negativa das épocas anteriores, secretamente decorrente da arrogância do homem ocidental que se considera um cume, um "ponto mais alto" em relação a toda a humanidade anterior, Nietzsche contrapõe as seguintes palavras:

> Nenhuma época ou geração tem de fato o direito de se arvorar de juízes de todas as épocas e de todas as gerações anteriores. [...] Deveríeis, enquanto juízes,

---

**124.** "Ocorre, porém, que esta mesma vida que exige esquecimento pede também momentaneamente que se rasgue o véu: é então que se percebe o quanto injusta é a existência de um objeto, de um privilégio, de uma casta, de uma dinastia, o quanto tudo isso merece desaparecer. É então que se examina o passado de um ponto de vista crítico e se ataca com um machado suas raízes, abstendo-se cruelmente, além disso, de todas as clemências" (NIETZSCHE, 2005: 97).

**125.** "Este processo é sempre perigoso, perigoso para a própria vida: e os homens ou as épocas que servem à vida julgando e destruindo o passado são sempre homens e épocas perigosos e ameaçadores. Já que somos efetivamente o fruto de gerações anteriores, somos também o fruto de seus desregramentos, de suas paixões, de seus erros, ou seja, de seus crimes: não é possível excluir-se completamente desta cadeia" (NIETZSCHE, 2005: 97).

> ser superiores àquilo que pretendeis julgar – porém, vós não sois superiores, somente chegastes depois. É justo que os convidados que chegam atrasados recebam os últimos lugares no banquete – mas vós quereis ser os primeiros!? Fazei pelo menos algo de grandioso e sublime, talvez então vos será concedido um lugar, ainda que tenhais chegado por último (NIETZSCHE, 2005: 126).

Considerações muito similares sobre os inconvenientes de adotar, perante a História e as gerações anteriores, a posição do "juiz" – isto é, daquele que não se limita a discorrer sobre os fatos e a tecer suas considerações, mas que se propõe finalmente a emitir um veredicto – foram recolocadas setenta anos depois por Marc Bloch, um dos fundadores do movimento dos *Annales* no século XX. Isto mostra como foram visionárias diversas das colocações de Nietzsche acerca de questões que ainda precisavam ser resolvidas para uma estruturação de seu ofício. Em *Apologia da História* (1942), um pequeno ensaio sobre o ofício do historiador que se tornaria um clássico, Marc Bloch dedica um capítulo inteiro a esclarecer como deve ser diferente a postura do cientista e a postura do juiz:

> Por muito tempo o historiador passou por uma espécie de juiz dos infernos, encarregado de distribuir o elogio ou o vitupério aos heróis mortos. Acreditamos que tal atitude corresponda a um instinto poderosamente enraizado. [...] Esquecemos que um juízo de valor tem sua única razão como preparação de um ato e com sentido apenas em relação a

um sistema de referências morais, deliberadamente aceito. [...] Então estaríamos tão seguros sobre nós mesmos e sobre nossa época para separar, na trupe de nossos pais, os justos dos malditos? (BLOCH, 2001: 126).

Julgar, porém, pode ocultar também a passividade e a covardia. É ainda Marc Bloch quem propõe um exemplo que sintoniza bastante com a posição de Nietzsche a respeito da questão do julgamento em História. Cita o caso de um debate controverso da época da Revolução Francesa. Longe dos riscos inerentes a todo ato de vontade e a toda tomada de posição, o mais frágil dos homens pode se revestir da máscara do "homem de opinião":

> Vejamos, ainda, [...] a questão dos bens nacionais. Rompendo com a legislação anterior, o governo revolucionário resolve vendê-los em parcelas e sem licitação. Era, incontestavelmente, comprometer gravemente os interesses do Tesouro. Certos eruditos, em nossos dias, ergueram-se veementemente contra esta política. Que coragem, caso, presentes na Convenção, ali tivessem ousado falar nesse tom! Longe da guilhotina, essa violência sem perigo diverte. Mais vale investigar o que queriam, realmente, os homens do ano III. Almejavam, antes de tudo, favorecer a aquisição da terra por seu pequeno povo da província; ao equilíbrio do orçamento, prefeririam consolar os camponeses pobres, garantia de sua fidelidade a uma nova ordem. Estavam errados? Ou tinham razão? Quanto a isto, o que me importa a decisão retardatária de um historiador? Apenas lhe

pedimos que não deixe se hipnotizar por sua escolha a ponto de não conceber que uma outra, outrora, tenha sido possível (BLOCH, 2001: 127)[126].

Percebemos, a partir desta comparação entre as posições de historiadores e filósofos do século XX e algumas das *Considerações intempestivas* formuladas por Nietzsche (e teremos a oportunidade de ver mais alguns exemplos na sequência desta análise), o quanto esteve Nietzsche à frente de seu tempo no que se refere a algumas das questões que logo se mostrariam primordiais para uma nova História que ainda estava por vir. Voltemos, por ora, às três modalidades de fazer histórico que Nietzsche considerava importantes de se levar em conta para a questão específica da utilidade da História para a vida. Com a "história crítica", o filósofo alemão encerra a primeira parte de suas reflexões sobre as três formas irredutíveis de história que podem corresponder às necessidades da vida, o que não quer dizer que cada uma delas – a "história monumental", a "história tradicional", a "história crítica" – também não possam degenerar e se voltar contra a própria vida, conforme vimos a partir de exemplificações extraídas das próprias reflexões de Nietzsche em suas *Considerações intempestivas*.

---

**126.** Por outro lado, a ideia de fazer da História um "tribunal do passado" é retomada em um sentido diverso por alguns dos filósofos ligados à Escola de Frankfurt, tal como ocorre nesta passagem de Horkheimer que é citada por Michael Löwi (2005: 50) em seu estudo sobre Walter Benjamin: "Agora que a fé na eternidade deve se decompor, a historiografia é o único tribunal de justiça que a humanidade atual, ela mesma passageira, pode oferecer aos protestos que vêm do passado" (HORKHEIMER, 1968: 199). Uma posição similar é sustentada pelo próprio Benjamin na segunda das *Teses sobre o conceito de História* (1985: 222-223).

## 2 Questionamentos contra a "História Científica"

O balanço inicial de vantagens e desvantagens dos três modelos de história para a vida "elaborado por Nietzsche, com refinada percepção em relação a algumas questões que mais tarde se revelariam primordiais para a futura historiografia, constituiu apenas um preâmbulo para que o filósofo iniciasse sua impiedosa crítica da cultura historiográfica de seu tempo. Seu primeiro alvo, na própria sequência desta *Consideração intempestiva* que concentraria uma parte significativa das reflexões de Nietzsche acerca da História, será a "história científica". Este ponto merece alguns esclarecimentos. Devemos ter sempre em mente que Nietzsche está visando com suas críticas um modelo bastante específico de ciência: o modelo que se ajusta à equiparação entre ciências naturais e humanas conforme as propostas do Positivismo, ou ainda o modelo de ciência de alguns dos historicistas das duas primeiras gerações do século XIX. Devemos tentar compreender estas nuances com a máxima clareza possível, para que não sejamos tomados pelo estranhamento de que o século XX nos trará efetivamente novas definições de ciência, e em especial novas formulações acerca da singularidade das ciências humanas, aspectos que permitirão uma aproximação de setores inteiros da historiografia profissional em relação a algumas das proposições nietzschenianas, incluindo mesmo diversos dos historiadores que continuariam enxergando a História como ciência ou como um tipo de conhecimento cientificamente produzido.

A questão do encontro entre Ciência e História no século XIX é diretamente abordada por Nietzsche na parte de sua *Consideração intempestiva* em que começa a empreender a crítica dos excessos historiográficos de seu tempo:

> E agora lancemos rapidamente um olhar sobre nossa época. Ficamos assustados e recuamos: no que se transformou essa ligação pura, clara e natural que deveria unir a vida e a história? Que problema confuso, disforme, inquietante temos diante dos olhos! É nossa culpa, nós que consideramos este problema? Ou antes a constelação da vida e da história foi realmente transformada por influência de um astro poderoso e hostil? Quanto ao fato de os outros provarem que estamos errados, falaremos, no entanto, das coisas tal como julgamos vê-las. De fato, um astro magnífico e luminoso se interpôs entre a história e a vida; de fato, esta constelação foi modificada: *a partir da ciência, pela vontade de fazer da História uma Ciência* (NIETZSCHE, 2005: 99).

A argumentação de Nietzsche é a de que uma situação inédita se inaugura a partir da ambição de fazer da História uma Ciência – e uma ciência da recolha maciça de informações e elementos do passado (daí a necessidade de compreendermos o modelo de ciência histórica ao qual se refere a crítica de Nietzsche). O paradoxo que se expressa nesta nova época é que a cultura europeia passa a se nutrir obsessivamente da cultura histórica proveniente de todas as épocas, mas sem que ela mesma possua uma cultura própria. O resultado, para retomarmos uma das metáforas de Nietzsche, é um complexo cultural mal digerido, que não chega a ser realmente assimilado, mas que, no entanto, ilude ao homem moderno de que está ali precisamente um de seus mais preciosos tesouros, a consciência histórica de que tanto se orgulha, e que o faz supor-se superior a outros povos e aos homens de outros tempos:

> O homem moderno acaba por ter o estômago carregado de uma massa enorme de conhecimentos indigestos, que, como é dito no conto ["O lobo e os sete cabritos", dos irmãos Grimm] rolam e se chocam em seu ventre. Este ruído revela a característica mais íntima deste homem moderno: a admirável oposição – desconhecida nos povos antigos – entre uma interioridade à qual não corresponde nenhuma exterioridade, e uma exterioridade à qual não corresponde nenhuma interioridade. O saber com o qual ele se empanturra, frequentemente sem fome, às vezes mesmo sem necessidade, não age mais como uma força transformadora orientada para fora, fica dissimulado numa certa interioridade caótica que o homem moderno designa, com estranha soberba, como sendo sua "interioridade" específica [...] [a nossa cultura moderna] não constitui uma realidade viva, quer dizer, não é uma cultura autêntica, mas somente uma espécie de saber sobre a cultura. Ela está presa à ideia da cultura, ao sentimento da cultura, mas não se compromete com uma cultura determinada (NIETZSCHE, 2005: 100).

"Ser culto" e "ter uma cultura histórica", segundo Nietzsche, confundem-se inadequadamente nesta época que não teria chegado a produzir uma cultura autêntica, que lhe seja própria, e seria nesse sentido que a "história científica" estaria desempenhando a função de granjear cada vez mais, nos celeiros de épocas anteriores, essa quantidade brutal de alimentos que não chegarão a ser digeridos[127]. Para Nietzsche, seria exatamente por não possuir uma cultura autêntica que o europeu oitocentista se mostraria tão obcecado na busca de "farrapos do passado"[128]. As audaciosas críticas de Nietzsche não tanto contra a historiografia de sua época, mas principalmente contra o consumo excessivo de história pelo europeu civilizado, tocam em questões que ainda estavam por ser resolvidas, e que, certamente, não eram insensíveis a todos os historiadores. Particularmente o Historicismo iria avançar na reflexão sobre o subjetivismo e sobre a relatividade da História: compreender que a História é produzida de um lugar – de um "lugar de produção", para evocar uma expressão

---

**127.** Comparando os gregos aos europeus do século XIX, Nietzsche propõe o seguinte jogo imaginativo: "se um de nossos contemporâneos fosse, pela ação de uma varinha mágica, reenviado a este mundo, ele acharia sem dúvida que os gregos eram extremamente 'pouco cultos', o que na verdade exporia ao escárnio público o segredo tão escrupulosamente guardado da cultura moderna: pois nós modernos não possuímos nada de próprio; somente na medida em que sorvemos e nos impregnamos de épocas, costumes, obras, filosofias, religiões e conhecimentos estranhos, é que nos tornamos dignos de interesse, a saber, enciclopédias ambulantes; é exatamente assim que nos veria um antigo heleno perdido no nosso século" (NIETZSCHE, 2005: 101-102).

**128.** Esta imagem irá aparecer no aforismo 225 de *Para além do bem e do mal*, obra que Nietzsche irá escrever em 1886: "[ao europeu do século XIX] nada lhe cai bem! Mas o espírito, especialmente o "espírito histórico", sabe mesmo tirar proveito disso e sempre encontra meios de desenterrar um novo farrapo do passado ou de países estrangeiros. Então o experimenta, tira, veste, mas principalmente o estuda" (NIETZSCHE, 2006: 120).

que um dia seria utilizada por Michel de Certeau (1974) – seria uma das maneiras de favorecer uma historiografia que se estruturasse em torno de problemas colocados por cada época, e não em torno da mera ambição de reconstituir épocas anteriores, como se tal fora possível. Outra resposta bastante viva também já vinha sendo dada pelo Materialismo Histórico, desde suas formulações iniciais, se considerarmos que a História era aqui vista como um meio importante para encaminhar a transformação da realidade.

Dessa maneira, embora Nietzsche proponha seus comentários como uma crítica que se volta contra a "história científica", *lato sensu*, a verdade é que suas proposições têm em vista um tipo específico de historiografia científica. Mais do que isso, a oposição de Nietzsche se dirige contra a historiografia que se coloca sob a égide de uma concepção específica de ciência. O complexo cultural que associa de uma forma muito específica e rígida as noções de "ciência", "racionalidade", "objetividade", "verdade" (esta última compreendida em correspondência à ideia de "realidade"), constitui o modelo de conhecimento científico que o filósofo alemão irá confrontar em diversas oportunidades, e não é outro, senão este, o modelo de "ciência" ao qual Nietzsche se refere como "um astro que se interpôs entre a História e a Vida"[129].

---

**129.** O próprio desenvolvimento de alguns desdobramentos da crítica nietzscheniana do conhecimento, já no século XX, levariam mais tarde à percepção de que estas noções – ciência, racionalidade, objetividade, verdade, realidade – nem sempre precisariam estar tão rigidamente entrelaçadas na prática científica, e de que seria mesmo possível pensar em outros modelos de conhecimento cientificamente conduzidos. Pode-se ainda ter em vista que não existe um único padrão de racionalidade. Richard

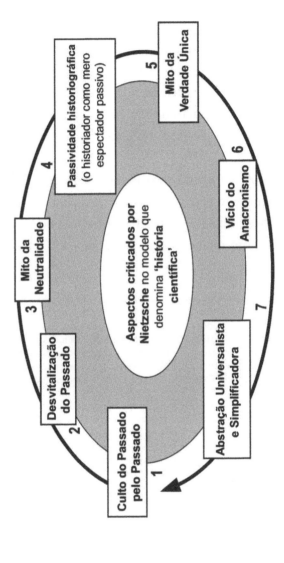

Quadro 5. A crítica de Nietzsche à historiografia científica de sua época

Vejamos se, rigorosamente falando, não correspondem ao modelo Positivista, ou quando muito ao Historicismo de primeira hora, ainda nas etapas iniciais de sua formação, aqueles padrões de historiografia que mais se encaixam no modelo de historiografia científica condenado pela crítica nietzscheniana. O quadro anterior busca sintetizar os aspectos desta historiografia que são confrontados pelo filósofo alemão no ensaio "Sobre a utilidade e os inconvenientes da história para a vida"[130].

O "culto do Passado pelo Passado" (1), sem considerar que elementos deste passado poderiam incitar a vida no Presente e trazer uma atividade à própria época do historiador, liga-se de certo modo ao item contíguo – a "Desvitalização

---

Rorty, em "Ciência enquanto solidariedade", assim se refere ao padrão de cientificidade que passou a ser predominante na cultura ocidental: "Nós tendemos a identificar a ação de buscar uma 'verdade objetiva' com a ação de 'usar a razão' e, por isso, pensamos nas ciências naturais como paradigmas de racionalidade. Assim, nós pensamos a racionalidade como uma questão de seguir procedimentos estipulados antecipadamente, como uma questão de sermos metódicos. Dessa forma, nós tendemos a usar os termos "metódico", "racional", "objetivo" e "científico" como sinônimos" (RORTY, 1997, p.55).

**130.** O esquema procura identificar alguns dos aspectos que mais comumente aparecem na crítica de Nietzsche contra a historiografia científica de sua época. Por outro lado, ao falar mais explicitamente do grande mal de "excesso de história" que estaria assolando a cultura de sua época – ou seja, uma questão que diz respeito ao consumidor de História – Nietzsche arrola cinco itens principais entre os desdobramentos negativos de tal excesso historiográfico: **(1)** O "enfraquecimento da personalidade" do homem europeu (trazido pela ruptura entre *interioridade* cravejada de história e uma *exterioridade* carente de uma cultura própria); **(2)** arrogância "finalista" e eurocêntrica do homem moderno (uma época que acredita possuir a verdade em maior grau do que as épocas passadas); **(3)** uma inibição dos instintos que termina por emperrar o desenvolvimento do indivíduo e da sociedade, **(4)** a crença na "velhice da humanidade", e de que a época contemporânea é seu epígono tardio, e **(5)** cinismo do homem contemporâneo. Estes pontos são bem discutidos pela argumentação de Nietzsche, mas não estarão nos interessando aqui tanto quanto as críticas mais diretamente voltadas para os paradigmas ligados aos historiadores do século XIX.

do Passado" (2) – que, ao meramente mumificar o passado, trata-o como algo morto, já consumado. De que estaremos falando aqui senão de uma "história desproblematizada"? De igual maneira, outra falácia citada por Nietzsche é este nosso velho conhecido que pode ser chamado de "Mito da Neutralidade" (3). Este não é senão o terceiro pressuposto do paradigma Positivista, e já vimos como o paradigma Historicista caminhou no século XIX na direção de assumir a subjetividade do historiador. Este item também conduz ao que no esquema anterior denominamos "Passividade historiográfica" (4), e no limite teremos aqui aquela descrição aparentemente desinteressada, como que a querer deixar os documentos falarem para si mesmos, e que parecem colocar o historiador como espectador passivo dos acontecimentos e sequências que parecem emergir das próprias fontes. Este tipo de passividade historiográfica, é verdade, iremos encontrar até mesmo como proposição metodológica em manuais historiográficos já da primeira metade do século XX[131]. Mas não devemos esquecer que a historiografia científica avança-

---

**131.** Tornaram-se notórias as críticas dos historiadores ligados ao movimento dos Annales, particularmente até a geração de Fernando Braudel, aos manuais que pregavam este tipo de "passividade historiográfica" na aproximação metodológica do historiador em relação a suas fontes. Em seu famoso texto "História e Ciências Sociais: a Longa Duração" – publicado no número relativo ao último trimestre de 1958 da revista dos *Annales*, e depois incorporado ao livro *Escritos sobre a História* (1969) – Braudel vai buscar em um manual que não havia sido publicado há muito tempo o estereótipo de um padrão historiográfico que não se constrangia em se aproximar de sua documentação de modo particularmente ingênuo. Neste, veremos o historiador Louis Halphen, em texto datado de 1946, praticamente afirmar que as fontes podem falar por si mesmas ao historiador: "Basta deixar-se de algum modo levar pelos documentos, lidos um após o outro, tal como se nos oferecem, para ver a corrente dos fatos se reconstituir quase automaticamente" (HALPHEN, 1956, p.150).

ria para o reconhecimento de que mesmo as fontes examinadas, e o objeto problematizado, contribuem para transformar o próprio sujeito produtor de conhecimento, que trava com seu objeto uma relação de dupla via.

É mesmo impressionante o fato de que, ao refletir sobre a interação entre o historiador-artista e o passado que ele examina e recria, Nietzsche conseguiu antecipar uma questão que só seria retomada nas últimas décadas do século XX. Referimo-nos ao ponto de vista, evocado por alguns historiadores atuais, de que a fonte histórica não é um objeto passivo, mas que interage com o historiador e que se constitui mesmo em uma das forças que contribui para oferecer-lhe uma nova dimensão de subjetividade. Lembraremos aqui algumas considerações do micro-historiador Carlo Ginzburg, que, em um texto de 1979 intitulado "Provas e possibilidades", chama a atenção para uma questão peculiar. Embora reconhecendo que o trabalho do historiador é inicialmente direcionado por um certo "imaginário historiográfico" e por um lugar social (tal como postulará Michel de Certeau em *A operação historiográfica*), ele esmera-se em perscrutar o fato de que o historiador também se modifica a partir da interatividade proporcionada pela alteridade trazida pela documentação (GINZBURG, 1991: 196).

Vale dizer, não é apenas um determinado lugar social-institucional, e uma certa "imaginação historiográfica" – ou o seu Presente – o que dá uma direção ao trabalho do historiador. O próprio Passado, a partir das especificidades de sua documentação, traz ao historiador vozes com as quais ele interage, colocando-o em contato com aspectos que passam a integrar sua própria experiência, e com elementos vários que o reconstroem como sujeito de investigação. As reflexões de Ginzburg inscrevem-se em longo caminho que precisou ser percorrido até que o historiador pudesse ultrapassar as perspectivas de que a História trabalha unidirecionalmente com um material que lhe chega do passado. Esta ideia de que, do passado, possam ser extraídos elementos capazes de revitalizar o presente, e de que, em contrapartida, também cada presente recria o passado a partir de suas próprias questões, constituem os dois pilares sobre os quais Nietzsche edifica seu modelo de uma "história-artística". Vejamos, em seguida, este segundo aspecto.

Nietzsche antecipa, pioneiramente, a ideia de que cada presente reinventa seu passado, de maneira que existem tantos passados quanto presentes. Vemos aqui as mesmas ideias que reaparecerão no século XX com o Presentismo, e, já ao fim deste mesmo século, com a reflexão mais refinada sobre a construção de novos passados a partir do presente, que foi a de Reinhart Koselleck. A "Verdade Única" (5), um mito que Nietzsche busca demolir, já não será tábua de valores para a nova historiografia científica do século XX. Para sermos justos, é preciso observar que, rigorosamente falando, já podemos perceber os primórdios do fortalecimento deste viés relativista desde a própria época de Nietzsche, particularmente a partir da terceira geração de historicistas, sendo especialmente notáveis as contribuições de autores como Gustav Droysen e Wilhelm Dilthey.

A noção de que é possível atingir uma "verdade única" do passado, esta proposição tão combatida por Nietzsche, leva também, com frequência, ao célebre vício historiográfico do "Anacronismo" (6), que corresponde à falácia de projetar, sem consciência alguma, certas categorias do presente do historiador na mente de personagens do passado, ou também à adaptação forçada do passado a ideias que só poderiam ter sentido na atualidade do historiador. Nietzsche revela rara consciência deste problema. O "historiador-artista" deve encontrar a medida certa que permitirá reconstruir o passado a partir das motivações e problemas da época atual, mas sem deformar o passado com base em "anacronismos" indevidos. Seria preciso, portanto, nem incorrer no erro de anular o passado, sob a forma de uma "desvitalização do passado" que o considera fato consumado e arquivo morto, e que frequentemente termina por desconhecê-lo em suas singularidades ao despejar sobre esse mesmo passado "anacronismos" de toda ordem, e nem anular a própria figura do historiador que produz o conhecimento, ao encará-lo com expectador passivo dos acontecimentos. Nesta peculiar operação historiográfica que valoriza simultaneamente os dois polos históricos – o passado revisitado e o presente vivo do historiador – poderia se constituir a "história-artística" proposta por Nietzsche sob o signo de uma "transfiguração do passado". Mas "transfigurar o passado", de acordo com a perspectiva nietzscheniana, é muito diferente de "deformar o passado", tal como ocorre quando o historiador cede consciente ou inconscientemente ao vício do anacronismo.

É oportuno lembrar que também este item – a enfática preocupação em "evitar anacronismos" – logo passaria a ser um dos mais habituais objetos de pauta dos historiadores, e iremos encontrá-lo no discurso veemente de Lucien Febvre (1953), um historiador do século XX que sustentará que a História é um tipo de conhecimento "cientificamente conduzido". Estes vários exemplos mostram que a ideia de uma "ciência histórica" transformou-se sensivelmente com o novo século, sendo preciso ainda lembrar que, mesmo no século XIX, já existiam propostas historiográficas que buscavam opor o modelo da História ao modelo das ciências naturais, de modo que as ciências humanas deveriam ser compreendidas nos quadros de suas próprias especificidades. Tal é a proposta de diversos historicistas, a exemplo de Dilthey (1833-1911) e Windelband (1848-1915).

A crítica de Nietzsche à ideia de "Neutralidade Historiográfica", à qual anteriormente nos referimos (item 3 do esquema proposto), de fato pode ser desfechada contra diversos historiadores oitocentistas, mas apenas contra uma parte deles. Estes são obviamente todos aqueles que acreditam na "objetividade" absoluta. E é precisamente esta ideia de "objetividade", à maneira positivista, o que Nietzsche irá rejeitar com particular veemência em algumas das passagens de sua *2ª consideração intempestiva* (NIETZSCHE, 2005: 120). Há mesmo um personagem caricatural que Nietzsche cria para se referir aos historiadores que se mostram tão obcecados pela ideia de "neutralidade", que terminam por recuperar um passado totalmente desvitalizado, sem alma, sem sentimentos. A estes historiadores frios, que se orgulham de sua frieza, e que se acreditam totalmente imparciais (embora isso na verdade seja impossível), Nietzsche irá chamar de "eunucos da neutralidade". Os "eunucos da neutralidade", ou "eunucos da objetividade" – tal como os apelidaria o historiador Gustav Droysen (1861) em um famoso texto no qual repete uma imagem análoga à de Nietzsche – estariam sempre de guarda no "harém da história universal", prontos a impedir que aventureiros desavisados das regras da história positivista ousassem extrair da História sentimentos e significados mais profundos, ou seja, sempre que qualquer um invadisse o harém da História para desta extrair algo mais que somente "histórias" (NIETZSCHE, 2005: 110). Certamente não são todos os historiadores do século XIX que poderiam ser apodados de "eunucos da neutralidade". Também nem todos os historiadores oitocentistas se encaixariam em outro dos personagens caricaturais criados por Nietzsche, ao qual já nos referimos quando discorremos sobre a classe dos "operários da história" (NIETZSCHE, 2005: 127). Estes seriam aqueles que fazem de seu trabalho a infatigável prática de acumular "materiais da história", sem qualquer intenção ou capacidade de problematizá-los, como se diria hoje, e que no fim das contas apenas poderiam servir como auxiliares para os verdadeiros historiadores. A menção aos "eunucos da objetividade", historiadores que se orientam pelo mito positivista da neutralidade, e dos "operários da história", historiadores factuais que não fazem mais do que recolher materiais e informações que ainda ficarão à espera dos "verdadeiros historiadores" que venham problematizá-los, mostra-nos que a crítica nietzscheniana volta-se contra setores específicos da historiografia, embora adote um tom de crítica generalizada contra a historiografia científica da época[132].

---

**132.** A um terceiro personagem caricatural criado por Nietzsche também já nos referimos: os "juízes da história" - estes "detratores do passado" que não se cansam de levar às barras do tribunal todas as épocas anteriores, para condená-las invariavelmente

A radical rejeição nietzscheniana de uma "cientificidade" possível à História, portanto, sustenta-se em certo padrão de cientificidade que não pode ser considerado coextensivo a cada um dos três paradigmas teóricos do século XIX, e nem tampouco a diversos dos historiadores independentes que se colocam entre tais paradigmas. Podemos dizer que os desenvolvimentos posteriores no Historicismo e no Materialismo Histórico conduziram mais a aproximações do que a afastamentos em relação às questões vitais que Nietzsche contrapunha à historiografia de sua época. De igual maneira, resta falar sobre a crítica nietzscheniana relacionada ao último item que evocamos no esquema visual – a tendência à "Abstração Universalista e Simplificadora" (7) –, uma característica que iremos encontrar inevitavelmente nas "filosofias

(NIETZSCHE, 2005, p.116-120). No extremo limite, alguns destes "juízes da História" poderiam até mesmo se fazerem parceiros de Deus, pois se acreditando partícipes de "uma humanidade já a caminho da decrepitude", terminam por se entregar à "necessidade exacerbada de fazer justiça através da história, como se a nossa época, a última possível, estivesse ela própria em condições de fazer este Juízo Final sobre o passado" (NIETZSCHE, 2005, p.139-140). A expressão mais bem acabada desta união entre a prática condenatória e um modelo teleológico idealista de fundo religioso, culminando por fim com a idéia de que a época moderna poderia encaminhar o Juízo Final de todas as outras, estaria realizada na obra *A Filosofia do Inconsciente*, de Eduard Von Hartmann (1842-1906) – um autor hoje pouco conhecido, mas contra o qual Nietzsche dedica algumas das mais ácidas críticas de sua *2ª Consideração Intempestiva* (p.152-165), já que o livro de Hartmann alcançara considerável repercussão em sua época. Hartmann dirá: "Ora, a vitória total do lógico sobre o ilógico deve coincidir com o fim temporal do processo universal, com o Juízo Final" (HARTMANN, 1872, p.747). A crítica à *Filosofia do Inconsciente* de Hartmann, bem como a crítica à *Filosofia da História* de Hegel, oferecerão ainda oportunidade a que Nietzsche crie um quarto personagem caricatural: o "fanático do processo", que "nada e se afoga no fluxo do devir" (NIETZSCHE, 2005, p.155). Aqui, à idéia de um "processo universal", base das teologias e filosofias da história da época, Nietzsche oporá a concepção de um universo de descontinuidades, acasos, múltiplas forças em confronto, manifestações das inúmeras vontades de potência daqueles que o constituem – um devir para o qual não pode ser previsto um fim.

da história" e não raro nas "teorias da história" relacionadas ao paradigma Positivista. Se pensarmos no "paradigma da complexidade" que se fortalece a partir da última metade do século XX, também aqui poderemos aventar a ideia de que, em certo sentido, as proposições de Nietzsche para a História têm mais semelhança com algumas das perspectivas historiográficas desenvolvidas no século XX do que com boa parte dos parâmetros comuns aos historiadores e "filósofos da história" de seu próprio tempo.

Sobre a tendência historiográfica que se edifica em torno da "Abstração Universalista e Simplificadora", o efeito mais nocivo apontado por Nietzsche liga-se mais uma vez ao arrogante finalismo do homem ocidental, que presunçosamente acredita que todas as histórias, de todos os povos, e que toda a História, por ele mesmo concebida como um devir universal, apontam para ele. Aqui, o "verme humano" se autoconceberá como "meta e culminância do processo universal! Sentido e solução de todos os enigmas do devir tal como se manifestam no homem moderno, o fruto mais maduro da árvore do Conhecimento!" (NIETZSCHE, 2005: 150). É este aspecto – a presunção finalista que se oculta tanto nas filosofias da história como na atualização moderna da escatologia cristã – que Nietzsche repudiará mais veementemente na *Filosofia da História* de Hegel:

> Para Hegel, o ponto culminante e o ponto final do processo universal coincidiam com sua própria existência berlinense. Aliás, ele teria mesmo de dizer que todas as coisas que viriam depois dela só

devem ser avaliadas como a coda musical do grande rondó da história universal ou, melhor ainda, como simplesmente supérfluas. Mas isso ele não disse: em compensação, implantou nas gerações fermentadas por ele aquela admiração da "potência da história" que praticamente converte todos os instantes em admiração do sucedido e conduz à idolatria do factual (NIETZSCHE, 2005: 134)[133].

O finalismo típico do século XIX, no entender de Nietzsche, é uma das melodias possíveis que acompanham o "excesso de história" desta nova época, e, particularmente, este excesso daquilo que ele considera uma "má história". No modo irônico, em um dos aforismos de *A gaia ciência* (1882), o filósofo alemão traça uma comparação entre o espírito histórico-finalista do século XIX, com sua forma particular de apreender o passado, o presente e o futuro, e a postura dos Antigos. O homem historizante do século XIX é aquele que quer se ver a todo custo projetado em todo o passado, e que acredita ser possível conhecer com precisão sua "origem" nesse passado. Ele se considera um final, ou quando muito um quase-final, o termo de um pro-

---

**133.** Nietzsche foi um dos primeiros pensadores a propor a idéia de uma relação entre as filosofias da história ocidentais e o finalismo cristão: "Uma religião que vê na última hora de um homem a hora mais importante de toda a sua existência, que prevê o fim de toda a vida sobre a terra, e que condena todos os seres vivos a viver no quinto ato da tragédia, uma tal religião desperta certamente as forças mais profundas e mais nobres, porém, ela é hostil a qualquer nova semeadura, a qualquer tentativa ousada, a qualquer livre aspiração; ela impede qualquer vôo para um desconhecido do qual não gosta e do qual não espera nada; ela não se entrega senão a contragosto ao fluxo do devir, para, no devido tempo, se livrar dele e sacrificá-lo, como uma força muito sedutora que atrai para a vida, como um engano sobre o valor da existência" (NIETZSCHE, 2005, p.140-141).

cesso que com ele culmina. Depois, não há futuro, senão a longa coda musical que já não anuncia nada de novo:

> Na Antiguidade, todo homem superior cobiçava a glória – o que era resultado do fato de que cada um se imaginava a inaugurar a humanidade a partir de si mesmo e não teria sabido conseguir suficiente espaço e duração, a não ser se projetando na posteridade, enquanto trágico que desempenha seu papel na cena eterna. Meu orgulho, ao contrário, consiste em que "conheço minha origem" – esta é a razão pela qual não tenho qualquer necessidade de glória. Em tudo o que podia comover Zoroastro, Moisés, Maomé, Jesus, Platão, Brutus, Spinoza, Mirabeau, eu também já estava presente, e para muitas coisas é somente em mim que vem à luz o que precisaria de alguns milênios para passar do estado embrionário ao estado de plena maturidade. Somos os primeiros aristocratas da história do espírito – é somente a partir de agora que começa o espírito historiador (NIETZSCHE, 2005: 334-335).

Em uma época na qual não se discutia ainda o eurocentrismo, adquirem especial destaque esta e outras percepções de Nietzsche a respeito desse período e dessa localidade que se considerava não apenas no cume da evolução, mas também no centro do espaço e no final apoteótico dos tempos. O coroamento do excesso de história com o finalismo eurocêntrico-moderno era o que mais lhe repugnava nos modos de fazer a história que buscou criticar tão causticamente. Mesmo a história inútil, mera coletora de dados, ou ainda a história dos "detratores do passado", que terminavam por matar este passado e "mumificá-lo", pareciam-lhe ainda preferíveis a este último uso da história que buscava parasitar o passado com vistas a forjar uma ideia final de grandeza generalizada para uma época na qual o filósofo via por todo lado o predomínio da mediocridade[134].

## 3 "A História como Arte"

A solução de Nietzsche para a cultura alemã (na verdade, europeia) de sua época – esta cultura carregada de "excesso de história" a ponto de não trazer nada mais que fosse autenticamente seu – seria abandonar a exclusividade deste modo de sentir o mundo historicamente, e alternar esta inevitável dimensão humana que é o "histórico" com as atividades e modos de sensibilidade também regidos pelas forças "a-históricas" e "supra-históricas". Por "forças a-históricas", Nietzsche entende "a capacidade de esquecer e de se fechar em um horizonte limitado". Por forças "supra-históricas" compreende "aquelas que desviam o olhar do devir e o levam para o que dá a experiência um caráter de eternidade e de estabilidade" (NIETZSCHE, 2005: 173). Seriam exemplos de forças supra-históricas a Arte e

---

**134.** Na correspondência do filósofo alemão, relativa ao período 1869-1874, encontraremos este trecho: "Aquele que ressuscita a história romana através das repugnantes aproximações com os nossos lamentáveis preconceitos modernos e com a sua cultura efêmera, este peca ainda mais profundamente contra o passado do que o simples erudito que deixa tudo morto e mumificado" (NIETZSCHE. 2005, p.309).

a Religião – âmbitos que, segundo Nietzsche, não podiam deixar de ser encarados pela Ciência como "forças hostis", uma vez que era muito comum a ideia de que a Ciência agia no sentido de fazer de todas as coisas "o resultado de uma evolução".

Isto trazia suas implicações para a concepção e a proposta de Nietzsche para a História. Esta deveria abandonar as ambições cientificistas em favor de um novo ideal, o do "historiador-artista". Com isso, a História poderia conciliar em uma mesma prática o "histórico" e o "supra-histórico". A dimensão estética da História deveria se tornar central para esse novo tipo de historiador. Não seria tanto dos materiais objetivos empregados que dependeria a possibilidade de diferenciar um bom historiador de um historiador medíocre, mas principalmente das suas capacidades de recriar uma trama a partir desses materiais:

> Se o valor de um drama residisse somente no grande pensamento com o qual ele termina, o próprio drama seria apenas um longo e penoso rodeio para alcançar este fim. Eu espero, portanto, que a importância da história não venha a residir nessas ideias gerais, como sendo suas flores e seus frutos, mas que seu valor consista sobretudo em avaliar inteligentemente um tema conhecido, talvez totalmente gasto, uma melodia banal, para alçá-lo no nível de um símbolo universal e fazer assim perceber no tema original todo um mundo de profundidade, de poder e de beleza (NIETZSCHE, 2005: 124)[135].

---

**135.** Na sequência imediata, Nietzsche irá continuar: "Mas, para isto, é preciso antes de mais nada um grande poder artístico, a faculdade de cercar as coisas com um halo criador, de mergulhar com amor nos dados empíricos, de

A discussão sobre a possibilidade de integrar uma dimensão artística à História, proposta por Nietzsche, ainda levaria mais um século até que se tornasse mais intensa. Para isso contribuiria o crescente aprofundamento do relativismo, no decurso de um novo século que não tardaria a abrir a possibilidade de se levar às últimas consequências a anulação do "realismo" que habitualmente compunha com o "relativismo" o duplo alicerce do Historicismo. Nesses casos, surgia a possibilidade de se fortalecer em uma direção mais radical a ideia de que, longe de ser uma ciência, a História seria uma arte. As três últimas décadas do século XX, com a emergência de uma agitada querela em torno da Pós-Modernidade, trariam entre as suas várias questões as recolocações sobre o estatuto e natureza da História: Seria a História um Discurso, mais ou menos impossibilitado de recuperar uma realidade vivida? Seria a História uma forma de literatura? Se fosse, e diante da crítica de suas possibilidades de atingir o Real, até que ponto poderia se confundir ou ser recoberta pela Ficção? Até que ponto, mesmo que considerando a cientificidade da História, o historiador não deveria se preocupar com a dimensão estética da História? No limite, a História poderia se reduzir a esta dimensão estetizante? Tornar-se pura arte?

Durante tanto tempo a comunidade historiográfica se acostumara a pensar a História sob o estatuto de "ciência", que a avaliação do discurso histórico como forma de expressão ar-

---

criar imagens novas a partir de tipos dados – para tanto, é preciso certamente objetividade, mas somente no que ela tem de positivo; pois muito frequentemente a objetividade é somente uma palavra" (NIETZSCHE, 2005, p.124-125).

tística chegaria a soar como uma novidade pós-moderna no momento em que surgiram as primeiras análises de obras historiográficas de uma perspectiva estritamente literária. Tal foi o caso de um perturbador livro publicado em 1973 por Hayden White com o título *A meta-história* – uma obra na qual este historiador inglês se comprazia em analisar a obra de grandes historiadores e filósofos da história como "discursos em forma de prosa" que tinham por trás de si determinados tropos linguísticos, por ele considerados muito mais importantes para delinear o padrão historiográfico de cada autor do que qualquer outro aspecto. Depois viriam muitos outros trabalhos similares. Diante dessa série de obras que somente a partir dos anos 1970 se ocuparam em analisar o discurso histórico de uma perspectiva literária – e teremos aqui contribuições que vão de Michel de Certeau (1974) a Dominick LaCapra (1985) e Paul Veyne (1971) –, devemos nos render mais uma vez ao pioneirismo de Nietzsche, ao menos no que se refere a uma questão que foi levantada exatamente um século antes de ser retomada mais maciçamente pelos historiadores.

Na verdade, é preciso ainda lembrar que, afora a solitária contribuição oitocentista de Nietzsche no sentido de propor uma história artística, mesmo em fins do século XIX e na primeira metade do século XX encontraremos algumas reflexões isoladas acerca da possibilidade de considerar a História como Arte. Foi o caso da proposta que chegou a ser apresentada por Benedetto Croce (1866-1952)[136], um historicista italiano de inspiração hegeliana que escreveu alguns livros importantes tanto na área de História propriamente dita como também no âmbito da Filosofia da História, entre os quais *Teoria e história da historiografia* (1917). O ensaio em que levanta sua peculiar proposição sobre a natureza artística da História, no qual podem ser percebidas as influências nietzschenianas, foi curiosamente seu primeiro ensaio no âmbito da Teoria da História – um ensaio escrito em 1893 que traz um provocativo título: *A História reduzida ao conceito geral de arte*[137]. Para entender com precisão o tipo de associação entre História e Arte que Benedetto Croce pretende afirmar, é preciso atentar para a própria definição de Arte do autor. A Arte é para este uma atividade cognitiva, relacionada ao conhecimento

---

**136.** Benedetto Croce (1866-1952), filósofo, político e historiador italiano que é ora associado pelos seus analistas ao "historicismo", ora ao chamado "presentismo", escreveu sobre diversificadas temáticas, principalmente relacionadas à Ciência Política, à Estética e à Teoria da História. Depois de uma breve passagem pelo Materialismo Histórico (na época em que escreve alguns dos ensaios de *Materialismo Histórico e Economia Marxística* (1900), Croce migra para o ponto de vista historicista-presentista. Será a partir daí um dos autores mais criticados por Antonio Gramsci, o seu maior adversário intelectual na Itália das primeiras décadas do século XX. Também chegou a apoiar o fascismo italiano em um primeiro momento, mas depois passou a se opor ao governo de Benito Mussolini. Entre as principais obras de Croce relacionadas à Teoria da História destacam-se: *A História Reduzida ao Conceito Geral de Arte* (1893); *Teoria e História da Historiografia* (1917); *História como Pensamento e Ação* (1938) e *Filosofia e Historiografia* (1949). Também conquistaram seu lugar na literatura filosófica italiana da primeira metade do século XX os ensaios: *Estética como Ciência da Expressão e Linguística Geral* (1902), *As Características da Filosofia Moderna* (1942), e *A história como história da liberdade*, este último explicitando bem claramente a influência hegeliana.
**137.** Um ano depois da publicação deste ensaio, Windelband iria escrever em 1894 um outro ensaio tratando da questão e questionando a afirmação de que a História é uma Ciência. Também Dilthey em 1883 e Simmel em 1892, citados por Croce, já haviam proposto esta mesma comparação entre História e Arte.

do individual, bem ao contrário da Ciência, que seria conhecimento do geral (COLLINGWOOD, 2001: 297). Enquanto isso, para Croce, só praticaria Ciência aquele que pensa o caso particular como compreendido em um conceito geral[138]. Esta proposição de uma relação entre ciência e generalização, com a concomitante desconstrução das pretensões de cientificidade a um conhecimento que deveria versar sobre o particular, não era estranha a Nietzsche.

Avançando na mesma direção das ideias de Croce, Collingwood (1889-1943) – que recebe sua influência, mas interpondo uma ressalva crítica – destaca em *A ideia de história* (1946) a singularidade de que, conforme Croce, só há um dever da História: o de narrar os fatos, sendo que a investigação das causas não seria mais do que uma "observação mais rigorosa dos fatos, apreendendo as relações individuais que existem entre eles" (COLLINGWOOD, 2001: 297). A ressalva crítica de Collingwood é que, reconhecendo-se o valor da argumentação de Benedetto Croce, a História e a Arte seriam realmente passíveis de comparação, inclusive como já haviam proposto Dilthey (1883) e Simmel (1892). Afinal, tanto na História como na Arte não haveria uma busca da percepção de leis gerais, e sim uma relação direta com o individual, que é contemplado tanto pelo artista como pelo historiador, embora de maneira diferenciada. Mas a legitimidade de comparar as duas atividades por oposição à Ciência não significaria reconhecer uma "identidade" entre

---

**138.** Sobre isto, ver SCHAFF, 1995. p.109.

Arte e História, como teria feito Croce, uma vez que o tipo de contemplação e de relação com o individual é realizado de maneira distinta por artistas e historiadores. Ao estabelecer uma "identidade" entre as duas instâncias (indo além da comparação ou da analogia), Croce teria neste trabalho inicial confundido em uma só coisa os dois modos de contemplação respectivamente próprios do historiador e do artista: a intuição do individual e a "representação" do individual (COLLINGWOOD, 2001: 297).

A ideia de Benedetto Croce – e isto ficará ainda mais claro em *Teoria e história da historiografia* (1917), que revê ou aprimora algumas posições relacionadas à natureza do conhecimento histórico – é a de que a elaboração da História corresponde de todo modo a uma "intuição do real". Trata-se de um ato subjetivo que se manifesta na mente do historiador como "reatualização", portanto, um fato de imaginação que em seguida é exposto sob a forma de discurso, e seria este o sentido mais preciso de sua famosa frase "toda história é contemporânea" (ARÓSTEGUI, 2002: 136). Quando Lucien Febvre retoma esta frase mais tarde, em *Combates pela história* (1953), ele estará lhe emprestando um sentido ligeiramente diferenciado: a História, como estudo cientificamente produzido, começa a ser elaborada a partir de um "problema" levantado no presente, de modo que cada Presente termina por reconstruir o Passado a cada operação historiográfica, mas, certamente, dentro de certos procedimentos que lhe trazem um caráter científico. Já com Benedetto Croce, a frase "toda história é contemporânea" implica uma declaração de plena subjetividade do historiador, que reatualiza o Passado em sua mente, dá-lhe uma expressão criativa relacionável mais à Arte do que à Ciência, e por fim a expõe em forma de discurso.

É nesta mesma linha de pensamento, bastante influenciada por Benedetto Croce, que situaremos as já mencionadas contribuições de Collingwod para a compreensão da natureza da História, bem expressas no seu ensaio *A ideia da história* (1946). Mas de todo modo, tal como já foi ressaltado, Collingwood situa-se em uma posição razoavelmente crítica ao comentar o ensaio datado de 1893, no qual Benedetto Croce enuncia pela primeira vez sua proposição de que a História é Arte. Por fim, bem mais tarde amadureceria, com alguns dos historiadores pós-modernos das últimas décadas do século XX, a proposta ainda mais radical de que a História poderia ou deveria ser tratada como pura obra de arte. Esta proposta, certamente, avança para além dos últimos limites do relativismo historicista. A História liberta-se de sua base obrigatória de realidade, e mesmo de sua "intenção de verdade", para se tornar puro "discurso", "forma de expressão artística", ou mesmo "ficção".

## 4 O problema metodológico da "retrodição"

À parte a crítica aos finalismos, hegelianos ou outros, que eram tão comuns em sua época, e que ainda hoje se encontram muito em obras historiográficas, Nietzsche foi talvez um dos primeiros cérebros a perceber um aspecto do qual diversos historiadores iriam se tornar apenas mais conscientes a partir do século XX: o fenômeno da "retrodição" (analisado por Nietzsche sem esta denominação, mais moderna). A retrodição, conforme veremos, não deixa de ser uma espécie de finalismo – mas é um finalismo mais sutil, e que por isso pode quase passar despercebido[139].

O moderno conceito de "retrodição" foi criado para iluminar uma peculiar situação epistemológica que se produz em função das especificidades do trabalho do historiador. Trata-se, se pudermos empregar esta imagem, de uma espécie de "profecia" ao avesso. Na "profecia", o profeta faz previsões relacionadas a um futuro que ainda não conhece – o *seu* futuro. O historiador, por outro lado, acha-se em uma posição peculiar quando analisa um período histórico qualquer. A partir das fontes e de seu conhecimento prévio sobre a história de vários períodos, ele está na singular posição que o permite analisar um Passado do qual já conhece o Futuro. Isto não apenas porque ele mesmo, historiador, pode se referir ao seu próprio Presente como um futuro, por vezes distante, em relação aos acontecimentos e processos que está analisando. Na verdade, o historiador também tem conhecimento ou pensa ter conhecimento de todos (ou de um bom número) dos futuros intermediários de um certo passado em relação à sua própria época de historiador: ele conhece, por exemplo, o futuro próximo de um determinado passado

---

**139.** Rigorosamente falando, fazer uma "retrodição" é presumir uma causa para um evento; é estender um olhar para trás buscando a sua origem ou algum elo que está faltando em determinada cadeia causal explicativa.

que está analisando, pois este futuro é também seu passado: ele pode lê-lo a partir das fontes. Esta discussão foi bem desenvolvida na obra de Koselleck, no conjunto de ensaios articulados que recebeu o título de *Passado futuro* (1979).

Para dar um exemplo inicial, um historiador que se proponha a examinar os primórdios dos movimentos que conduziram à Revolução Francesa já conhece, de antemão, todas as etapas deste processo, a tomada da Bastilha, a proclamação da República, o Terror atingindo sucessivamente realistas, girondinos e jacobinos, a repressão dos movimentos mais à esquerda, a entrega do poder ao diretório, a posterior concentração do poder nas mãos de Napoleão, as guerras por eles promovidas, seus sucessos, seu fracasso, o Waterloo, o Congresso de Viena, a Restauração... desse modo, aqueles primórdios revolucionários, dos quais partíramos, podem ser pensados, equivocadamente, como algo que conduziria necessariamente a cada uma dessas etapas que se verificaram de maneira efetiva na História. Uma coisa se encadeia na outra, como se a Revolução e seus desdobramentos já pudessem ser previstos ao se falar dos primórdios revolucionários (e esta expressão "primórdios revolucionários" já é de si mesma uma retrodição).

O caso mais banal de retrodição, talvez o mais evidente, é aquele que estabelece como um ponto de chegada o próprio presente do historiador, e a partir daí avalia os demais momentos como elos que o produzem linearmente, indo buscar, no limite, as origens do presente que se tem por bem conhecido e quase como um contexto dado. Tal procedimento deixa de perceber essencialmente duas coisas: (1) Em primeiro lugar todo Presente, inclusive o nosso, deve ser sempre problematizado. De fato, nosso presente – isto é, o presente do historiador – não pode ser tomado como um dado imóvel e tampouco como um contexto passível de ser lido consensualmente por todos: ele é produto de leituras diversas que se estabelecem a partir de cada um dos seres humanos que vivem nele. (2) Em segundo lugar, qualquer ponto no Passado também deve ser sempre problematizado, e nenhum ponto no Passado faz parte de uma cadeia linear que estaria destinada a conduzir de forma inelutável ao nosso Presente ou ao que pensamos ser o nosso Presente. Com a retrodição, que não atenta para esses aspectos, a História passa a se assemelhar a uma estreita e sólida "rua de mão única", e não a um vasto oceano de possibilidades cujas águas se projetam para o futuro.

Em vista do que foi dito, se queremos nos tornar navegantes que se arriscam neste vasto e complexo oceano da história, devemos evitar a ideia um tanto vulgar de que a função do historiador é encontrar definitivamente a "origem" de seu mundo histórico, na verdade da pequena ilha onde se ergue sua singela cabana. Marc Bloch, aprofundando uma observação que já havia sido feita por François Simiand no início do século XX (1903), iria criticar precisamente esta pretensão que ele denomina "mito das origens". Esta antiga pretensão de encontrar as origens ou a "causa primeira" de uma cadeia de acontecimentos pode ser entrevista no famoso manual de Langlois e Seignobos, escrito em fins do século XIX: "A história nos faz compreender o presente, explicando-nos, onde for possível, as origens do atual estado das coisas" (1944: 75)[140].

Uma ressalva deve ser feita antes de prosseguirmos. O vício da retrodição, e a busca do "mito das origens", nada têm a ver com o fato de os historiadores compreenderem, e cada vez mais nos dias de hoje, que toda História é produzida de um Presente; também não têm relação com a ideia de que se pode revitalizar o Presente a partir de novos olhares sobre o Passado, como propõe Walter Benjamin em texto que já discutiremos (1940). O vício da retrodição está ligado à ideia de que existe uma cadeia linear e única de acontecimentos em uma estreita e necessária relação de causa/efeito que pode ser recuperada pelo historiador. Por outro lado, é sempre bom lembrar que o "mito de origens", nesta sua versão que o direciona para o Presente, é apenas um dos casos particulares da retrodição. O mesmo procedimento que gera uma retrodição em relação ao tempo presente pode ser aplicado para qualquer ponto do Passado, ou seja, para qualquer "Presente" anterior, e são essas situações mais sofisticadas que nos

---

**140.** Por outro lado, é oportuno assinalar o fato de que, ainda em meados do século XIX, Johannn Gustav Droysen já alertara em seu *Historik* (1958) para o problema da retrodição, embora sem lhe dar este nome e não lhe dispensando um maior aprofundamento. Em certa passagem do seu *Manual de História*, ele vai criticar a linearidade historiográfica e a busca ingênua de causas e efeitos, em uma passagem que também apresenta uma crítica à ambição positivista de encontrar as leis de história: "A pesquisa histórica não tem por ambição explicar, ou seja, não pretende deduzir do anterior o posterior; os fenômenos necessariamente como efeitos de evoluções e leis que os regem. / Se a necessidade lógica do posterior residisse no anterior, então existiria, ao invés do mundo ético, um análogo de matéria eterna e da transformação dos materiais. / Se a vida histórica fosse somente uma nova geração do que é sempre igual, então ela seria sem liberdade e sem responsabilidade, desprovida de conteúdo ético; ela seria apenas de natureza orgânica" (DROYSEN, 2009, p.54).

interessarão neste momento, pois embora elas nem sempre sejam percebidas facilmente, mesmo pelos historiadores, elas foram percebidas com especial clareza por Nietzsche, este filósofo de cuja crítica à historiografia nos ocupamos.

Pensemos a partir de um exemplo. Suponhamos que estamos trabalhando no âmbito daquela modalidade historiográfica que hoje é denominada "História Intelectual", e que desejamos examinar a figura histórica do célebre doutor Philippe Pinel (1745-1826) – médico francês que viveu no mesmo período da Revolução Francesa. Poderíamos começar por tentar construir uma história para compreender as ideias de Pinel, autor do primeiro esforço conhecido de elaboração de uma classificação para as diversas formas de loucura, dividindo-as em "manias", "melancolias", "demências", "idiotias" (PINEL, 1801). Gradualmente surgiriam, depois de Pinel, outros sistemas classificatórios, alguns bem mais complexos, de modo que ao médico francês é atribuído muito habitualmente um papel importante nesta história das ideias e das práticas clínicas. Pinel pode ser mesmo pintado como um ator histórico fundador da Psiquiatria. Frequentemente a Psiquiatria, a partir dos historiadores deste campo disciplinar, reivindica para si a figura fundacional de Pinel.

Deixemos por um instante a História Intelectual, e passemos à modalidade da Biografia – outro gênero historiográfico que é frequentemente elaborado por historiadores, mas também por intelectuais de tipos diversos. Para traçar a biografia desse personagem ilustre, talvez fosse oportuno pesquisarmos, em algum momento, os anos de sua formação, seu interesse pelos excluídos que eram situados no campo da "desrazão", e por fim sua ascensão profissional até assumir a função de diretor do manicômio de Bicêtre, nos arredores de Paris. No calor e no espírito dos acontecimentos revolucionários e pós-revolucionários, veremos que Pinel consegue autorização para libertar, das correntes de ferro que os aprisionavam, certos indivíduos considerados loucos. Nossa biografia avança por esse caminho, mas poderiam ter sido escolhidos outros.

Abandonemos neste momento o campo da Biografia, mas sem retornar à História Intelectual, e situemo-nos agora na própria perspectiva de uma História da Psiquiatria. Já fizemos notar que, neste domínio temático da história, frequentemente os historiadores deste campo disciplinar fazem suas narrativas remontarem a Pinel, já que este foi um dos primeiros autores a tentarem elaborar uma classificação que desse conta dos excluídos da *desrazão* (evitemos, ainda, chamá-los de loucos, o que já nos introduziria no campo mais problematizado da História da Loucura). Para escrever a História da Psiquiatria, de que ponto partiremos? Ao escolher historiar a instituição desse campo de saber que é a Psiquiatria, somos tentados a percorrer em pontilhado uma certa narrativa com vistas a esclarecer a origem e o desenvolvimento subsequente deste campo disciplinar que começa por separar os "loucos" da sociedade, e logo depois por separar esses mesmos loucos uns dos outros por meio de sistemas de classificação que parecem culminar, no decurso de um longo processo de formação desse campo de saber, com a tábua de classificação hoje predominantemente aceita pelas associações psiquiátricas internacionais. É lugar bastante comum que o historiador da Psiquiatria comece por falar sobre as origens deste campo disciplinar, e que tenha ideia de buscar tal origem neste personagem que foi Philippe Pinel. O papel de "fundador" deste campo de saber lhe cai bem – é o que muito habitualmente se pensa.

Mas suponhamos que nosso historiador é ele mesmo um médico ligado ao estudo e tratamento de alienados mentais, mas que seja mais particularmente ligado ao chamado movimento da "Antipsiquiatria". Sua História, agora, talvez seja construída de outra forma. Pode-se mesmo dizer que sua História *será* obrigatoriamente outra, bem distinta da História que é habitualmente elaborada pelos psiquiatras favoráveis ao tratamento de "alienados mentais" a partir da internação. Contudo, mesmo a história da Antipsiquiatria poderá também incorporar a figura do Doutor Pinel, e de um ponto de vista bastante positivo. Vamos lembrar que, quando escrevíamos sua biografia, lidamos com os fatos relacionados à decisão de Pinel de libertar de suas correntes os excluídos da desrazão, aqueles homens que se encontravam acorrentados no manicômio de Bicêtre. Se nos encontramos prestes a escrever uma "História do Movimento da Antipsiquiatria", a figura do Doutor Pinel encontrará aí seu lugar, até mesmo um lugar fundacional. Afinal, seu gesto de libertar das correntes de ferro os excluídos da desrazão não deixa de ser um gesto radicalmente antipsiquiátrico, ao menos do ponto de vista dos teóricos que militam nesta perspectiva teórica. Pinel aparece, então, como o emblemático fundador da Antipsiquiatria. Mas como? Quando estávamos dispostos a escrever a história da Psiquiatria, Pinel – autor de uma das primeiras tábuas de classificação que iriam ajudar a consolidar um novo campo de saber que hoje é compreendido como Psiquiatria – aparecera como fundador dessa prática. Agora, aparece como fundador de outra?

O pequeno conjunto de considerações e centelhas factuais que entretecemos em torno da figura de Philippe Pinel, e de seus relatos possíveis, constitui um bom exemplo da "retrodição historiográfica". Conforme se situe o historiador diante de certa questão, é muito comum que ele reconstrua a história de uma determinada maneira. Vale lembrar que, quando existe uma certa riqueza de possibilidades narrativas envolvidas, o jogo de relatos historiográficos possíveis sobre um mesmo tema mostra-se um universo bastante vivo. Por outro lado, quando toda uma cultura pensa de maneira mais ou menos homogênea a respeito de uma questão específica, com um mínimo de variações, a retrodição pode produzir resultados empobrecedores. A riqueza possível de narrativas historiográficas corre o risco, em certos casos, de se reduzir a uma única linha, aniquilando todas as possibilidades de passados anteriores. Se no exemplo atrás desenvolvido pudemos fazer que aparecessem alguns relatos distintos sobre a figura de um mesmo personagem histórico – no caso o médico francês Philippe Pinel do final do século XVIII –, isto se deu precisamente porque pudemos contrapor a perspectiva tradicional da Psiquiatria e a perspectiva teórica do movimento da Antipsiquiatria. Duas leituras distintas acerca das formas de tratamento ideais para determinado conjunto de patologias conduziram a relatos diferenciados.

A contraposição de perspectivas teóricas, de alguma maneira, é quase sempre enriquecedora para fazer emergir novas possibilidades de composições historiográficas. Já a história estereotipada de certos processos e acontecimentos, que todos passam a reproduzir acriticamente, e mais ainda as leituras históricas impostas dogmaticamente, às vezes com a força dos governos ditatoriais ou do poder econômico, podem contribuir para soterrar tudo aquilo que não se adéqua ao relato pretendido, oficializado, canonizado. Ao historiador, ao verdadeiro historiador que se recusa a glosar a historiografia que lhe é imposta de cima, cabe se tornar arqueólogo dos elementos esquecidos, bem como se fazer reconstrutor de outras narrativas possíveis. Nas palavras de Nietzsche, ele deve "nadar contra a corrente" da historiografia oficial que emana dos grandes governos e interesses institucionais e que, servindo a tais interesses, deixa de servir à Vida. Nas palavras de Walter Benjamin, bem similares, o historiador deve "escovar a história a contrapelo" (BENJAMIN, tese 7, 2008: 225).

A possibilidade da "retrodição", tal como procuramos esclarecer a partir dos exemplos evocados, leva o historiador à possibilidade de analisar um determinado passado já conhecendo o que aconteceu depois (o que aconteceu imediatamente depois, por exemplo). A "retrodição" consistirá, aqui, em uma "predição para trás". Alguns teóricos e historiadores sugerem que, mal administrada, a "retrodição" pode vir a constituir-se em um fator de empobrecimento de perspectivas, em uma verdadeira "armadilha historiográfica". Julio Aróstegui, no capítulo "A análise da temporalidade" de seu livro *A pesquisa histórica* (1995), sugere que "o historiador deve explicar as situações históricas como se não conhecesse seu futuro" (2006: 354)[141].

---

**141.** "Quer dizer, não deve explicá-las somente pelo conhecido desenlace de uma situação, como não deve fazê-lo tampouco pelas 'intenções dos atores'. A explicação fundamenta-se na dialética precisa entre ambas as coisas" (ARÓSTEGUI, 2006, p.354).

Em um dos *Fragmentos póstumos* escritos por Nietzsche entre os outonos de 1884 e 1885, e em outras passagens que poderiam ser citadas, encontraremos – possivelmente pela primeira vez – a discussão desse problema:

> [...] todos os órgãos de animais exerceram originariamente outras funções diferentes daquelas que nos fizeram chamá-las de "órgãos" e em geral cada coisa teve uma gênese diferente daquela que sua utilização final deixa supor. Mostrar o que é nada esclarece ainda sobre sua gênese, e a história de uma gênese nada ensina a respeito dela, mas somente o que existe agora. Os historiadores de todo tipo se enganam quase todos nesse ponto: pois eles partem do dado e olham para trás. Mas o dado é algo de *novo* e do qual não se pode absolutamente *tirar conclusão*: nenhum químico poderia predizer o que resultaria da síntese de dois elementos se ele já não o soubesse (NIETZSCHE, 2005: 306).

Muito antes de Marc Bloch (1942) discutir a questão do "mito das origens", e, antes deste último, François Simiand ter falado no "mito das origens" como um dos "ídolos" da "tribo dos historiadores" (SIMIAND, 1903), já em pleno século XIX Nietzsche vinha chamando a atenção para esta questão, que mais tarde Foucault iria retomar em sua busca de um método genealógico que contornasse essa obsessão historiográfica pelas origens (voltaremos a esta questão). O filósofo alemão já percebia, por exemplo, que um erro historiográfico comum ocorria quando, ao identificar um certo elemento que fazia parte de um conjunto inter-relacionável, ou ao identificar a utilidade ou finalidade que certos aspectos vieram a adquirir depois, não raro os historiadores incorriam no erro de presumir que o elemento que assume posteriormente certo papel em relação a um outro era sua própria origem. Em um dos *Fragmentos póstumos* de Nietzsche, datado da primavera de 1874, encontraremos um exemplo:

> Em todas as questões que levam à origem dos costumes, dos direitos e da moral, devemos também nos impedir de considerar a utilidade que um certo costume ou crença moral apresenta, seja para a comunidade ou para um indivíduo, como sendo também a *razão* de seu surgimento: como fazem os ingênuos da pesquisa histórica. Pois a própria utilidade é algo móvel, cambiante; sempre se reintroduz um sentido novo nas formas antigas e o sentido "que chega mais rapidamente ao espírito" de uma instituição é frequentemente aquele que lhe fora concedido mais tardiamente. Ocorre aqui como nos "órgãos" do mundo orgânico: aqui também os ingênuos acreditam que o olho nasceu por causa da visão (NIETZSCHE, 2005: 305).

As ilusões historiográficas produzidas pela retrodição passariam a se constituir em um dos temas mais percorridos pelas discussões historiográficas das últimas décadas do século XX. Podemos ter uma ideia, aqui, da acuidade de Nietzsche ao perceber pioneiramente esta sutil questão que pode enredar o trabalho do historiador, ainda no século XIX.

Autores contemporâneos os mais diversos, desde o filósofo Walter Benjamin (1940), na primeira metade do século

XX, até o historiador Josep Fontana (2000), nos anos mais recentes, começaram a se dar cada vez mais conta deste problema que havia sido diagnosticado por Nietzsche. Para além das críticas que se tornaram clássicas contra as modalidades de finalismo que apontam para o futuro (o velho modelo das "filosofias da história" e outros tipos de metanarrativas), estes autores estão de fato se referindo a uma teleologia mais sutil, que reconstrói a História de uma maneira igualmente linear, mas que aponta para o nosso próprio Presente como ponto de chegada. Quando está sob essa perspectiva e não a reelabora criticamente, o que um historiador faz é selecionar seus objetos e fatos históricos apenas levando em conta uma certa história cujo final ele já conhece, e que se situa em seu Presente.

Em outras palavras, o historiador "retroditor" escolhe tudo aquilo que se encaixa no aparente desenvolvimento histórico linear que teria resultado em seu (nosso) mundo presente, e despreza tudo o mais: as experiências humanas não concluídas, as grandes e pequenas descontinuidades, as hesitações e tateamentos, os desenvolvimentos interrompidos, os atalhos históricos não percorridos. Enfim, o historiador, ao trabalhar com esse tipo de "teleologia reversa", termina por desprezar todo um material histórico de grande riqueza, tal como já havia vaticinado Nietzsche – um material histórico que poderia trazer contribuições para a reinvenção de nosso próprio presente, mas que é literalmente condenado ao esquecimento a partir desse sutil processo que se inscreve simultaneamente em nosso padrão historiográfico e em nossos recursos de escrita.

Alguns esclarecimentos se fazem necessários para que possamos compreender todos os aspectos implicados na intrincada questão da retrodição historiográfica. O problema não é, obviamente, escrever a História amparado em um certo presente, pois isto é inevitável – como já sustentara Nietzsche, e tal como sustentariam os historicistas e materialistas históricos do século XX. Mais do que inevitável, este escrever a história de um determinado ponto de vista temporal e historiográfico pode se configurar mesmo em um aspecto enriquecedor para a História. O problema, na verdade, é escrever essa História acriticamente, não apenas esquecendo que se está escrevendo a História a partir de um presente, mas também se deixando enredar pela ideia de que este presente teria sido o único presente possível, e que o passado que ele parece trazer atrás de si a partir da historiografia retroditora é o único passado possível: um passado linear, único, que conduz mecanicamente a este presente, e que cumpre apenas registrar desapaixonadamente.

Será útil retomar as considerações de Walter Benjamin (1892-1940)[142], um filósofo que foi mesmo além de Nietzsche nesta reflexão sobre a prática da "retrodição", além

---

**142.** Walter Benjamin (1892-1940) foi um dos nomes mais importantes da história da filosofia na primeira metade do século XX. Partindo de um pensamento que incorporava a influência Neo-Romântica a um certo messianismo de origem judaica, nos anos 1920 Benjamin iria integrar a estes fatores a nota definitiva de seu acorde filosófico: o Materialismo Histórico. Irá se aproximar, então, da chamada Escola de Frankfurt. A influência estilística de Nietzsche também é claramente perceptível, e Benjamin também escolheu o aforismo e o fragmento como os seus principais meios de expressão, além de mesclar em sua reflexão filosófica, com a mesma freqüência que encontraremos em Nietzsche, as metáforas e passagens com refinamento poético. Sua projeção literária principia com sua tese de doutorado: A Crítica de Arte no Romantismo Alede desenvolver uma crítica igualmente mordaz contra a ideia de progresso na Modernidade ocidental[143]. O principal escrito de Walter Benjamin sobre a História – no qual ele aborda tanto a questão da crítica à noção mecanicista de progresso histórico como o problema metodológico da "retrodição historiográfica", embora sem denominá-la assim – foi o manuscrito intitulado *Teses sobre o conceito de História* (1940)[144]. A elaboração deste texto no último

mão (1919). Seu livro mais conhecido seria A Obra de Arte na Era da Sua Reprodutibilidade Técnica (1936). As Teses sobre o Conceito de História (1940) foram escritas no mesmo ano de seu suicídio com vistas a escapar de seus captores fascistas, em uma tentativa de fuga através da Espanha. Postumamente, em 1982, foram publicados os textos reunidos na coletânea Passagens, relativa ao período situado entre os anos 1927 e 1940. São inumeráveis as influências deixadas por Walter Benjamin na filosofia, na política e na arte contemporânea. A singular combinação de um pensamento messiânico com o Materialismo Histórico, por exemplo, leva à possibilidade de enxergar em Benjamin, tal como propõe Michael Löwy (2005, p.46), um precursor da "teologia da libertação" (movimento religioso que grassa na América Latina nas últimas décadas do século XX), considerando que, em Benjamin, o Messias capaz de redimir o passado seria a própria humanidade oprimida, em sua luta pela libertação / Sobre Walter Benjamin, ver ARENDT, 1974; HABERMAS, 1981; GAGNEBIN, 2004; e LÖWY, 2005.

**143.** As críticas à noção de progresso e à formatação linear da História já aparecem nas primeiras obras de Walter Benjamin. Iremos encontrá-las desde em seus textos da segunda década do século XX, como "A vida dos estudantes" (1915), até os últimos textos, como as "Teses sobre o Conceito de História" (1940) e alguns dos textos incluídos em Passagens (1927-1940). / Lembramos também que a crítica à noção de "progresso" na história, herdada do iluminismo, está contemplada também na obra de diversos outros autores do século XX. Podemos citar o filósofo romeno Emil Cioran (1911-1995), com suas obras Breviário da Decomposição (1949) e História e Utopia (1960), e o filósofo italiano Giuseppe Rensi (1871-1941), com o ensaio A Filosofia do Absurdo (1937). Neste último autor, é radical a rejeição da idéia de um sentido da história, que o filósofo compara a um chão incandescente que tem de ser dolorosamente percorrido a esmo pelos seres humanos na sua precipitação para o futuro. Já Cioran, em seu Breviário da Decomposição (1949), insistirá na idéia de que a única vantagem do homem contemporâneo sobre seus ancestrais pré-históricos é a de gerir melhor o seu "capital de infortúnio", de modo a "melhor organizar o seu desastre" (p.173-174). Sobre Cioran, ver PECORARO, 2009.

**144.** Walter Benjamin conhecia bem o texto de Nietzsche sobre "Sobre a utilidade e os inconvenientes da história para a vida". Ele o cita implicitamente em diversas passagens de suas "Teses sobre o Conceito de História", e transcreve uma passagem deste texto de Nietzsche como epígrafe para a sua "Tese nº 11".

ano de sua vida, quando estava sob perseguição das autoridades nazistas, apresentou-se ao filósofo alemão como oportunidade exemplar para criticar a prática historiográfica de sua época, mas também veio a se constituir em um grito de alerta que buscou submeter a uma implacável crítica não apenas o pensamento liberal da primeira metade do século XX, como também as ações das esquerdas de sua época – sejam as das correntes que aderiram às ações e propostas stalinistas, como também os encaminhamentos que já vinham sendo propostos pela social-democracia alemã desde o início do século[145].

A questão historiográfica, nesse momento, é a que mais nos interessa. Benjamin considera, à partida, que há algo de sombriamente equivocado em considerarmos que vivemos o único presente possível – este presente que surge mecânica e linearmente de um passado, que por sua vez é redesenhado ele mesmo como o único passado possível, e sob um quadro fatalista no qual as três instâncias da temporalidade (o passado, o presente e o futuro) estariam enredadas por um

---

[145]. A esquerda alemã, durante as primeiras décadas do século XX, estava bastante dividida, o que inclusive é apontado como um dos fatores que favoreceram a ascensão do Nazismo no quadro político da Alemanha após a Primeira Guerra. Em 1918 o Partido Político Alemão (KPD), havia se destacado do Partido Social-Democrata Alemão (SPD). Depois, ocorreriam novas divisões no interior do primeiro (1920: formação do KAPD, Partido Comunista Operário Alemão). A influência do bolchevismo soviético sobre parte da esquerda alemã entra como outro fator complicador, particularmente com a ascensão de Stalin. Benjamin mostrará mais simpatia pela dissidência trotskista, mas conservará sempre um pensamento político independente. Este complexo quadro político também faz parte do contexto em que Benjamin escreveu a maior parte de suas obras.

progresso inevitável, naturalizado, no qual podemos sempre confiar cegamente, no sentido de que trará um mundo sempre melhor (na verdade, não apenas um mundo melhor, mas de fato "o único mundo possível").

A crítica à ideia de Progresso, em Benjamin, é visceral, e ele irá opor um "pessimismo revolucionário" ao otimismo burguês que procura associar progresso técnico e progresso da humanidade[146]. O que a modernidade capitalista estaria entendendo como progresso, para Benjamin, corresponderia na verdade a uma "evolução para a catástrofe", e somente a Revolução poderia interromper esta "evolução" fatídica, que é na verdade uma "involução", uma precipitação que conduziria à barbárie. Essas ideias já aparecem claramente desenvolvidas em uma obra da década de 1920 – *Rua de mão única* (1923-1926) – e Benjamin irá retomá-las também em seus últimos escritos: as *Teses sobre o conceito de História* (1940)[147].

É preciso despertar a atenção para o fato de que esta crítica ao progresso, em Benjamin, não se dirige apenas contra a modernidade capitalista, mas também contra os setores do

---

**146.** O "pessimismo revolucionário" proposto por Benjamin guarda sua distância em relação aos modelos românticos de pessimismo, sejam os pessimismo resignados e alienantes, sejam os pessimismos da evasão; tampouco se identificará com outros modelos de pessimismo de sua própria época, como o de Declínio do Ocidente de Oswald Spengler (1920). O modelo de pessimismo revolucionário aparecerá em diversos textos de Benjamin, para além das Teses sobre o Conceito de História, tal como no ensaio intitulado "O Surrealismo" (1929, p.312).

**147.** Em um dos comentários de Rua de Mão Única, intitulado "alarme de incêndio", Benjamin chama atenção para os perigos do progresso técnico desalinhado dos progressos da justiça social e dos valores éticos: "[...] se a eliminação da burguesia não estiver efetivada, até um momento quase calculável do desenvolvimento econômico e técnico (a inflação e a guerra de gases o assinalam), tudo está perdido. Antes que a centelha chegue à dinamite, é preciso que o pavio que queima seja cortado" (BENJAMIN, 1995, p.45-46).

Materialismo Histórico que ele encara como um "marxismo vulgar", por acreditar que a Revolução seria o resultado final de uma evolução que ocorreria inevitavelmente. Benjamin retoma aqui um alerta que já havia sido proferido décadas antes por Rosa Luxemburgo em "Socialismo ou barbárie"[148], e sustenta que a revolução socialista não é um produto inevitável do desenvolvimento histórico que cedo ou tarde irá acontecer em decorrência do progresso técnico e da dialética entre as "forças de produção" e as "relações de produção". Ao contrário, a Revolução, para ocorrer, teria que se constituir em uma "tomada de decisão" – ela não poderia ser senão um acontecimento transversal que interrompe a "marcha para a catástrofe".

O que mais nos interessa neste momento é a leitura do problema historiográfico da "retrodição" que é encaminhada por Benjamin em suas *Teses sobre o conceito de História* (1940). Falávamos há pouco da crítica de Benjamin à ideia de que vivemos o único presente possível, decorrente do único passado possível, e que conduz a um futuro igualmente definido sob a ingerência de um tempo linear e ditado pelo progresso. Uma certa História, falseada pelos historiadores a partir da "retrodição", acompanha esta concepção linear e progressista do tempo. Por trás desta historiografia estende-se

---

**148.** Sobre os pontos de contacto entre as posições de Walter Benjamin e esta obra escrita por Rosa Luxemburgo, ver os comentários de Michael LÖWY *em Walter Benjamin: aviso de incêndio – uma leitura das reses "sobre o conceito de história"*. (2005, p.23).

uma única metodologia: a História que nos chega a partir da massa de produtos historiográficos, a maior parte dos quais produzidos a partir da retrodição historiográfica, é uma História que eliminou tudo aquilo que não se encaixava nos projetos que triunfaram. Ela eliminou "centelhas de esperança" que foram importantes no passado, e que seriam igualmente importantes para agir com vistas a um certo futuro[149]. A História, com sua seleção retroditora, tornou-se um imenso "cortejo triunfal dos vencedores", que carrega em procissão os despojos dos vencidos, muitos dos quais sob a forma de bens culturais. A massa dos historiadores – que Benjamin irá reunir sob o rótulo generalizador de "historicistas" – produz sua História a partir de uma "empatia com os vencedores", ao fim do que não se tem mais do que uma história bajulatória[150]. Estes historiadores consideram que a História seguiu seu curso natural, um curso ditado pelo Progresso, mesmo que com desvios momentâneos e horrores vários. O Progresso desenrola-se naturalmente. Não há

---

**149.** "O dom de despertar no passado as centelhas de esperança é privilégio exclusivo do historiador convencido de que também os mortos não estarão em segurança se o inimigo vencer. E esse inimigo não tem cessado de vencer" (BENJAMIN, tese 6; 2008, p.224).

**150.** Um curioso exemplo, na literatura sobre a História, antecipa milenarmente essa crítica de Benjamin, e também a de Nietzsche, ao "elogio dos vencedores". Trata-se da obra de Luciano de Samósata, escrita em 165 d.C. Luciano não era propriamente um historiador, e sim um ficcionista, mas defendia a "história justa" e escreveu um ensaio intitulado "Como se deve escrever a história", no qual criticava a grande quantidade de historiadores que se dedicava a "adular" os vencedores. Seu texto procura dar uma resposta ao contexto dos historiadores romanos que, no contexto das vitórias do imperador de Lúcio Vero contra os partos, tinham se posto a escrever uma história laudatória e mesmo "aduladora". Luciano, então, passa a criticar os historiadores de sua época como exemplos de "como a história não deve ser escrita".

mesmo, no limite, necessidade de lutar por um futuro que virá naturalmente, e pode-se entregar-se à "inércia do coração". Assim pensam esses historiadores, que na verdade constituem a ampla maioria, de acordo com as percepções de Walter Benjamin:

> Todos os que até hoje venceram participam do cortejo triunfal em que os dominadores de hoje espezinham os corpos dos que estão prostrados no chão. Os despojos são carregados no cortejo, como de praxe. Esses despojos são o que chamamos de bens culturais. O materialista histórico os contempla com distanciamento. Pois todos os bens culturais que ele vê têm uma origem sobre a qual ele não pode refletir sem horror. Devem sua existência não somente ao esforço dos grandes gênios que os criaram, como à corveia anônima de seus contemporâneos. Nunca houve um monumento da cultura que não fosse também um monumento da barbárie. E assim como a cultura não é isenta de barbárie, não o é, tampouco, o processo de transmissão da cultura. Por isso, na medida do possível, o materialista histórico se desvia dela. Considera sua tarefa escovar a história a contrapelo (BENJAMIM, tese 7; 2008: 225).

O historiador, particularmente aquele preocupado em reabrir cada presente como um portal de tomadas de decisão, deveria reformular seu projeto de historicidade e se converter em um "apanhador de centelhas de esperanças" (pelo menos aqueles historiadores interessados em reverter a eterna tirania dos poderosos). Nessa perspectiva, cada esforço de emancipação e de luta pela libertação, ainda que frustrado à sua época e por menor que tenha sido, deveria ser objeto de interesse desse historiador que toma a seu cargo a rememoração redentora que restitui um sentido para cada voz silenciada no passado. As lutas de hoje, de acordo com Benjamim, permitem iluminar o passado, e as lutas do passado incorporam-se aos combates de hoje, libertando-se das prisões de silêncio que lhes são impostas pela historiografia tradicional dos vencedores[151]. Esta ideia de que o presente ilumina o passado, e este fortalece o presente (LÖWY, 2005: 61), encontrou no talento poético de Walter Benjamin uma de suas mais belas metáforas:

> Assim como as flores dirigem sua corola para o sol, o passado, graças a um misterioso heliotropismo, tenta se dirigir para o sol que se levanta no céu da História (BENJAMIN, tese 4; 2008: 224).

O Sol, na metáfora de Benjamin, corresponde a cada novo momento, em um presente, no qual se abre uma nova possibilidade de luta, real ou simbólica; as flores representam todas as ações e esforços dos oprimidos do passado e dos heróis que um dia se empenharam em sua

---

**151.** Esta ideia de que o silêncio dos vencidos possa ser redimido pelos historiadores, tal como observa Michael Löwi em seu ensaio sobre as "Teses sobre o Conceito de História" de Walter Benjamin, é similar às propostas de Max Horkheimer (1895-1973) – outro dos filósofos ligados à Escola de Frankfurt – particularmente no texto Crépuscules: notes em Allemagne (1926-1931). Depois de mencionar os oprimidos da história e seu eterno "sonho de libertação", Horkheimer ressalta: "é doloroso ser desconhecido e morrer na obscuridade. Clarear essa obscuridade, essa é a honra da pesquisa histórica" (HORKHEIMER, 1994, p.159).

libertação; de um ponto de vista mais estritamente metodológico, são também as fontes e discursos de um passado que podem sintonizar com este novo Presente que se ergue no horizonte. Subitamente iluminadas pelo sol de um novo presente, estas flores oferecem-se aos historiadores, que buscam nas fontes históricas as "centelhas de esperança". É aliás notável que Benjamin mencione, nestas lutas de classes que se atualizam a partir do trabalho historiográfico, e que "agem de longe, do fundo dos tempos", não apenas os combates físicos e concretos, espetaculares e impactantes. Ao lado da "coragem" e da "firmeza", as lutas que vêm do passado também podem se dar por meio da "astúcia", do "humor", e de outras qualidades espirituais (BENJAMIN, tese 4; 2008: 224).

Dessa maneira, torna-se legítimo ao historiador, poderíamos acrescentar, não apenas arrancar do passado as batalhas e marchas heroicas, as resistências obstinadas dos indivíduos e das comunidades em revolta, os escravos sangrados por seus feitores e os heróis queimados na inquisição, mas também as coisas aparentemente mais simples: um jogral que afronta o rei por meio de sua poesia, o humorista que combate à sombra de suas anedotas, o artista que imortaliza em imagens a luta ou a opressão, o literato que astuciosamente denuncia as mazelas de sua época, os trabalhadores que se dissolvem no modo de produção, ou mesmo o louco que, ao fugir da realidade que o oprime, neste mesmo instante já a afronta. É este o sentido das palavras registradas por Benjamin em sua terceira tese, quando diz que "nada do que um dia aconteceu pode ser considerado perdido para a história". É também este o significado mais íntimo da observação de Walter Benjamin de que o historiador não deve "distinguir entre os grandes e os pequenos" (BENJAMIN, tese 3; 2008: 223). Para a História que a cada novo Presente reapresenta em seu horizonte historiográfico um novo sol, têm igualmente valor tanto o Napoleão que atravessa os gélidos desertos da Rússia, como o beato Antônio Conselheiro, que conduz através do sertão brasileiro sua massa de desvalidos. Iluminar Joana D'Arc, queimando nas fogueiras da Inquisição, mostra-se uma tarefa de igual valor àquela que se propõe a seguir os passos de uma família de retirantes nordestinos, ou uma pequena caravana de cristãos-novos anônimos que força sua entrada em uma nova e perigosa realidade. A partir de cada flor que oferece sua corola à nova contemplação historiográfica, e que se deixa colorir de uma nova maneira por esta mesma contemplação, não será a tarefa do historiador conhecer o passado "como ele de fato foi"[152], mas sim "apropriar-se de uma reminiscência, tal como ela relampeja no momento de um perigo" (BENJAMIN, tese 6; 2008: 224)[153].

---

**152.** Ao citar esta frase em sua sexta tese, Benjamin está se referindo ao célebre dito de Leopold von Ranke, que pretendia contar os fatos tal como eles se sucederam. A esta altura, na primeira etapa da fundação do paradigma Historicista, alguns elementos positivistas ainda o perpassam, particularmente no que se refere à pretensão de neutralidade por parte do sujeito que produz o conhecimento histórico. Obviamente que, à época do próprio Walter Benjamin, o Historicismo já tinha desenvolvido em maior profundidade os seus desdobramentos relativistas.

**153.** Segue Benjamin, na mesma sequência, com as seguintes palavras: "Cabe ao Materialismo Histórico fixar uma imagem do passado, como ela se apresenta, no momento do perigo, ao sujeito histórico, sem que ele tenha consciência disso (BENJAMIN, tese 6; 2008: 224).

O papel deste "momento de perigo" ao qual se refere Benjamin é particularmente importante para sua proposta historiográfica. O "momento de perigo" é este limiar no qual as apostas podem ser colocadas, este portal através do qual se torna evidente que tudo se encontra aberto a cada instante do devir histórico: somente neste momento o Passado oferece sua verdadeira imagem, múltipla, instável, provisória, lampejando de liberdade, pois é precisamente neste "instante de perigo" que se dissolve a falsa imagem do progresso ininterrupto. Em nenhum outro momento a história se oferece tão transparente à contemplação de suas várias faces como neste instante de perigo – que não é necessariamente o momento de uma batalha ou de uma fogueira, mas também aquele em que se exerce uma astúcia ou no qual o humor se pronuncia, ou aquele outro momento em que uma negociação se estabelece e que a história se abre para uma decisão. Existe, aliás, uma dialética que se fundamenta entre o perigo de hoje e o "instante de perigo" que nos chega a partir de uma imagem do passado, como uma flor que volta sua corola para o sol do presente. Sob a excitação de uma ameaça iminente, no tempo presente, é que se oferece a oportunidade exemplar para que se volte ao passado um olhar crítico, em busca de outros momentos de perigo diante dos quais os homens se mostraram realmente livres para a tomada de decisões[154].

---

**154.** Michael Löwy, em sua excelente análise sobre as *Teses sobre o conceito de História*, entretece algumas considerações importantes a respeito deste aspecto: "O perigo de uma derrota atual aguça a sensibilidade pelas anteriores, suscita o interesse dos vencidos pelo combate, estimula um olhar crítico voltado para a História. Benjamin talvez pense em sua própria situação: não foi o perigo iminente em que ele se encontrava entre 1939 e 1940 – prisão, internação nos campos de concentração,

A bela imagem das flores do passado que se voltam para o sol do presente, "por meio de um misterioso heliotropismo", também aparece de uma outra maneira na segunda tese de Benjamin sob a forma do "encontro secreto, marcado entre as gerações precedentes e a nossa" (BENJAMIN, tese 2; 2008: 223)[155]. É este também o sentido do "messianismo" de Walter Benjamin. Para ele, o Messias não é um ser sobrenatural que desce à terra como um miraculoso salvador que vem reger os altissonantes acordes do Juízo Final, mas a própria humanidade oprimida que, a partir do trabalho do historiador, adquire a possibilidade de redimir seus heróis e as vítimas da opressão, os inúmeros homens e mulheres que foram condenados à obscuridade e ao silêncio dos inocentes, os que combateram com coragem, astúcia ou humor, e que agora "falam do fundo dos tempos" e recolorem-se por meio da rememoração orquestrada por um novo sol historiográfico[156].

---

entrega pelas autoridades vichystas à Gestapo – que provocou a visão singular, única mesmo, do passado que emana das *Teses sobre o conceito de História*?" (LÖWY, 2005: 65). O Nazismo, de fato, e a perseguição que levou Benjamin à morte em 1940, no mesmo ano em que escrevia suas *Teses*, constituem o grande contexto deste singular manuscrito. É em um momento de extremo perigo que Benjamin o redige.

**155.** Prossegue Benjamin na mesma sequência: "Alguém na terra está à nossa espera. Nesse caso, como a cada geração, foi-nos dada uma frágil força messiânica para a qual o passado dirige um apelo. Esse apelo não pode ser rejeitado impunemente. O materialista histórico sabe disso" (BENJAMIN, tese 2; 2008: 223).

**156.** "Pois o Messias não vem apenas como salvador, mas também como o vencedor do anticristo. O dom de despertar do passado as centelhas de esperança é privilégio exclusivo do historiador convencido de que também os mortos não estarão em segurança se o inimigo vencer. E esse inimigo não cessa de vencer" (BENJAMIN, tese 6; 2008: 224-225). Essa passagem, e a menção à imagem do

## 5 A crítica à noção mecanicista de Progresso e à linearidade histórica

> *Há um quadro de Klee que se chama* Angelus Novus. *Representa um anjo que parece querer afastar-se de algo que ele encara fixamente. Seus olhos estão escancarados, sua boca dilatada, suas asas abertas. O anjo da História deve ter este aspecto. Seu rosto está dirigido para o passado. Onde nós vemos uma cadeia de acontecimentos, ele vê uma catástrofe única, que acumula incansavelmente ruína sobre ruína e as dispersa a nossos pés. Ele gostaria de deter-se para acordar os mortos e juntar os fragmentos. Mas uma tempestade sopra do paraíso e prende-o em suas asas com tanta força que ele não pode mais fechá-la. Essa tempestade o impele irresistivelmente para o futuro, ao qual ele vira as costas, enquanto o amontoado de ruínas cresce até o céu. Essa tempestade é o que chamamos progresso* (BENJAMIN, tese 9; 2008: 226)[157].

---

"anticristo", pode ser particularmente compreendida à luz dos enfrentamentos contra o Nazismo. Por outro lado, se o anticristo pode ser mais diretamente referido ao próprio Nazismo, em relação ao contexto mais imediato, também é uma imagem que se refere às classes dominantes, o que ficará ainda mais claro nas teses seguintes. De todo modo, não foram raras, na época do III Reich, as interpretações que ressignificaram o nazismo como o anticristo moderno.

**157.** Este fragmento – a "tese 9" – é certamente o texto mais conhecido das *Teses sobre o conceito de História*, de Walter Benjamin (1940). Aqui ele expõe um dos principais alvos de suas críticas: a noção mecanicista de progresso, acoplada à ideia de que o progresso técnico, por si só, assegura o desenvolvimento da humanidade (a ingênua ideia de que o progresso técnico basta por si mesmo, como se não fos-

Para além de seu singular projeto de dar voz aos oprimidos do passado, de modo a redimi-los desta obscuridade em que foram lançados pela prática de uma "retrodição" que favorece, em última instância, uma escrita da história que dá lastro ao "cortejo dos vencedores", Walter Benjamin também será, depois de Nietzsche, o mais visceral crítico da ideia de um progresso que ocorre inevitável e mecanicamente. Embora essa expressão não seja empregada por Benjamin, seria nesse caso preciso "desconstruir" a noção de progresso – a mais poderosa força a serviço da alienação. Acreditar que o progresso é a norma pode levar à inação, à *acedia* (a "inércia do coração")[158], ao abandono do campo de lutas aos que controlam a História para impor seu controle sobre a história.

---

se possível haver progresso técnico e deterioração das relações sociais, barbárie, opressão, e uso da tecnologia para oprimir, destruir, ou mesmo aniquilar o mundo). Algumas imagens empregadas nesta tese 9 remetem a Hegel, embora de maneira invertida, pois em *Razão histórica* (1830) este pretende justificar o campo de ruínas que a História deixa atrás de si (incluindo a opressão dos povos e as injustiças contra os indivíduos) com a ideia de que "as ruínas são necessárias e justificadas em virtude do Progresso que virá depois, e que, no fim das contas, conduzirá o destino humano à plena liberdade e desenvolvimento da razão. Benjamin, ao contrário de Hegel (e mesmo dos materialistas históricos que partilham de uma concepção mecanicista do progresso humano), irá propor a ideia de que a Revolução deve parar este tipo de Progresso que empurra a humanidade para a catástrofe, redirecionando os destinos humanos para uma outra direção e evitando a barbárie.

**158.** A *acedia*, expressão que aparece na sétima tese, pode ser compreendida como o sentimento melancólico que surge da sensação de impotência diante da fatalidade, e que pode conduzir à submissão em relação às forças que regem a realidade social. Michel Löwy, em sua análise das *Teses sobre o conceito de História*, vai encontrar a mesma ideia em uma obra anterior de Walter Benjamin: a *Origem do drama barroco alemão* (1925). Cf. Löwy, 2005, p. 71.

Dar a perceber que a História é um campo de lutas, e que "o estado de exceção em que vivemos é na verdade a regra geral" (tese 8, 2008: 226), seria função deste historiador combatente idealizado por Benjamin, este mesmo que deveria tomar a si a tarefa de "escovar a história a contrapelo" (p. 225). Ao reconhecer a História como arena na qual se defrontam forças diversas, tal como fizera Nietzsche e também Marx, Benjamin adere ao compromisso deste último em relação à possibilidade de contribuir para a transformação efetiva do mundo em favor da imensa maioria explorada. Nietzsche tendia a valorizar uma escrita da História que colocasse em relevo os pontos culminantes da humanidade – os grandes homens entre os quais a História poderia construir uma ponte de intercomunicação. Benjamin invocará uma historiografia que possa mostrar aos oprimidos que o processo histórico até hoje vivido pela humanidade tem constituído um grande "estado de exceção" no qual se perpetuam horrores e se exigem sacrifícios às classes desfavorecidas. O Fascismo dos anos 1940, que contextualiza esta obra de Benjamin, nada mais seria do que um momento no qual este "estado de exceção" ficara mais claro[159].

---

159. Benjamin escreve estas *Teses sobre o conceito de história* em 1940, em pleno período de luta contra o Nazismo. O momento é, inclusive, particularmente decepcionante para alguns setores mais críticos dos pensadores e políticos ligados ao Materialismo Histórico, pois A União Soviética, por meio de Stalin, acabara de assinar um pacto de não agressão com a Alemanha Nazista de Hitler (o pacto "Molotov-Ribbentrop"). De igual maneira, certos encaminhamentos da social-democracia alemã, propondo uma espécie de "evolucionismo social" e refreando a ação direta e o projeto de trabalhar com uma maior conscientização do proletariado, teriam contribuído para a ascensão do Nazismo, de modo que não apenas as posições stalinistas, como também as posições da social-democra-

De fato, ao fazer a reflexão sobre os rumos da história de sua época ser atravessada por sua radical crítica à noção mecanicista de "progresso", Benjamin irá questionar as interpretações liberais, ou mesmo vinculadas a setores do Materialismo Histórico, de acordo com as quais a emergência do Fascismo teria correspondido a uma "ruptura do progresso", a uma explosão de irracionalidade, a um absurdo desvio da história europeia que interrompera a marcha do progresso. Ele se pergunta se o Fascismo não é precisamente a consequência natural do desenvolvimento da sociedade burguesa, ou mesmo se a própria história deste desenvolvimento das sociedades burguesas não seria ela mesma uma sucessão de estados de exceção da qual o Fascismo não seria mais do que uma expressão mais intensa, avivada inclusive pela possibilidade de dirigir o próprio "progresso tecnológico" e o desenvolvimento das comunicações para resultados extremamente destrutivos[160].

cia alemã são criticadas por Benjamin nas *Teses*. A grande crítica, de todo modo, é ao sistema capitalista e à ilusão de progresso consolidada na sociedade burguesa. Apesar da tenaz crítica às atrocidades fascistas, Benjamin preocupa-se em demonstrar a ligação entre o Fascismo e a modernidade capitalista, bem como situá-lo em uma longa linha de opressões e dominações de classe que constituem a própria história europeia.

**160.** A sutileza das considerações de Walter Benjamin está em dar a perceber que, assim que o Fascismo fosse vencido, nada mudaria tanto a não ser na forma e na intensidade, pois a história seguiria sendo a imposição de sistemas de opressão acobertados pela ilusão do progresso. Diz a tese 8: "A tradição dos oprimidos nos ensina que o 'estado de exceção' em que vivemos é a regra geral. Precisamos construir um conceito de história que corresponda a esta verdade. Nesse momento, percebemos que nossa tarefa é originar um verdadeiro estado de exceção; com isso, nossa posição ficará mais forte na luta contra o Fascismo. Este se beneficia da circunstância de que seus adversários o enfrentam em nome do progresso, considerado como uma norma histórica. O assombro com o fato de que os episódios que vivemos no século XX 'ainda' sejam possíveis não é um assombro filosófico. Ele não gera

Este conjunto de reflexões de Walter Benjamin sobre a emergência dos totalitarismos é singular e único em sua época. À parte os horrores do Fascismo, o filósofo alemão considera que não muito menos nocivo seria o convite à inação implicado naqueles outros tempos aparentemente mais amenos, e que por isso mesmo melhor conseguem esconder a eterna catástrofe que se abate sobre os trabalhadores e oprimidos da história. A ideologia do progresso, dirá Benjamin também aqui, distorce o significado que a História poderia oferecer aos oprimidos em sua árdua luta por um mundo efetivamente melhor para todos, e por isso a crítica da ideia de progresso a partir de suas evidências deveria ser colocada como a principal tarefa dos historiadores solidários com um futuro que não quisesse perpetuar a catástrofe[161]. A crítica desta ideologia,

---

conhecimento, a não ser o conhecimento de que a concepção de história da qual emana semelhante assombro é insustentável" (BENJAMIN, tese 8; 2008: 226). Dessa forma, Benjamin se insurge contra a percepção ingênua do Fascismo como desvio ou como aberração, demonstrando que sua eclosão está perfeitamente atrelada à história europeia e aos desenvolvimentos da modernidade. Desconstrói, nesse sentido, a tradicional pergunta: "Como o Nazismo foi possível *ainda* nos dias de hoje?", formulada por aqueles que não concebem que o "progresso" tecnológico seja compatível com a barbárie e os retrocessos sociais, e procura mostrar que, ao contrário, o Fascismo fora precisamente um desdobramento daquilo que tem sido a história da modernidade ocidental até chegar aos dias de hoje.

**161.** Benjamin pontuará na tese 13 que seria preciso combater a ideia de progresso em três aspectos interligados: (1) desmistificar a confusão de que o progresso "das capacidades e conhecimentos" corresponde a um concomitante progresso da humanidade em si mesma; (2) desmentir a ideia de que o progresso pode ser "um processo sem limites"; (3) desfazer a noção de que o progresso seria "um processo essencialmente automático, percorrendo, irresistível, uma trajetória em flecha ou espiral" (BENJAMIN, tese 13; 2008: 229).

na verdade, deveria vir acompanhada da própria crítica da imagem de tempo que a ampara:

> A ideia de um progresso da humanidade na história é inseparável da ideia de sua marcha no interior de um tempo vazio e homogêneo. A crítica da ideia de progresso tem como pressuposto a crítica da ideia desta marcha (BENJAMIN, tese 13; 2008: 229).

Romper a inércia a partir de uma correta compreensão de como vem funcionando a história seria fundamental para que os seres humanos retomassem a perspectiva de uma história que se abre diuturnamente à tomada de decisões (uma perspectiva que já vimos ter sido também invocada por Nietzsche). Somente ao compreender e assumir seu papel de ator histórico capaz de interferir a cada instante nos destinos do mundo, cada homem poderia vislumbrar a História como "objeto de uma construção cujo lugar não é o tempo homogêneo e vazio, mas um tempo saturado de "agoras"" (BENJAMIN, tese 14; 2008: 229)[162].

---

**162.** Benjamin segue mostrando um exemplo de como o Passado pode ser retomado pelos historiadores e outros agentes históricos de modo a alimentar o Presente e favorecer o reencaminhamento de um futuro: "a Roma Antiga era para Robespierre um passado carregado de 'agoras', que ele fez explodir num *continuum* de história. A Revolução Francesa se via como uma Roma ressurecta. Ela citava a Roma Antiga como a moda cita um vestuário antigo. A moda tem um faro para o atual, onde quer que esteja na folhagem do antigamente. Ela é um salto de tigre em direção ao passado. Apenas que, nesse caso, esse salto se dá numa arena comandada pela classe dominante. O mesmo salto, sob o livre céu da história, é o salto dialético da Revolução como o concebeu Marx" (BENJAMIN, tese 14; 2008: 229-230). Mais adiante Benjamin dirá: "A consciência de fazer explodir o *continuum* da História é própria às classes revolucionárias no momento da ação" (tese 15; 2008: 230).

Se Benjamin desfecha algumas de suas mais viscerais críticas contra os historicistas que vinham atrelando seu trabalho ao sistema de poderes constituídos e ao capital dominante, devemos compreender, por outro lado, que a retrodição acrítica, como tendência ou prática de fazer a história, não seria apanágio dos historiadores cujo trabalho termina por apoiar os poderes dominantes: de fato, também os historiadores solidários com as lutas sociais frequentemente poderiam ver-se enredados pela prática acrítica da retrodição. Escapar à tendência da "retrodição historiográfica" não seria tão fácil, mesmo porque este modo de ver a história estaria sempre surgindo espontaneamente da própria prática historiográfica, ainda que fosse a mais honesta e desinteressada, como um *modus operandi* não questionado. Assim, o grande pecado historiográfico, oculto na prática quase automática da retrodição, e da qual poucos estariam se dando conta mesmo nos dias de hoje, seria o da "linearidade". Vejamos as palavras de Josep Fontana (n. 1931), um historiador que escreve a partir das últimas décadas do século XX, partindo de uma perspectiva integralmente associada ao Materialismo Histórico, mas que sempre se empenhou em evitar qualquer forma de determinismo ingênuo, ao procurar pensar e repensar constantemente as possibilidades de ultrapassar tanto os "becos-sem-saída" da historiografia pós-moderna como os aparentemente insolúveis dilemas do Marxismo no tempo presente:

> Abandonar a Linearidade ajudar-nos-á a superar não só o eurocentrismo, mas também o determi-

nismo. Ao propor as formas de desenvolvimento econômico e social como o ponto culminante do progresso – como o único ponto de chegada possível, apesar de suas deficiências e de sua irracionalidade – escolhemos, dentre todas as possibilidades abertas aos homens do passado, somente as que conduziram ao presente e menosprezamos alternativas que alguns propuseram, ou tentaram, sem nos determos em explorar as possibilidades de futuro que continham (FONTANA, 2004: 478).

O padrão específico de fazer historiográfico ao qual se refere Josep Fontana – imaginar de antemão um ponto de chegada (que neste caso específico é o nosso próprio Presente) e a partir daí ir selecionando apenas o que interessa do vasto material empírico que a história nos oferece – corresponderia na verdade a uma variação de um modo de pensar e de uma postura metodológica mais amplos, já de muito arraigada na prática historiográfica ocidental. Em seu célebre artigo "As peculiaridades dos ingleses", incluído pela primeira vez na coletânea *A miséria da teoria* (1978), Edward Thompson já ressaltava que "nada é mais fácil do que levar um modelo até o prolífero desenvolvimento da realidade, dele selecionando apenas as evidências que estiverem em conformidade com os princípios seletivos" (THOMPSON, 2001: 154). No caso da grande tendência ocidental a construir a História de acordo com a teleologia reversa, essa mesma prática é construída sob o signo da Linearidade, do enquadramento de tudo em uma história da qual já se sabe de antemão o final, e do silenciamento de todas as vozes que atrapalham o enredo coerente, construído à maneira do romance tradicional.

A contraproposta a este fazer historiográfico que surge quase naturalmente em nossa cultura já teria sido aventada por alguns historiadores, em falas isoladas e que foram pouco percebidas. Fontana cita Christopher Hill (1912-2003), outro historiador marxista que teria comentado que valeria a pena "adentrarmos imaginariamente o passado no tempo em que as diversas opções pareciam abertas" (FONTANA, 2004: 479)[163]. Christopher Hill, aliás, é um dos historiadores que de algum modo trabalha, já faz algum tempo, com essa perspectiva complexa. Um grande número dessas alternativas, descontinuidades e bifurcações não percorridas é-nos trazido pela leitura de seu livro *O mundo de ponta-cabeça* (1972), um ensaio sobre os reformistas radicais do século XVII que foram engolidos pela Reforma oficial que passou a vigorar na Inglaterra e se adaptou ao sistema. O que Hill procurou fazer em seus estudos da reforma radical da Inglaterra seiscentista foi precisamente ultrapassar o formato linear da historiografia tradicional, dando voz aos movimentos que ficaram de fora dessa História oficial.

Outro autor a se preocupar com os inconvenientes da prática da "retrodição" foi Renajit Guha – um historiador sul-asiático que tem desempenhado um papel importante nos chamados "estudos de grupos subalternos". Guha

---

**163.** A obra citada por Fontana é *Some Intellectual Consequences of the English Revolution* (HILL, 1980: 33).

discute o problema da retrodição historiográfica a partir de um interessante exemplo que mostra que a manipulação historiográfica pode ser mesmo involuntária, por estar visceralmente inscrita no próprio "padrão de escrever a História" seguido pelo historiador. Ele discute algumas situações elucidativas no ensaio *History at the Limit of World-History* (2002), e também no artigo *The Small voice of History*, publicado na série dos *Estudos Subalternos* em 1996.

O principal alvo de críticas de Guha é aquele a que este historiador indiano se refere como um padrão "estatista" de historiografia – e que termina por se inscrever nos esquemas interpretativos que, voluntária ou involuntariamente, terminam por remeter às estruturas estatais ou às diversas formas de estruturação do poder social típicas de nosso tempo. Os exemplos mais abundantes já são velhos conhecidos desde o século XIX, e coincidem com as próprias realidades nacionais que ainda inscrevem muito da historiografia do nosso tempo. Muito da velha, e mesmo da nova História Política, mas também de outras modalidades historiográficas, acaba por legitimar retrospectivamente as estruturas estatais da época em que escreve o historiador, conforme sugere Guha. Na época das grandes sínteses historicistas financiadas pelos Estados nacionais europeus isso era bastante explícito, e era até mesmo assumido profissionalmente por historiadores como Ranke, Droysen e tantos outros. Mas mesmo na historiografia não atrelada diretamente a uma instituição estatal, pode-se dar que a estrutura estatal se veja confirmada ou mesmo legitimada por meio do próprio padrão linear de escrita historiográfica que ainda vigora em nosso tempo.

Guha fornece exemplos sobre isso, e não apenas relacionados ao poder estatal institucionalizado, mas também a muitas outras instâncias políticas, inclusive aquelas que atuam ativamente contra o poder estatal vigente. Pensemos em um partido político de esquerda que propõe a escritura de sua própria história. A narrativa resultante dessa história poderá se valer de inúmeros materiais, bem como se apropriar de diversificadas vozes sociais, mas ao final da escrita historiográfica tem-se uma narrativa coerente, que eliminou tudo aquilo que não estaria conformado à narrativa de sua gloriosa luta pelo poder ou de sua tenaz resistência contra os poderes que lhe oprimem. O exemplo clássico desenvolvido por Guha, e que é retomado posteriormente por Josep Fontana em seu livro *História dos homens* (2004: 482), refere-se a um relato historiográfico sobre a frustrada revolta hindu de Telangana, liderada pelo Partido Comunista Indiano entre 1946 e 1951. Trata-se, nesse caso, de um relato que se acha inteiramente subordinado à história (ainda não vitoriosa) da construção de um poder alternativo: o do Partido Comunista Indiano. A Revolta de Telangana dera-se na história efetiva a partir da combinação das ações de diversos grupos com reivindicações próprias, inclusive um setor importante de mulheres politizadas que apoiaram a revolta tendo em vista suas próprias reivindicações. No relato escrito pelos historiadores ligados ao Partido Comunista Indiano, continua Guha, elas terminam por ser reduzidas a simples "colaboradoras do programa dos dirigentes do partido" (FONTANA, 2004: 482). Por mais que os autores do relato tenham simpatia por essas mulheres rebeladas, e esta é uma observação acrescentada por Josep Fontana, tudo o que não se faz é "escutar o que elas diziam, já que isto destruiria o estatismo dominante no relato" (FONTANA, 2004: 482).

Ou seja, o que vemos a partir desse magistral exemplo abordado por Renajit Guha é que um autor historiográfico encontra-se habitualmente preso à estrutura de construção de um texto unilinear e coerente que converge para um enredo único. No decorrer de sua operação historiográfica, ele seleciona, dentre os fatos e elementos que entrarão na composição do relato, apenas os que interessarão a este enredo. De igual maneira, os depoimentos e discursos das diversas vozes sociais investigadas são desconstruídos para serem integrados a uma trama. A reivindicação específica das mulheres que atuaram no movimento, singularizadas por sua luta contra as desigualdades de gênero, são descontextualizadas dessa inscrição mais importante de seus atos e de seus discursos, e recontextualizadas pela história de um partido político. Suas reivindicações e ações perdem a singularidade, são convertidas em peças que se encaixam em um quebra-cabeças construído pela história de um partido político em sua luta, ela mesma alternativa, contra um poder estatal vigente. Ao fim de tudo, o relato encaixa-se como todos os demais – a favor ou contra – em certo padrão estatista. Este padrão deformou a natureza dos discursos que foram reapropriados pelo relato – é isto o que nos sugere Guha no artigo *The Small Voice of History* (1996).

O que nos propõe Guha como alternativa para o problema tão bem levantado por ele mesmo? O historiador indiano considera, em primeiro lugar, que pouco acrescentaria ao problema levantado a substituição de um relato unilinear por um outro. Um relato feminista das lutas sociais encaminhadas pela Revolta de Telangana, embora deslocando os atores sociais e ressignificando suas posições, apenas confirmaria os mesmos procedimentos historiográficos da história partidária antes descrita, pois também eliminaria outros dados e fatos que não interessassem, terminando por ajustar todos os discursos a uma nova finalidade: a de denunciar a opressão do gênero feminino. A sugestão de Guha, em vista disso, aponta para a construção de um relato polifônico. Trata-se de romper a unilinearidade e de complicar o argumento (FONTANA, 2004: 483). O historiador indiano sustenta que ainda não sabe exatamente como isto se dará, mas que muito provavelmente estariam por ocorrer ainda, em um futuro não muito distante, importantes modificações nos modos de fazer a História, e isso como única maneira de romper o padrão de linearidade e coerência que estaria tão arraigado na própria escrita historiográfica.

A proposta seria desenvolver um tipo de "escrita polifônica", na qual diversas vozes se manifestassem em pé de igualdade do ponto de vista do direito a um espaço discursivo. Este arranjo polifônico, contudo, deveria primar por corrigir problemas de "assimetria" que sempre aparecem na prática discursiva. Isto é, deveria ser evitado que determinada voz adquirisse um peso maior e uma posição discursiva privilegiada em relação às demais. Como se daria isso? Certamente que o desenvolvimento de uma escrita polifônica, e outros padrões para além da escrita historiográfica linear, teria de ser aprendido pelos historiadores em formação, o que dificilmente poderia se dar sem a inclusão no currículo de ensino universitário de disciplinas voltadas para a própria escritura da História, em sentido literal. O historiador, em seus anos de formação, precisaria ser também treinado para se tornar artista – e isto nos remete mais uma vez às reflexões pioneiras desenvolvidas por Friedrich Nietzsche na segunda metade do século XIX.

Será oportuno, ao final deste item, apontar uma situação peculiar do problema da "retrodição" diante de um dos campos históricos mais recentes da história da historiografia: a História do Tempo Presente. Aqui temos uma modalidade da história ou na qual a retrodição não se torna ainda possível, ou na qual ela se apresenta em sua mais problemática forma, a da história que se propõe a estabelecer prognósticos ou mesmo a fazer profecias. Alguns esclarecimentos fazem-se necessários.

Tal como assinala com grande perspicácia François Dosse, a História do Tempo Presente apresenta ao historiador e ao consumidor de história "um tempo truncado de seu futuro" (DOSSE, 2001: 93). De fato, nesta modalidade "o historiador não conhece a destinação final dos fatos estudados, dado que na maioria das vezes o sentido só se revela depois" (p. 93). Este ponto é particularmente notável! O que era um problema no caso que vínhamos tratando, a tendência do historiador em se enredar quase que automaticamente pela "retrodição", configura-se agora em novo problema: a impossibilidade de retrodição!

Não ter a possibilidade de ler o futuro de um presente que já ocorreu, porque na verdade este presente ainda está ocorrendo, situa o historiador do Tempo Presente em meio a um fascinante desafio. Há os que já estão excessivamente acostumados à prática da "retrodição", viciados em se deixar enredar por ela quando examinam processos históricos (e no século XXI, e mesmo no século anterior, o ritmo histórico é tão acelerado que o Presente rapidamente se torna Passado). Por isso, quando estudam o Presente muito recente (o que ainda não se tornou Passado!), buscam na imaginação um apoio: não mais conhecedores do Futuro, caem na tentação de fabricar um. Este é o momento em que o historiador se dispõe a fazer profecias. Profetizar, nestes tempos de ritmos muito acelerados, é sempre um risco: rapidamente a página do livro da História é virada, e a profecia revela-se falsa (ou, se o historiador tiver sorte, suas profecias se confirmam).

Mas há também fascinantes ambiguidades. Citar um Futuro inexistente na "profecia falhada" também pode ter seu valor para revelar uma história que poderia ter ocorrido. Não eram as histórias que se perderam no caminho uma das lástimas levantadas pelos que têm alertado contra os riscos da retrodição? A História do Tempo Presente, se por um lado oferece aos historiadores que a ela se dedicam uma perigosa floresta de possibilidades diante da qual já não há a aconchegante clareira de um futuro conhecido, oferece-lhes, de outro lado, uma nova possibilidade de aprendizado acerca do fazer histórico. O historiador, aqui, poderá reeducar seu olhar. Percebendo em seu próprio presente que todas as possibilidades estão em aberto, diante de um futuro ainda não determinado, o historiador pode aqui reaprender aquilo de que não deveria ter um dia esquecido: também os atores históricos de qualquer Passado que ele examine, do mais recente ao mais distante, tiveram um dia diante de si um labirinto de possibilidades abertas; para cada um deles a história foi uma tomada de decisão, o momento em que o futuro estava em jogo, sendo possível conduzi-lo para um ou para outro lado. Percebendo as centelhas que se formam em seu próprio Tempo Presente, o historiador pode voltar para o passado mais distanciado um olhar mais humano; é possível que, depois de trabalhar neste laboratório que é a História do Tempo Presente, ou de ler as realizações de seus colegas de ofício nesta modalidade, o historiador de períodos mais recuados também se sensibilize com a ideia de recolher as centelhas que um dia ficaram perdidas, tal como propunha Walter Benjamin. O Tempo Presente pode ensinar aos historiadores a trabalhar de maneira rica com a história de todas as épocas. Eis aqui um enigma para os historiadores resolverem.

## 6 Michel Foucault: novos desdobramentos da contribuição de Nietzsche

Michel Foucault (1926-1984) – ao lado de filósofos como Gilles Deleuze (1925-1995) e Jacques Derrida (1930-2004) – foi outro autor responsável por resgatar, e por dar a elas contornos inteiramente originais, algumas das mais singulares contribuições de Friedrich Nietzsche. Quando não por trazer ao campo historiográfico realizações profundamente originais que apenas estavam prenunciadas no pensamento de Nietzsche, a importância de Foucault relaciona-se à retomada radical da solitária crítica nietzscheniana do conhecimento de sua época, opondo-se a um grande paradigma de racionalidade que, sob certo ponto de vista, apenas reconhecia variações em um padrão mais amplo que remontava a Platão e Aristóteles, encontrara seus ecos nos tomistas medievais, despontara com particular intensidade no chamado Período Renascentista, adquirira forte expressão com Descartes e passara pelos filósofos iluministas até chegar a pensadores dos séculos XVIII e XIX como Kant e Hegel. Cada um destes autores, certamente, apresenta especificidades, originalidades, singularidades e diferenças significativas. Todos, contudo, estavam unificados por um forte ancoramento em um mesmo padrão de Racionalismo que, entre outras coisas, fora o responsável pelo desenvolvimento da ciência ocidental. Acreditava-se amplamente – particularmente no âmbito das Ciências Exatas, das Ciências Naturais e da Filosofia – em uma busca da Verdade (ao menos da verdade cognoscível, como propunha Kant), e palavras como "Razão" estavam longe de serem colocadas em xeque.

Pode-se imaginar a solitária e original contribuição de Nietzsche neste contexto filosófico ao evocar contribuições contrastantes nessa longa história da racionalidade, como a dos sofistas da Grécia Antiga, ou ao questionar as noções de "Verdade" e "Conhecimento", tal como ocorre em outro impactante texto da série das *Considerações intempestivas* (1873-1874), no qual denuncia a arrogância de uma humanidade que se considerava o centro do mundo e punha seu tipo específico de conhecimento como integrado à finalidade de sua própria existência. Já vimos que a própria noção de finalidade, ou de um objetivo transcendental para a vida humana, fosse ele qual fosse, era rejeitada por Nietzsche.

Na filosofia, a retomada das críticas desfechadas por Nietzsche contra a forma de racionalidade especificamente ocidental estará representada por autores como Foucault, Deleuze, Derrida; na História, a linha nietzscheniana terá também seus seguidores, ou ao menos historiadores por ela influenciados, tais como Paul Veyne e Hayden White. A obra de Michel Foucault, e sua radical crítica à noção tradicional de Verdade, deve ser vista no seio desta grande linha de diálogos que retoma e reencaminha a contribuição nietzscheniana para a Filosofia. Desse modo, a contribuição de Foucault e de outros filósofos e historiadores que retomam as proposições de Nietzsche deve ser situada fora dos três grandes paradigmas historiográficos até aqui aventados – o Positivismo, o Historicismo e o Materialismo Histórico. Esta matriz teórica, se é que dela podemos falar como uma unidade (o que certamente não é possível), corresponderia a uma quarta tendência teórica. Isto posto, nada impede que encontremos historiadores diversos que combinam esta matriz com alguma das outras três, produzindo nessa interconexão a especificidade de seu fazer historiográfico.

Em relação à questão da busca de uma Verdade Histórica e da relação do historiador com algo que seria o "Real", Michel

Foucault é bastante claro em sua concepção de um universo disperso, descontínuo, a que os seres humanos procuram dar sentido em sua aventura existencial, sem que isso signifique que exista efetivamente uma verdade exterior ao homem, embora a maior parte das pessoas acredite nisso. A Verdade, para Foucault, é uma questão de Discurso; e os discursos expressam relações de poder e vontades de potência. Para ele, a ideia de uma História globalizada, teleológica, seja universal ou constituída de histórias menores, ainda coerentes, não faz sentido senão como construção humana. A história não teria um significado a ser descoberto e muito menos a ser resgatado; talvez por isso fique implícita no posicionamento de Foucault a ideia de que a tarefa mais legítima para os historiadores seria a de examinar exaustivamente a construção ou imposição de sentidos na história, pois estes estão sempre ligados a sistemas de poderes – grandes sistemas imperativos e abrangentes, mas também sofisticadas e complexas redes de micropoderes – e também os regimes de verdade que introduzem no Discurso o verdadeiro e o falso, interdições várias, permissões para se dizer e quando dizer, e uma série de relações que aparecem bem sintetizadas em sua obra *A ordem do discurso* (1970). A história efetiva, rigorosamente falando, seria atravessada por descontinuidades, rupturas, hesitações, fracassos, recomeços, retomadas, surpresas, acasos, nas também mediocridades e mesquinharias que se escondem sob grandes acontecimentos ou afirmações humanas; mas, ao lado disso, a história é também, neste caos de dispersões, a laboriosa construção humana (importante de ser estudada, desde que se perceba sua dimensão de "construção"), o infinito sistema de mundos evocados pelas obras de arte, as formas de conhecimento que se estendem para além do científico. Sobretudo, a História é, de acordo com a perspectiva de Foucault, atravessada pelo Poder, e expressa pelo Discurso – considerando-se o discurso para muito além do verbal ou textual.

Em uma tal concepção de mundo, a questão do contraste entre Objetividade e Subjetividade se reduz praticamente a uma quimera. Em vista disso, Michel Foucault tem sido a um só tempo um dos autores mais fascinantes e perturbadores para a Teoria da História. Paul Veyne (n. 1.930), um historiador que em seus primeiros trabalhos foi bastante crítico em relação à questão da ideia de uma cientificidade do conhecimento histórico, homenageou o filósofo francês com um ensaio que apresenta como título uma impactante afirmação: "Foucault revoluciona a História" (1982). O próprio Foucault fez amplo uso da prática historiográfica em sua obra filosófica, e um significativo sinal disso é a recorrência da palavra "História" ou de referências à historicidade em várias de suas mais importantes obras: *História da loucura* (1961); *O nascimento da clínica* (1963); *História da sexualidade* (1976-1984), *Vigiar e punir – História das prisões* (1977). Um amplo uso de documentação, como caminho para tecer e entretecer suas originalíssimas interpretações sobre o mundo humano, fez do Foucault filósofo um Foucault historiador, particularmente interessado em estudar o funcionamento da sociedade e os artifícios por meio dos quais o Poder se expressa, se impõe, se insinua, penetra os próprios corpos humanos e se afirma a partir do Discurso, dos seus ditos, interditos e entreditos, de sua rede de saberes[164].

A contribuição de Foucault foi certamente explosiva para a Historiografia, e apenas começa a ser mais bem digerida pelos historiadores acostumados a discutir a dicotomia entre Objetividade e Subjetividade. Em Foucault, perde o sentido habitual a noção de "verdade" – tal como esta vinha sendo operacionalizada ao longo de toda a tradição do pensamento ocidental, à exceção de Nietzsche e alguns poucos outros. Segundo os próprios dizeres do historiador francês, "o problema não é de se fazer a partilha entre o que num discurso releva da cientificidade e da verdade e o que relevaria de outra coisa; mas de ver historicamente como se produzem efeitos de verdade no interior de discursos que não são em si nem verdadeiros nem falsos" (FOUCAULT, 1985: 7).

A principal crítica de Foucault ao conhecimento produzido em seus vários campos de saber refere-se ao questionamento de que existam categorias que possam ser consideradas como dadas, incriadas, independentes do homem e de seus sistemas instituidores de poder. Sua grande lição, a ser aproveitada pela própria História diante do jogo conceitual entre Objetividade e Subjetividade, é a de que toda e qualquer categoria de pensamento seria histórica. De fato, seu método proposto, uma meticulosa "genealogia", não

---

**164.** O próprio Michel Foucault costumava expressar certa ambiguidade em relação à "natureza historiográfica de seus trabalhos", e costumava encará-los como estudos de história em razão dos domínios que abordam e das referências às quais recorrem; mas, insistia ele, não constituem a obra de um historiador. Sobre isso, cf. O'Brien, 1993, p. 37.

propõe senão desmitificar a ideia de uma evolução linear de qualquer coisa, chamando a atenção para as descontinuidades[165]. Ele abre seu texto "Nietzsche, a genealogia e a história", incluído em *Microfísica do poder* (1979), com as seguintes palavras:

> A genealogia é cinza; ela é meticulosa e pacientemente documentária. Ela trabalha com pergaminhos embaralhados, riscados, várias vezes reescritos. Paul Ree se engana, como os ingleses, ao descrever gêneses lineares, ao ordenar, por exemplo, toda a história da moral por meio da preocupação com o útil: como se as palavras tivessem guardado seu sentido, os desejos sua direção, as ideias sua lógica; como se esse mundo de coisas ditas e queridas não tivesse conhecido invasões, lutas, rapinas, disfarces, astúcias. Daí, para a genealogia, um indispensável demorar-se: marcar a singularidade dos acontecimentos, longe de toda finalidade monótona; espreitá-los lá onde menos se os esperava e naquilo que é tido como não possuindo história: o amor, a consciência, os instin-

---

**165.** Pode ser encontrada em *Vigiar e punir* (1977) a melhor realização do "método genealógico" proposto por Foucault, crítico da tradicional busca das origens e da construção de uma história linear e teleológica que antecipa pontos de chegada e que desconsidera lacunas, recuos e desvios. Já em *História da loucura* (1961), *As palavras e as coisas* (1966) e *Arqueologia do saber* (1969) aparecerá o que o filósofo francês denominou "método arqueológico" – este voltado para a meticulosa decifração dos saberes e práticas discursivas que se estabelecem sobre o homem, e que busca recuperar camada a camada as condições que permitem que os conhecimentos e práticas discursivas possam se dar em certos momentos históricos e de determinadas formas. Sobre o método em Foucault, cf. Dean, 1994.

> tos; aprender seu retorno não para traçar a curva lenta de uma evolução, mas para reencontrar as diferentes cenas nas quais eles desempenharam papéis distintos, e até definir o ponto de sua lacuna, o momento em que eles não aconteceram (FOUCAULT, 1985: 15).

O método genealógico desenvolvido por Foucault a partir de sua leitura de Nietzsche quer afrontar, em última instância, essa objetividade construída por um sujeito produtor de conhecimento que esqueceu de si mesmo, de sua própria subjetividade, de sua incoerência e de seus disfarces. A Genealogia opõe-se à solene "busca de origens", a este discurso teleológico que falseia um caminho sem falhas e incoerências e que mitifica suas duas pontas, o princípio glorioso de alguma coisa e seu *gran finale* cuidadosamente antecipado. O filósofo francês retoma, para si mesmo, as palavras de Nietzsche em *Humano, demasiado humano* (1878), de modo a dar a perceber que por trás das coisas não existem essências incriadas, infensas à história, e tampouco grandes começos que se encaixarão como peças primordiais de uma história sem falhas internas:

> [...] atrás das coisas há algo inteiramente diferente, não seu segredo essencial e sem data, mas o segredo de que elas são sem essência, ou de que sua essência foi construída peça por peça a partir de figuras que lhe eram estranhas. A razão? Mas ela nasceu de uma maneira inteiramente "desra-

zoável" – do acaso (NIETZSCHE, HDM, 34; FOUCAULT, 1985: 18)[166].

De alguma maneira, é possível dizer que Foucault radicaliza a História. Tudo é realmente histórico em Foucault, tudo é prenhe de uma historicidade à qual não faltam as descontinuidades, os desvios, os avanços e recuos, os acasos, as pequenas mesquinharias que afrontam os começos gloriosos e as "solenidades de origem" forjados pela historiografia mitificadora e pela metafísica a-histórica. Neste universo totalmente tomado pelo devir histórico, já não existe nenhum chão imutável para as categorias incriadas. Mesmo o indivíduo é construção histórica[167].

---

**166.** E, mais adiante, leremos em "Nietzsche, a genealogia e a história": "Fazer a genealogia dos valores, da moral, do ascetismo, do conhecimento não será, portanto, partir em busca de sua 'origem', negligenciando como inacessíveis todos os episódios da história; será, ao contrário, demorar-se nas meticulosidades e nos acasos dos começos; prestar uma atenção escrupulosa à sua derrisória maldade; esperar vê-los surgir, máscaras enfim retiradas, com o rosto do outro; não ter pudor de ir procurá-las lá onde elas estão, escavando os *basfond*; deixar-lhes o tempo de elevar-se do labirinto no qual nenhuma verdade as manteve jamais sob sua guarda. O genealogista necessita da história para conjurar a quimera da origem, um pouco como o bom filósofo necessita do médico para conjurar a sombra da alma. É preciso saber reconhecer os acontecimentos da história, seus abalos, suas surpresas, as vacilantes vitórias, as derrotas mal digeridas, que dão conta dos atavismos e das hereditariedades; da mesma forma que é preciso saber diagnosticar as doenças do corpo, os estados de fraqueza e de energia, suas rachaduras e suas resistências para avaliar o que é um discurso filosófico" (FOUCAULT, 1985: 21).

**167.** Finalizemos com esta interessante passagem de Roberto Machado, extraída do seu Prefácio à *Microfísica do poder*, de Michel Foucault: "O nascimento do hospício também não destruiu a especificidade da loucura. Antes de Pinel e Esquirol é que o louco era um subconjunto de uma população mais vasta, uma região de um fenômeno não só mais amplo e englobante, mas que lhe determina a configuração como desrazão. É o hospício que produz o louco como doente mental, personagem individualizado a partir da instauração de relações disciplinares do poder. E antes mesmo da constituição das ciências humanas, no século XIX, a organização das paróquias, a institucionalização do exame de consciência e da direção espiritual e a reorganização do Sacramento da Confissão, desde o século XVI aparecem como importantes dispositivos de individualização. Em suma, o poder disciplinar não destrói o indivíduo; ao contrário, ele o fabrica. O indivíduo não é o outro do poder, realidade exterior, que é por ele anulado; é um de seus mais importantes efeitos" (MACHADO, 1985: XIX-XX).

## 7 Palavras finais sobre a contribuição da linha crítica inaugurada por Nietzsche para a historiografia futura

Algumas palavras finais merecem ser ditas sobre a contribuição de Friedrich Nietzsche, para além daqueles textos nos quais o filósofo se referiu mais particularmente à História. Este filósofo alemão, pouco compreendido em sua própria época, mas cada vez mais atual à medida que se adentra o século XX, foi especialmente importante para o desnudamento de ilusões cientificistas do homem ocidental, reforçando a percepção de que não existe propriamente uma "verdade" a ser atingida, seja pela História ou por outras modalidades de ciência. Conforme vimos, podemos encontrar uma continuidade de suas contribuições à história do pensamento na obra de Michel Foucault (1926-1984), filósofo francês fundamental para a História e que se fez, ele mesmo, em diversas de suas obras, historiador. Por outro lado, questões aventadas pela primeira vez – como a da "retrodição historiográfica" – não deixaram de encontrar ecos em pensadores ligados a um campo teórico que nem sempre acolhe amigavelmente a obra de Nietzsche: o Materialismo Histórico. De todo modo, setores inteiros da historiografia marxista conseguiram ultrapassar os preconceitos contra a obra de Nietzsche – geralmente gerados por causa de suas posições pessoais em relação aos movimentos socialistas e democráticos – e um sinal disso é a chamada Escola de Frankfurt, que, por meio de autores como Theodor Adorno, soube produzir uma obra de grande riqueza a partir da combinação de Marx, Nietzsche e Freud, os três maiores nomes do pensamento moderno.

Não há como não pensar no diálogo com Nietzsche quando examinamos alguns aspectos da obra de Walter Benjamin, este filósofo berlinense da primeira metade do século XX que estava particularmente preocupado tanto em denunciar a crise que já se anunciava em sua época (e as razões reais dessa crise), como em apresentar possíveis saídas para a historiografia contemporânea. Benjamin irá situar as origens dessa crise, que ainda se estende para a atualidade, em tempos bem anteriores, e neste ponto sua análise não deixa de coincidir com as solitárias críticas que Friedrich Nietzsche já havia desfechado contra as noções de "progresso" e "finalidade" na historiografia de sua época. De fato, a análise de Benjamin procura remontar ao momento em que a ideia de Progresso – que havia sido gestada no século XVIII e que desempenhara um papel revolucionário na Filosofia Iluminista e na época da Revolução Francesa – passou a ser reapropriada pelo Positivismo oitocentista com vistas a sustentar uma posição sociopolítica conservadora, já no contexto de Restauração. Neste novo contexto, e um pouco depois com o apoio da emergente "teoria da evolução" proposta por Charles Darwin e assumida pelos chamados "evolucionistas sociais", o século XIX teria promovido uma espécie de "naturalização" do Progresso, passando a investir na ideia de que o Progresso realiza-se automaticamente. Tem-se aqui, entre outros aspectos, um convite à inação de grupos sociais na história-efetiva. Data daqueles tempos, diz-nos Walter Benjamin, uma forte ideia de linearidade, agora revestida de um novo tipo de cientificismo, que teria introduzido no ocidente uma prática historiográfica equivocada, na qual um determinado modelo interpretativo que tem em vista um dado resultado teleológico é concebido abstratamente para, a partir daí, recolher os fatos que possam se encaixar na interpretação pré-concebida. Diz-nos Benjamin que o que conviria, ao contrário, seria "começar pelo fato concreto, pelo acontecimento com tudo o que tem de complexo e peculiar". Vimos também como esta questão seria mais tarde retomada por historiadores como Renajit Guha e Josep Fontana (2004: 471-490).

Um pequeno paradoxo complicador também seria apontado por Walter Benjamin. Em fins do século XIX, um setor da historiografia bastante associado a essa maneira de enxergar as coisas viu-se intensificado pela perspectiva de uma cientificidade de tipo positivista, com forte influência do evolucionismo; mas enquanto isso um setor das ciências físicas e naturais já estava caminhando para a complexidade, desenvolvendo uma vigorosa crítica do mecanicismo que logo resultaria na elaboração da Física Quântica e da Relatividade, apenas para exemplificar com o campo da Física. A crítica da causalidade, nestes setores questionadores das ciências da natureza, começava a se articular a uma proposta de não linearidade; as "probabilidades" e "possibilidades" começavam a se oferecer como alternativas às antigas buscas de certezas; desenvolvia-se um campo de estudos sobre o caos e a complexidade. Ao mesmo tempo em que isto tudo ocorria, paradoxalmente setores inteiros da historiografia propugnavam um modelo cientificista que se ancorava no próprio modelo linear e mecanicista que já vinha sendo criticado por setores mais avançados das ciências naturais e exatas. Tratava-se de um curioso paradoxo: mesmo os setores mais avançados da historiografia não estavam sintonizados com esses setores mais inovadores das ciências exatas e naturais. Existia aqui (e existe ainda) um diálogo que parecia estar perdido para a historiografia. Como podemos nos lembrar de algumas das considerações de Nietzsche quando atentamos para essas observações de Walter Benjamin! Na obra de Nietzsche, é possível mesmo encontrar a profética percepção de que o próprio campo disciplinar da Física inclui dentro de si "interpretações", e para tal podemos remeter ao revelador aforismo 14 de Friedrich Nietzsche em *Além do bem e do mal*, um livro publicado em 1886:

> Há talvez cinco ou seis cérebros que começam a perceber que a Física também não passa de uma interpretação e de uma adaptação subjetivas do mundo (à nossa imagem, se me permitem), e que de modo algum fornece uma explicação do universo (NIETZSCHE, 2006: 19).

Para além de importantes correntes teóricas como a "Teoria Crítica" dos frankfurtianos, a obra de Nietzsche também inspirou encaminhamentos inesperados na historiografia mais recente. Existem, por exemplo, alguns setores do pós-modernismo historiográfico que têm radicalizado a leitura nietzscheniana da (i)rrealidade – baseando-se em aforismos como aquele no qual o filósofo alemão teria afirmado que "não há fatos, há apenas interpretações" – e que daí extraem a tendência a aproximar da ficção a História, particularmente sob a alegação de que, rigorosamente, o historiador não poderia ter acesso a este "referente real" que havia sido sempre um ponto de apoio para o projeto da historiografia tradicional. Também é importante se ter em vista as críticas de Nietzsche à historiografia de seu tempo para compreender um pouco melhor as crises historiográficas que, com alguma regularidade, têm se abatido sobre a historiografia contemporânea. Mal comparando, assim como o Capitalismo produz suas crises de superprodução, também a historiografia ocidental tem produzido suas crises de excesso de historiografia. O excesso historiográfico que se produz nos tempos de crise, bem entendido, nem sempre é um excesso de boa historiografia, e frequentemente veremos concessões da comunidade de historiadores ao mercado de consumo que movimenta as modas editoriais e a mídia que revolve a indústria cultural. Mais ainda, vemos também profissionais diversos invadirem a zona de produção da historiografia muitas vezes sem a formação historiográfica adequada.

Estes novos tempos de "excesso de produção historiográfica" – e queremos aqui nos referir aos excessos da produção historiográfica que se mostra assumidamente desvinculada da Vida e das das interações com o Presente e o Futuro, para retomarmos aqui as enfáticas questões evocadas por Friedrich Nietzsche no início do presente capítulo – fazem-nos pensar mais uma vez na atualidade deste filósofo alemão. O efeito mais imediato dessa superprodução que assola o mundo contemporâneo sob o incentivo da academia e do mercado livresco, conforme já foi colocado pelo historiador Frank Ankersmit em um de seus mais polêmicos artigos, parece ser a inevitável cobertura de qualquer texto ou tema mais significativo por uma "espessa e opaca crosta de interpretações". Resumindo a primeira questão indicada por Ankersmit, "não temos mais texto, mais passado, apenas interpretações deste" (ANKERSMIT, 1989: 113). Realizava-se, na pós-modernidade, a questão contra a qual Nietzsche lançara seu fatídico alerta em 1874, em sua *2ª consideração extemporânea* sobre "Os usos e desvantagens da História para a vida". "A historiografia em si parece impedir a visão sobre o passado, convertendo-se na própria realidade" (ANKERSMIT, 1989: 114). Estes são pontos de tensão típicos do período contemporâneo, que discutiremos em outra oportunidade[168].

---

**168.** Capítulo desta obra relativo ao Pós-modernismo historiográfico (Volume Sete).

# Referências

# Fontes citadas

ADORNO T.W. & HORKHEIMER, M. (1985). *Dialética do esclarecimento*: fragmentos filosóficos. Rio de Janeiro: Zahar.

ALTHUSSER, L. (1985). *Aparelhos ideológicos de Estado*. Rio de Janeiro: Graal [original: 1970].

_____ (1967a). "Sobre o jovem Marx". *Análise crítica da Teoria Marxista (Pour Marx)*. Rio de Janeiro: Zahar [original do ensaio: 1960].

_____ (1967b). "Contradição e superdeterminação". *Análise crítica da Teoria Marxista (Pour Marx)*. Rio de Janeiro: Zahar [original do ensaio: 1960].

_____ (1965). Do capital – A filosofia de Marx. In: ALTHUSSER, L.; RANCIÈRE, J. & MACHEREY, P. (orgs.). *Lire Le capital*. Tome 1. Paris: François Maspero.

ANDERSON, P. (2004). "Considerações sobre o Marxismo Ocidental" (1974) e "Nas trilhas do Materialismo Histórico" (1983). São Paulo: Boitempo.

_____ (1985). *Teoria, política e história*: um debate com E.P. Thompson. Madri: Siglo XXI.

_____ (1983). *A crise da crise do marxismo*. São Paulo: Brasiliense.

ARISTÓTELES (1997). *Política*. Brasília: UnB.

_____ (1993). *Poética*. São Paulo: Ars Poética.

BAKHTIN, M. (1999). *Marxismo e Filosofia da Linguagem*. São Paulo: Hucitec [original: 1929].

BENJAMIN, W. (2008). "Teses sobre o conceito de História". *Walter Benjamin: obras escolhidas* – Magia e técnica; arte e política. São Paulo: Brasiliense, p. 222-231 [original: 1940].

_____ (2006). *Passagens*. Belo Horizonte/São Paulo: UFMG/Imep [originais: 1927-1940].

_____ (2002). "A vida dos estudantes". *Reflexões sobre a criança, o brinquedo e a educação*. São Paulo: Duas Cidades [original: 1915].

_____ (1995). *Walter Benjamin: obras* escolhidas – Rua de mão única. São Paulo: Brasiliense [original: 1923-1926].

_____ (1984). *Origem do drama barroco alemão*. São Paulo: Brasiliense [original: 1925].

_____ (1975). "O Surrealismo: o mais recente instantâneo da inteligência europeia". *Os pensadores*. Vol. XLVIII. São Paulo: Abril [original: 1929].

BERNHEIM, E. (1937). *Introducción al estudio de la historia*. Barcelona: Labor [original: 1889].

BLANQUI, J.-A. (1843). *Histoire de l'économie politique en Europe (depuis les anciens jusq'a nos jour)*. 2. ed. Paris: Guillaumin.

BLOCH, M. (2001). *Apologia da história*. Rio de Janeiro: Zahar [original publicado: 1949, póstumo] [original de produção do texto: 1941-1942].

BRAUDEL, F. (1984). *O Mediterrâneo e o mundo mediterrânico*. São Paulo: Martins Fontes [*La Mediterranée et le monde mediterranée à l'époque de Philippe II*. 3 vols. Paris: A. Colin, 1949] [edição ampliada: 1966].

_____ (1958). "História e Ciências Sociais: a longa duração". *Annales Esc.*, n. 4, p. 725-753 [republicado em *Escritos sobre a história*. São Paulo: Perspectiva, 1978, p. 41-78] [original do artigo: 1958].

BRENNER, R. (1977). "The Origins of Capitalist Development: a Critic of Neo-Smithian Marxism". *New Left Review*, I, 104, jul./ago.

BUCKLE, T. (1857). *History of Civilization in England*. Londres: Ballou.

BUKHARIN, N. (1970). *Tratado de materialismo histórico*. Rio de Janeiro: Laemert [original: 1921].

BURCKHARDT, J. (2009). *Cartas*. Rio de Janeiro: Topbooks [original da seleção: 2003].

_____ (1978). "Considerações sobre a História Universal". *Gesammelte Werke*. Band III. Basel/Stuttgart: Schwabe [em português: *Reflexões sobre a história*. Rio de Janeiro: Zahar, 1961] [original póstumo: 1905].

CARLYLE, T. (1993). *On Heroes, Hero-Worship and the Heroic in History*. Los Angeles: California University Press [original: 1843].

_____ (1961). *História da Revolução Francesa*. São Paulo: Melhoramentos.

_____ (1904). *The Works of Thomas Carlyle in Thirty Volumes*. Londres: Chapman and Hall.

CERTEAU, M. (1982). "A Operação Historiográfica". *A escrita da história*. Rio de Janeiro: Forense Universitária, p. 65-119 [original: 1974].

CÍCERO, M.T. (1967). *Das leis*. São Paulo: Cultrix [original: 51 a.C.].

_____ (1957). *Orações*. São Paulo: Atena.

CIORAN, E. (1994). *História e utopia*. Rio de Janeiro: Rocco [original: 1961].

_____ (1989). *Breviário da decomposição*. Rio de Janeiro: Rocco [original: 1949].

COLLINGWOOD, R.G. (2001). *The Principles of History and Other Writings in Philosophy of History*. Oxford: Oxford University Press [inclui: "Lectures of the Philosophy of History" (1926) e "Outline a Philosophy of History" (1928)].

_____ (1978). *An Autobiography*. Oxford: Oxford University Press [original: 1939].

_____ (1946). *The Idea of History*. Oxford: Oxford University Press [*A ideia de história*. Lisboa: Presença, 2001].

COMTE, A. (1969). *Cours de philosophie positive*. Paris: Classique Garnier [1830-1842].

_____ (1855). *Appel aux conservateurs*. Paris: [s.e.].

CORBIN, A. (1989). *Território do vazio*: a praia e o imaginário ocidental. São Paulo: Companhia das Letras.

COURNOT, A.-A. (1861). *Traité de l'enchainement des idées fundamentales dans les sciences et dans l'histoire*. 2 vols. [Tratado sobre o encadeamento das ideias fundamentais nas ciências e na história]. Paris: Hachette.

CREUZER, G.F. (1803). *Die historische Kunst der Griechen in ihrer Entstehung und Forbildung* [A arte histórica dos gregos...]. Leipzig: [s.e.].

CROCE, B. (2007). "Para a interpretação crítica de alguns conceitos do Marxismo" [1897]. *Materialismo histórico e economia marxista*. São Paulo: Centauro, p. 54-99.

_____ (2006). *A história como história da liberdade*. São Paulo: Topbooks.

_____ (1968). *Theorie et l'histoire de l'historiographie*. Paris: Droz [original: 1917].

_____ (1962). *A história: pensamento e ação*. Rio de Janeiro: Zahar [original: 1938].

_____ (1921). *History*. Its Theory and practice. Nova York: [s.e.].

_____ (s.d.). *A história reduzida ao conceito geral de arte* [s.n.t.] [original: 1893].

D'ALAMBERT. Discurso preliminar à *Enciclopédia*. In: DIDEROT & D'ALAMBERT (orgs.). *L'Enciclopédie du ditionnaire raisonée des sciences des arts e des métiers*. Vol. I. Paris: Pergamon [original: 1751].

DESCARTES, R. (1978). *Princípios de filosofia*. Lisboa: Guimarães [original: 1644].

_____ (1968). *Discurso sobre o método*. Rio de Janeiro: Forense [original: 1637].

DILTHEY, W. (1991). *Introduction to the Human Sciences*. Princeton: Princeton University Press [1º volume da Introdução ao estudo das Ciências do Espírito, 1883].

_____ (1944). *El mundo histórico*. México: Fondo de Cultura Económica.

DIODORO S. (Diodoro da Sicília] (1883). *Bibliotheca historica*. Leipzig: [s.e.] (VOGEL (org.). 1883 [original: século I. a.C.).

DROYSEN, J.G. (1977). *Historik*: Vorlesungen über Enzyklopädie und Methodologie der Geschichte. Stuttgart: Fromann-Holzboog [LEYH, P. (org.)] [em português: *Manual de Teoria da História*. Petrópolis: Vozes, 2009 [original: 1868].

DUBY, G. (1994). O historiador hoje. In: LE GOFF; DUBY & ARIÈS (orgs.). *História e Nova História*. Lisboa: Teorema, p. 7-21.

_____ (1991). A História: um meio de divertimento, um meio de evasão, um meio de formação. In: LE GOFF et al. *A Nova História*. Lisboa: Ed. 70 [original: Magazine Literaire, n. 123, 1977].

_____ (1988). *Guilherme Marechal* – Ou o melhor cavaleiro do mundo. Rio de Janeiro: Graal.

ENGELS, F. (1985). *A situação das classes trabalhadoras na Inglaterra*. São Paulo: Global [original: 1845].

_____ (1984a). "Cartas a Schmidt" (5 de agosto e 27 de outubro de 1890). FERNANDES, F. (org.) *Marx e Engels*: história. São Paulo: Ática, p. 455-464.

_____ (1984b). "Carta a Mehring" (14 de julho de 1893). FERNANDES, F. (org.). *Marx e Engels*: história. São Paulo: Ática, p. 465-466.

_____ (1984c). "Cartas a Starkenburg" (25 de janeiro de 1894). FERNANDES, F. (org.). *Marx e Engels*: história. São Paulo: Ática, p. 468-471.

_____ (1977). *Ludwig Feuerbach e o fim da filosofia clássica alemã*. São Paulo: Edições Sociais [original: 1888].

_____ (1976). *Anti-Dühring*. São Paulo: Paz e Terra [original: 1878].

_____ (1962). *Do Socialismo Utópico ao Socialismo Científico*. São Paulo: Fugor [e também: "Ludwig Feuerbach e o fim da filosofia clássica alemã"] [original: 1880].

_____ (1950). The Part of the Labor in the Transition from Ape to Man. In: MARX, K. & ENGELS, F. *Selected Works*. Vol. II. Londres: [s.e.], p. 74ss.

_____ (s.d.). *As Guerras Camponesas na Alemanha*. São Paulo: Grijalbo [original: 1850].

FEBVRE, L. (1989). *Combates pela história*. Lisboa: Presença [*Combats pour l'Histoire*. Paris: A. Colin, 1953].

FERRI, E. (1906). *Socialism and Positive Science (Darwin – Spencer – Marx)*. Londres: ILP [original: 1896].

FICHTE, J.W. (1973). "Sobre o conceito da doutrina da ciência ou da assim chamada filosofia". *Os pensadores*. São Paulo: Abril [original: 1797].

FOUCAULT, M. (2003). *A verdade e as formas jurídicas*. Rio de Janeiro: PUC [original: conferências proferidas em 1973].

_____ (1999). *As palavras e as coisas*. São Paulo: Martins Fontes [original: 1966].

_____ (1996). *A ordem do discurso*. São Paulo: Loyola [original: 1970].

_____ (1986). *Arqueologia do saber*. Rio de Janeiro: Forense [original: 1969].

_____ (1985). *Microfísica do poder*. Rio de Janeiro: Graal [original: 1979].

FOURIER, C. (1966-1968). "Theorie des quatre mouvements". *Ouevres Completes*. Paris: Antropos [original: 1808].

FREUD, S. (1974). "O futuro de uma ilusão". *Sigmund Freud – obras completas*. Vol. XXI (Edição Standard Brasileira). Rio de Janeiro: Imago, p. 15-20.

GODELIER, M. (1984). *L'idéel et le matériel*. Paris: Fayard.

_____ (1967). *Racionalidad e irracionalidad em la Economia*. México: Siglo XXI.

GOLDMANN, L. (1959). "Le matérialisme dialectique erst-il une philosophie?" *Recherches dialectiques*. Paris: Gallimard, p. 20ss.

GOUBERT, P. (1960). *Beauvais et le beauvaisis de 1600 à 1730*. Paris: Sevpen.

GRAMSCI, A. (1997-2002). *Cadernos do cárcere*. 6 vols. Rio de Janeiro: Civilização Brasileira.

_____ (1989). *Concepção dialética da história*. Rio de Janeiro: Civilização Brasileira.

_____ (1955). *O Materialismo Histórico e a filosofia de Benedetto Croce*. Turim: Einaudi.

GUHA, R. (2002). *History at the Limit of World-History*. Colúmbia: Columbia University Press.

_____ (1996). *The Small Voice of History*. Delhi: Oxford University Press.

_____ (1993). *Elementary Aspects of Peasant Insurgency in Colonial India*. Delhi: Oxford University Press.

GUIZOT, F. (1828). *Cours d'histoire moderne*. Paris: Pichon et Didier.

HALPHEN, L. (1946). *Introduction à l'Histoire*. Paris: PUF, p. 50.

HARTOG, F. (1986). Les historiens grecques. In: BURGUIÈRE, A. (org.). *Dictionnaire des Sciences Historiques*. Paris: PUF.

HARTMANN, E. (1872). *Philosophie des Umbewussten* [Filosofia do Inconsciente]. Berlim: [s.e.] [original: 1868].

HEGEL, F. (2008a). *A razão na História* – Uma introdução geral à Filosofia da História. São Paulo: Centauro [original: 1837].

_____ (2008b). *Filosofia da História*. Brasília: UnB [original: 1830].

_____ (2007). *Fenomenologia do espírito*. Petrópolis: Vozes [original: 1819].

_____ (1997). *Princípios da Filosofia do Direito*. São Paulo: Martins Fontes [original: 1821].

_____ (1968). *Ciencia de la lógica*. Buenos Aires: Solar/Hachette [original: 1812/1816].

HENNIG, J.-L. (1997). *Breve história das nádegas*. São Paulo: Terramar.

HERÁCLITO DE ÉFESO (1994). Fragmentos. In: BORNHEIM, G. (org.). *Os filósofos pré-socráticos*. São Paulo: Cultrix.

_____ (1991). "Fragmentos". *Pensadores originários*. Petrópolis: Vozes.

HERÓDOTO (1988). *História*. Brasília: UnB.

HILL, C. (2001). *O eleito de Deus*. São Paulo: Companhia das Letras [original: 1970].

_____ (1987). *O mundo de ponta-cabeça*. São Paulo: Companhia das Letras [original: 1972].

_____ (1980). *Some Intellectual Consequences of the English Revolution*. Madisson: The University of Wisconsin Press.

HOBBES, T. (1984). *Leviatã* – Ou matéria, forma e poder de um Estado eclesiástico e civil. São Paulo: Abril [Col. Os Pensadores] [original: 1651].

HOBSBAWM, E. (1998). "A volta da narrativa". *Sobre história*. São Paulo: Companhia das Letras, p. 201-206 [original: *Past and Present* n. 86, 1980].

HORKHEIMER, M. (1994). *Crépuscules*: notes em Allemagne. Paris: Payot [original: 1926-1931].

_____ (1968). *Traditionelle und Kritische Theorie* [Teoria tradicional e teoria crítica]. Frankfurt: Fischer [original: 1937].

KANT, I. (1993). *O conflito das faculdades*. Lisboa: Ed. 70 [original: 1798].

_____ (1986). *Ideia de uma história universal de um ponto de vista cosmopolita*. São Paulo: Brasiliense [original: 1784].

KAUTSKY, K. (1979). *O caminho do poder*. São Paulo: Hucitec.

KOSELLECK, R. (2006). *Futuro Passado* – Contribuição à semântica dos tempos históricos. Rio de Janeiro: Contraponto [original: 1979].

LABROUSSE, E. (1943). *La crise de l'économie française à la fin d'Ancient Régime et au début de la Revolution*. Paris: PUF.

LACAPRA, D. (1985). *History & Criticism*. Cornell: Cornell University Press.

LANGLOIS, C.V. & SEIGNOBOS, C. (1944). *Introdução aos estudos históricos*. São Paulo: Renascença [original: 1898].

LE GOFF, J. (1999). *São Luís*. Rio de Janeiro: Record.

LEIBNIZ (1840). "*De rerum originatione radicali*". *Opera Philosophica*. Berlim: J.E. Erdmann [original: 1697].

LENIN, W.I. (1980). "Uma grande iniciativa". *Obras escolhidas*. Vol. 3. São Paulo: Alfa Ômega, p. 139-160 [original: 1919] [disponível em http://www.vermelho.org.br/img/obras/iniciativa.rtf].

LOTZE, R.H. (1864). *Mikrokosmos* – Ideen zur Naturgeschichte und Geschichte der Menschheit. Leipzig: Hirzel.

LUKÁCS, G. (1989). *História e consciência de classe*. Rio de Janeiro: Elfos [original: 1923].

LUXEMBURGO, R. (1986). *Reforma ou revolução?* Londres: Militant [original: 1900].

MAQUIAVEL, N. (2007). *Discursos sobre a primeira década de Tito Lívio*. São Paulo: Martins Fontes [original: 1512-1517].

_____ (1998). *O príncipe*. Porto Alegre, LPM [original: 1513].

_____ (1994). *História de Florença*. São Paulo: Musa [original: 1520-1525].

MARX, K. (2008a). "O 18 brumário". *A revolução antes da Revolução – O 18 brumário, as lutas de classe na França, e a Guerra Civil na França*. São Paulo: Expressão Popular [original de *O 18 brumário*: 1852].

_____ (2008b). *Simon Bolívar*. São Paulo: Martins Fontes [original: 1857].

_____ (2008c). "A Guerra Civil na França". *A revolução antes da Revolução*. Vol. 2. São Paulo: Expressão Popular, p. 339-355 [original: 1871].

_____ (2006). *Sobre o suicídio*. São Paulo: Boitempo [original: 1846].

_____ (2005). *Introdução à crítica da Filosofia do Direito de Hegel*. São Paulo: Boitempo [original: 1843].

_____ (2004). *A origem do capital* [separata de O capital – crítica da economia política"]. São Paulo: Centauro [original: 1867].

_____ (2002). *Salário, preço e lucro*. São Paulo: Centauro [original: 1865].

_____ (1991a). *A questão judaica*. São Paulo: Moraes [original: 1843, publicada em 1844].

_____ (1991b). *Manuscritos econômico-filosóficos e outros textos escolhidos*. São Paulo: Nova Cultural [original: 1844].

_____ (1991c). *Formações econômicas pré-capitalistas*. Rio de Janeiro: Paz e Terra [extraído dos *Grundrisse*, original: 1858].

_____ (1982). *Thèse sur Feuerbach*. Paris: Gallimard [em português, incluído em *Os pensadores*. São Paulo: Abril, 1978] [original: 1845].

_____ (1979). *Le capital*. Paris: Garnier/Flammarion [em português: *O capital* – Crítica da economia política. Rio de Janeiro: Civilização Brasileira] [original: 1867].

_____ (1977a). *As lutas de classe na França (1848-1850)*. Vol. I. São Paulo: Edições Sociais [original: 1850; publicado por Engels em 1895].

_____ (1977b). *Crítica ao Programa de Gotha*. São Paulo: Edições Sociais [original: 1875].

_____ (1972). *A diferença entre a filosofia da natureza em Demócrito e em Epicuro*. Lisboa: Presença [original: 1841].

_____ (1971a). "O fetichismo da mercadoria". *O capital* – Crítica da economia política. Rio de Janeiro: Civilização Brasileira, p. 64-112 [original: 1867].

_____ (1971b). "A fórmula trinitária". *O capital* – Crítica da economia política. Rio de Janeiro: Civilização Brasileira, p. 124-132 [original: 1867].

_____ (1953). *Grundrisse der Kritik der Politischen Ökonomie* [Linhas básicas para a crítica da economia política]. Berlim: Dietz [original: 1858].

_____ (1946). *Contribuição à crítica da economia política*. São Paulo: Flama [original: 1859].

MARX, K. & ENGELS, F. (2003). *A Família Sagrada*. São Paulo: Boitempo, 2003 [original: 1844].

_____ (1988). *Manifesto do Partido Comunista*. Petrópolis: Vozes [original: 1848].

_____ (1984). *Marx e Engels: História* – Textos escolhidos. São Paulo: Ática [FERNANDES, F. (org.)].

_____ (1983). *A ideologia alemã*. São Paulo: Hucitec [original: 1946].

_____ (1980). *Marx e Engels: Sociologia* – Textos escolhidos. São Paulo: Ática [IANNI, O. (org.)].

_____ (1936). *Marx-Engels selected correspondence*. Londres: 1936, p. 475-477 e 510-513.

MILLER, R.W. (1984). *Analysing Marx*: Morality, Power and History. Princeton: Princeton University Press.

NIETZSCHE, F. (2008a). *Humano, demasiado humano*. São Paulo: Companhia de Bolso [originais: 1878; 1879].

_____ (2008b). *Aurora* – Reflexões sobre os preconceitos morais. Petrópolis: Vozes [original: 1881].

_____ (2008c). *A vontade de poder*. Rio de Janeiro: Contraponto [fragmentos de 1880, publicados postumamente].

_____ (2006a). *Além do bem e do mal*. São Paulo: Centauro [original: 1886].

_____ (2006b). *O crepúsculo dos ídolos*. São Paulo: Companhia das Letras [original: 1888].

_____ (2004). "Sobre o futuro das nossas escolas". *Escritos sobre a educação*. São Paulo: Loyola [original: 1872].

_____ (1999). *O nascimento da tragédia*. São Paulo: Companhia das Letras [originais: 1872].

_____ (1997). *O anticristo* – Anátema sobre o cristianismo. Lisboa: Ed. 70 [original: 1888, publicado em 1895].

_____ (1996). "Fragmentos póstumos (1855/1886)". *Textos Didáticos*, n. 22, abr. Campinas: Unicamp [originais: 1855-1886].

_____ (1991a). *Genealogia da moral*. São Paulo: Nova Cultural [seleção de textos de Gérard Lebrun] [original: 1887].

_____ (1991b). "Considerações extemporâneas". *Obras incompletas*. São Paulo: Nova Cultural [seleção de textos de Gérard Lebrun] [originais: 1873-1874].

_____ (1983). *Assim falou Zaratustra*. São Paulo: Círculo do Livro [original: 1883-1885].

_____ (1981). *A gaia ciência*. São Paulo: Hemus [original: 1882; 2. ed. com novo prefácio: 1886].

_____ (1975). Fragments Posthumes. In: COLLI, G. & MONTINARI, M. (orgs.). *Oeuvres philosophiques completes de Friedrich Nietzsche*. Paris: Gallimard [originais: 1881-1882].

_____ (1969). *Selected Letters of Friedrich Nietzsche*. Chicago: Middleton.

_____ (1874). *Sobre a utilidade e desvantagens da história para a vida*, 1873 [incluído em *Escritos sobre a história*. São Paulo: Loyola, 2005] [original: 1873].

PETROSKI, H. (2007). *A evolução das coisas úteis*: clipes, garfos, latas, zíperes e outros objetos. Rio de Janeiro: Zahar.

PINEL, P. (1801). *Traité médico-philosophique sur l'aliénation mentale ou la manie*. Paris: Richard, Caille & Ravier.

PLATÃO (2000). *República*. São Paulo: Nova Cultural [original: entre 380 e 370 a.C.].

PLEKHANOV, G. (1987). "O papel do indivíduo na História". *Concepção materialista da história*. Rio de Janeiro: Paz e Terra, p. 72-112.

PLUTARCO (1991). *Vidas paralelas*. São Paulo: Paumape.

RENSI, G. (1937). *Frammenti di una filosofia del dolore e dell'errore, del male e della morte*. Modena: Guanda.

RICOEUR, P. (1983/1995). *Temps et récit*. Paris: Seuil [*Tempo e narrativa*. São Paulo: Papirus, 1994].

RICKERT, H. (1961). *Introducción a los problemas de la filosofía de la historia*. Buenos Aires: Nova [original: 1905].

_____ (1922). *Ciencia cultural y ciencia natural*. Madri: Calpe [original: 1899].

ROUSSEAU, J.-J. (1989). *Discurso sobre a origem e os fundamentos da desigualdade entre os homens*. Brasília/São Paulo: UnB/Ática [original: 1750].

SAMÓSATA, L. (2009). *Como se deve escrever a história*. Belo Horizonte: Tessitura [original: 165 d.C.].

SCHILLER, F. (1991). *Escritos de la Filosofía de la Historia*. Murcia: Universidad de Murcia.

_____ (1990). "Was heist und zu welchem Ende studiert man Universal geschichte? Eine akademische Antrittsrede" [O que é a história universal e com que finalidade é estudada?]. In: HARDTWIG, W. (org.). *Über das Studium der Geschichte*. Munique: DTV, p. 19-36 [original: 1789].

SCHOPENHAUER, A. (2005). *O mundo como vontade de representação*. São Paulo: Unesp [original: 1819].

SCOTT, J. (1976). *The Moral Economy of the Peasant*. Londres: Yale University Press.

SIMIAND, F. (1960). "Méthode historique et science sociale". *Annales Esc.*, n. 1, jan.-fev. [original: *Revue de Synthèse*, 1903].

SIMMEL, G. (1920). *Die probleme der Gechichtsphilosophie* – Eine erkentnistheoretische Studie. Munique: Dunker und Humboldt.

SPENGLER, O. (1920). *The Decline of the West.* Munique: Beck.

THOMPSON, E.P. (2001a). "Modos de dominação e revoluções na Inglaterra". *As peculiaridades dos ingleses e outros artigos.* Campinas: Unicamp, p. 203-225 [original: 1976].

_____ (2001b). "Folclore, Antropologia e História Social". *As peculiaridades dos ingleses e outros artigos.* Campinas: Unicamp, p. 254-255 [original: 1977].

_____ (2001c). "Algumas observações sobre classe e falsa consciência". *As peculiaridades dos ingleses e outros artigos.* Campinas: Unicamp, p. 269-281 [original: 1977].

_____ (1998a). "A economia moral da multidão inglesa do século XVIII – Economia moral revisitada". *Costumes em comum.* São Paulo: Companhia da Letras, p. 150-266 [original: *Past and Present*, n. 50, fev./1971, p. 76-131].

_____ (1998b). *Costumes em comum.* São Paulo: Companhia das Letras.

_____ (1989). "La sociedad inglesa del siglo XVIII: ¿Lucha de clases sin clases?" *Tradición, revuelta y consciencia de clase* – Estudios sobre la crisis de la sociedad preindustrial. Barcelona: Crítica, p. 13-61 [original: 1978].

_____ (1987). *A formação da classe trabalhadora inglesa*. Rio de Janeiro: Paz e Terra [original: *The Making of English Working Class*, 1963].

_____ (1986). *Senhores e caçadores*. Rio de Janeiro: Paz e Terra [original: 1975].

_____ (1982). *Exterminism and Cold War*. Londres: New Left Book.

_____ (1981). *Miséria da teoria ou Um planetário de erros* – Uma crítica ao pensamento de Althusser. Rio de Janeiro: Zahar [original: 1978].

_____ (1978). "As peculiaridades dos ingleses". *A miséria da teoria*. [s.l.]: Monthly Review Press [republicado em *As peculiaridades dos ingleses*. Campinas: Unicamp, 2001, p. 75-179].

_____ (1957). "Socialist Humanism". *The New Reasoner*, n. 1, p. 105-143. Londres.

THIERRY, A. (1820). *Lettres sur le histoire de France*. Paris: Le Courrier Français.

TROTSKY, L. (s.d.). *A Revolução de 1905*. São Paulo: Global [original: 1908-1909].

TUCÍDIDES (1982). *História da Guerra do Peloponeso*. Brasília: UnB.

VEYNE, P. (1988). História conceitual. In: NORA, P. & LE GOFF, J. (orgs.). *História*: novos problemas, novas abordagens, novos objetos. Rio de Janeiro: Francisco Alves [original: 1974].

_____ (1983). *O inventário das diferenças*. São Paulo: Brasiliense [original: 1976].

_____ (1982a). *Como se escreve a história*. Brasília: UnB [original: 1971].

_____ (1982b). "Foucault revoluciona a história" (1978). *Como se escreve a história*. Brasília: UnB, p. 149-198.

VILAR, P. (1985). *Iniciação ao vocabulário de análise histórica*. Lisboa: Sá da Costa.

_____ (1982). *Une histoire em construction* – Approche marxiste et problematiques conjoncturelles. Paris: Gallimard/Seuil.

_____ (1979). "Marx e a história". *História del Marxismo*. Vol. I. Barcelona: Bruguera.

_____ (1973). "Histoire marxiste, histoire em construction – Essai de dialogue avec Althusser". *Annales Esc.*, n. 1, p. 165-198.

_____ (1960). "Croissance économique et analyse historique". *Premiére Conférence Internacionale d'historie économique*. Stockholm: 1960. Paris: Ehess, 1960, p. 41-85 [também incluído em *Une histoire en construction*. Paris: Gallimard, 1982, p. 13-86].

_____ (1956). "Le temps du Quixotte". *Europe*. Jan.-fev., p. 3-16 [também incluído em *Une histoire en construction*, 1982, p. 233-246].

_____ (1953). "Problems of Formation of Capitalism". *Past and Present*, X, p. 15-38 [incluído em *Une histoire en construction*, 1982, p. 125-153].

WADE, J. (1833). *History of the Middle and Working Classes*. Londres: Effingham Wilson.

WEBER, M. (1996). *A Ética Protestante e o espírito do Capitalismo*. São Paulo: Pioneira [original: 1904-1905, complementado em 1920].

_____ (1965). *Essais sur La Theorie de la Science*. Paris: Plon [*Ensaios sobre a Teoria das Ciências Sociais*. São Paulo: Centauro, 2003] [originais: 1904-1917].

WHITE, H. (1972). *A meta-história* – A imaginação histórica no século XIX. São Paulo: Edusp [original inglês: 1973].

WILLIAMS, R. (1977). *Marxism and literature*. Londres: Oxford University Press [original: 1971].

WINDELBAND (s.d.). *História e ciência natural* [s.n.t.] [*Geschichte und Naturwissenschaft*. Friburgo: [s.e.], 1894].

WOLTMANN, K.L. (1800). *Geschichte und Politik* – Eine Zeitschrift. Berlim: Woltmann [original: 1799].

## *Bibliografia citada*

ABENSOUR, M. (1986). Walter Benjamin entre mélancolie et révolution – Passages Blanqui. In: WISMANN, H. (org.). *Walter Benjamin et Paris*. Paris: Cerf.

ACANDA, J.L. (2006). *Sociedade civil e hegemonia*. Rio de Janeiro: UFRJ.

ALBUQUERQUE, J.A.G. (1985). Althusser: a ideologia e as instituições. In: ALTHUSSER, L. *Aparelhos ideológicos de Estado*. Rio de Janeiro: Graal, p. 7-51.

ANDERSON, P. (1999). *As origens da Pós-modernidade*. Rio de Janeiro: Zahar, 1999 [original: 1998].

_____ (1992). *O fim da história*: de Hegel a Fukuyama. Rio de Janeiro: Zahar [original: 1992].

ARCARY, V. (2002). "Controvérsias marxistas sobre o papel do indivíduo na história". *Crítica marxista*, n. 15, out., p. 35-56. São Paulo: Boitempo.

ARENDT, H. (2009a). "A tradição e a Época Moderna". *Entre o Passado e o Futuro*. São Paulo: Perspectiva, p. 43-68 [original: 1957].

_____ (2009b). "O conceito de história: antigo e moderno". *Entre o passado e o futuro*. São Paulo: Perspectiva, p. 69-126 [original: 1957].

_____ (1974). "Walter Benjamin". *Vies politiques*. Paris: Gallimard.

ARON, R. (2008). *O marxismo de Marx*. São Paulo: ARX.

ARÓSTEGUI, J. (2006). *A pesquisa histórica*: teoria e método. Bauru: Edusc [original: 1995].

AVINERI, S. (1978). *O pensamento social e político de Karl Marx*. Coimbra: Ed. Coimbra.

BARROS, J. D'Assunção (2005). *O projeto de pesquisa em história*. Petrópolis: Vozes.

_____ (2004). *O campo da história*. Petrópolis: Vozes.

BODEI, R. (2001). *A história tem um sentido?* Bauru: Edusc [original: 1997].

BORTOLOTTI, A. (1976). *Marx e il Materialismo*. Palermo: Palumbo.

BROBJER, T.H. (2007). "Nietzsche's Relation to Historical Method and Nineteenth-century German Historiography". *History ant Theory*, n. 46, p. 155-179.

CERTEAU, M. (1983). *A escrita da história*. São Paulo: Martins Fontes [original: 1974].

COHEN, G.A. (1987). *Karl Marx's Theory of History*: a Defense. Oxford: Oxford University Press.

COUTINHO, C.N. (1988). *Gramsci*: um estudo sobre seu pensamento político. Rio de Janeiro: Campus.

DALPRA, M. (1971). *La dialética em Marx*. Barcelona: Martinez Roca.

DEAN, M. (1994). *Critical and Effective Histories*: Foucault's Methods and Historical Sociology. Londres/Nova York: [s.e.].

DOSSE, F. (2001). *A história à prova do tempo* – Da história das migalhas ao resgate do sentido. São Paulo: Unesp [original: textos entre 1995 e 1997].

_____ (1987). *L'histoire em miettes*: des Annales à La Nouvelle Historie. Paris: La Découverte [*A história em migalhas*. São Paulo: Ensaio, 1994].

DWORKIN, D. (1997). *Cultural Marxism in Postwar Britain*. Durham: Duke University Press.

EAGLETON, T. (1997). *Ideologia*. São Paulo: Unesp.

ESCUDIER, A. (2002). Présentation. In: DROYSEN, J.G. *Précis de Théorie de l'Histoire*. Paris: Du Cerf.

FONTANA, J. (2004). *A história dos homens*. Bauru: Edusc [original: 2000].

_____ (1992). *La historia después del fin de la Historia*. Barcelona: Crítica.

GAGNEBIN, J.-M. (2004). *História e narração em Walter Benjamin*. São Paulo: Perspectiva.

GARDINER, P. (1995). *Teorias da história*. Lisboa: Calouste Gulbenkien [original: 1959].

GINZBURG, C. (1991). "Provas e possibilidades". *A micro-história e outros ensaios*. Lisboa: Difel, p. 179-202.

GOSSMAN, L. (2000). *Basel in the Age of Burckhardt*: a study of Unseasonable ideas. Chicago: University of Chicago Press.

HABERMAS, J. (2009). *A lógica das ciências sociais*. Petrópolis: Vozes [original: 1982].

_____ (1981). "L'actualité de W. Benjamin – La critique: Prise de conscience ou préservation". *Revue d'Esthétique*, n. 1, p. 121.

HEIDEGGER (2007). *Nietzsche*. Rio de Janeiro: Forense Universitária [original: 1961].

HOBSBAWM, E. (2006). *A era dos extremos*. São Paulo: Companhia das Letras.

_____ (1984). "Marx e a história". *New Left Review*, fev., p. 39-50. Londres [incluído em *Sobre história*. São Paulo: Companhia das Letras, 1998, p. 171-184].

_____ (1969). "O que os historiadores devem a Karl Marx" (1968). *Marx and the Contemporary Scientific Thought*. Haia:

[s.e.], p. 197-211 [incluído em *Sobre história*. São Paulo: Companhia das Letras, 1998, p. 155-170].

_____ (s.d.). "Todo povo tem uma história". *Times Literary Supplement* [incluído em *Sobre história*, São Paulo: Companhia das Letras, 1998, p. 185-192].

JAY, M. (1974). *La imaginación dialéctica* – Una historia de La Escuela de Frankfurt. Madri: Taurus.

KAYE, H. (1995). *The British Marxist Historians*: an introductory analysis. Londres: MacMillan.

KAYE, H. & McCLELLAND, K. (orgs.). (1990). *E.P. Thompson*: critical perspectives. Cambridge: Polity.

KONDER, L. (2009). *Marxismo e alienação*. São Paulo: Expressão Popular [original: 1965].

_____ (2006). *O futuro da Filosofia da Praxis*. Rio de Janeiro: Paz e Terra [original: 1992].

_____ (2002). *A questão da ideologia*. São Paulo: Companhia das Letras.

_____ (1998). *O socialismo do prazer*. Rio de Janeiro: Civilização Brasileira.

KOSIC, K. (1969). *Dialética do concreto*. Rio de Janeiro: Paz e Terra [original: 1963].

LARRAIN, J. (1986). *A Reconstruction of Historical Materialism*. Londres: Allen and Unwin.

LE GOFF, J. (1984). Documento/Monumento. In: ROMANO, R. (org.). *Enciclopédia Einaudi* – História e Memória. Porto: Imprensa Nacional, p. 95-106 [também incluído em LE GOFF, J. *História e memória*. Campinas: Unicamp, 1990, p. 535-549].

LEFORT, C. (1990). *As formas da história*. São Paulo: Brasiliense [original: 1979].

LEMARCHAND, G. (2007). A noção de Modo de Produção em Pierre Vilar. In: COHEN, A.; CONGOST, R. & LUNA, P.F. *Pierre Vilar*: uma história total, uma história em construção. Bauru: Edusc, p. 93-104.

LEPORINI, C. & SERENI, E. (1973). *El concepto de "formación económico-social"*. México: Siglo XXI.

LEVI, G. (1989). "Les usages de La biographie". *Annales Esc.* Paris: A. Colin, p. 1.325-1.336 [incluído em FERREIRA, M.M. & AMADO, J. (orgs.). *Usos e abusos da história oral*. Rio de Janeiro: Fundação Getúlio Vargas, p. 167-182].

LICHTHEIM, G. (1965). "O conceito de ideologia". *History and Theory*. Vol. VI, p. 169ss. Mouton.

LOSURDO, D. (2009). *Nietzsche*: o rebelde aristocrata. Rio de Janeiro: Revan.

LÖWY, M. (2005a). "Uma leitura das 'Teses sobre o conceito de história' de Walter Benjamin". *Walter Benjamin: aviso de incêndio* – Uma leitura das "Teses sobre o conceito de história". São Paulo: Boitempo, p. 33-159.

_____ (2005b). "Romantismo, messianismo e marxismo na filosofia da história de Walter Benjamin". *Walter Benjamin: aviso de incêndio* – Uma leitura das "Teses sobre o conceito de história". São Paulo: Boitempo, p. 13-32.

_____ (1995). *Ideologias e ciência social*. São Paulo: Cortez.

_____ (1994). *As aventuras de Karl Marx contra o Barão de Muncchäusen*. São Paulo: Cortez.

MACHADO, R. (1985). "Por uma genealogia do poder" (Prefácio). In: FOUCAULT, M. *Microfísica do poder*. Rio de Janeiro: Graal, p. XIX-XX.

MARCUSE, H. (1960). *Reason and Revolution*. [s.l.]: Beacon Press [em português: *Razão e revolução* – Hegel e o advento da Teoria Social. Rio de Janeiro: Paz e Terra, 2004].

MILLER, R. (1984). *Analyzing Marx*: Morality, Power and History. Princeton: Princeton University Press.

MONDAINI, M. (s.d.). *Gramsci e a "subida ao sótão" da Filosofia da Práxis* [disponível em www.gramsci.org.br].

NAESS, A. et al. (1956). *Democracy, Ideology and Objectivity*: Studies in the Semantics and Cognitive Analysis of Ideological Controversy. Oxford: Basil Blackwell, p. 143ss.

NISBET, R. (1985). *História da ideia de progresso*. Brasília: UnB.

_____ (1952). "Conservatism and Sociology". *American Journal of Sociology*, n. LVIII.

O'BRIEN, P. (1992). A história da cultura de Michel Foucault. In: HUNT, L. (org.). *A nova história cultural*. São Paulo: Martins Fontes, p. 33-62.

OWEN, D. (1994). *Maturity and Modernity*: Nietzsche, Weber, Foucault and the Ambivalence of Reason. Nova York: Routledge.

PECORARO, R. (2004). *Cioran*: a filosofia em chamas. Porto Alegre: Edpucrs.

PORTELLI. H. (2002). *Gramsci e o bloco histórico*. Rio de Janeiro: Paz e Terra [original: 1998].

PROJETO-HISTÓRIA (1995). "Diálogos com E.P. Thompson". *Revista do Programa de Estudos de Pós-Graduação em História e do Departamento de História da PUC-SP*, n. 15.

RORTY, R. (2002). "Ciência enquanto solidariedade". *Objetivismo, relativismo e verdade*. Rio de Janeiro: Relume-Dumará, p. 55-68.

RUYER, R. (1930). *L'Avenir de l'humanité d'aprés Cournot*. Paris: Alcan.

SAYER, D. (1987). *The Violence of Abstraction*. Londres: Blackwell.

SCHAFF, A. (1978). *Verdade e história*. São Paulo: Martins Fontes [original: 1971].

_____ (1968). *Le Marxism et le individu*. Paris: Armand Colin.

SWEEZY, P. (1979). "Socialismo real y crisis de la Teoría Marxista". *Monthly Review*, vol. 2, n. 12, jul.-ago., p. 19-24.

TRIGGER, B. (1980). *Gordon Childe*: Revolution in Archaeology. Londres: Thames and Hudson.

WADA, H. (1983). Marx and the Revolutionary Russia. In: SHANNIN, T. (org.). *Late Marx and the Russian road* – Marx and the Peripheries of Capitalism. Londres: Routledge and Keagan, p. 40-75.

WIGGERS-HAUS, R. (1993). *The Frankfurt School*. Cambridge: Polity Press.

WOLF, E. (1983). *Europe and People without History*. Berkeley: [s.e.].

## Índice onomástico

Adorno, T. 59

Althusser, L. 55, 57, 77

Anderson, P. 142s., 157

Ankersmit, F. 279s.

Argan, G.C. 81

Aristóteles 133, 267

Aróstegui, J. 236


Benjamin, W. 157, 165, 167s., 179, 231, 235, 240-257

Blanqui, J.A. 24

Blanqui, L.A. 168

Bloch, M. 201s., 230, 237

Bonaparte, L. 112

Bonaparte, N. 23

Bortolotti, A. 137

Braudel, F. 62

Bruno, G. 134

Buckle, T. 176, 184

Burckhardt, J. 163

Carlyle, T. 163

Certeau, M. 189, 208, 223

Childe, G. 96

Cícero 192

Cohen, G. 98

Collingwood, R.G. 224s.

Comte, A. 177

Cournot, A.A. 157

Croce, B. 173, 223-225

Dilthey, W. 213s.

Diodoro 192

Dosse, F. 181, 264

Droysen, G. 213, 215, 261

Duby, G. 181

Eagleton, T. 144

Engels, F. 18, 21, 70, 81

Febvre, L. 173, 185, 214

Feuerbach, L. 23, 131

Fontana, J. 238, 258s.

Foucault, M. 267s., 269-275

Fourier, C. 177

Freud, S. 184

Ginzburg, C. 211

Godelier, M. 83s.

Goethe, J.W. 164, 168, 181

Goubert, P. 63

Gramsci, A. 47, 58s., 78s., 128, 142

Guha, R. 260-263

Guizot, F. 23

Gurvitch, G. 64

Halphen, L. 291

Hartmann, E. 291

Hegel, F. 20, 36, 38, 131, 162

Heráclito de Éfeso 36s.

Hill, C. 64, 170, 259

Hobsbawm, E. 64, 69

Horkheimer, M. 56


Kant, I. 20, 160, 171

Konder, L. 132, 134

Koselleck, R. 173, 189, 192, 213, 228


LaCapra, D. 223

Langlois, C.V. 230

Larrain, J. 93

Le Goff, J. 170

Lênin, V. 121, 137

Lotze, H. 157, 177

Löwy, M. 146, 168

Lukács, G. 59s., 97


Maquiavel, N. 192

Marcuse, H. 56

Marx, K. 20-24, 41-43, 67s., 88, 90s., 122

Mehring, F. 76

Miller, R. 98

Nietzsche, F. 155-158

Pinel, P. 231-233

Platão 267

Plekhanov, G. 68

Rafael de Sanzio 169

Ricoeur, P. 189

Ruyer, R. 157

Sayer, D. 82

Schiller, F. 188

Seignobos, C. 230

Simiand, F. 237

Smith, A. 24

Sorokim, P. 107

Stalin, J. 71

Thierry, A.  23

Thompson, E.  49, 58, 64s., 69, 107, 123s., 210

Trotsky, L.  141


Veyne, P.  158, 174, 223

Vilar, P.  47, 54s., 64, 115


Weber, M.  107

White, H.  158, 174, 222

Windelband, W.  214

Williams, R.  87s.

Wolf, E.  67

# Índice remissivo

Alienação 21, 120

Anacronismo 191

Antagonismos de classe

Antiquários 157, 180

*Anticristo* (O) [Nietzsche] 177

Arte 72

*Aurora* [Nietzsche] 173


Base 74

Base/Superestrutura 82s.

Biografia 170

Bloco Histórico 60

Camponeses  104, 106

*Cartas russas* [Marx]  45

*Capital* (O) [Marx]  45, 55, 88, 104, 120

Classe Social  28, 101s.

Classes dominantes/classes dominadas  79

Consciência de Classe  97, 116

Consciência Histórica  159

Consciência Social  82

*Considerações intempestivas* [Nietzsche]  161, 166, 203

Contradição  38, 118, 152

*Contribuição à crítica da economia política* [Marx]  31, 36, 73, 88, 94

Cultura  72

Cultura Histórica  172

Demografia  62s.

Descontinuidade  157-159

Determinismo  39, 69-71

*18 brumário* (O) [Marx]  68, 72, 75, 86, 90, 100, 122

Dialética  36

Dogma  58

Escola Inglesa (do Marxismo) 127
Economia Moral 65
Estrutura 60

*Fatum e História* 161
*Fetichismo da mercadoria* [Marx] 56
Filosofias da História 156s.
Forças de Produção 49, 123
Formação Econômico-social 54
*Formações econômicas pré-capitalistas* [Marx] 95
*Fragmentos póstumos* [Nietzsche] 173, 236s.

*Gaia ciência (A)* [Nietzsche] 163
*Grundrisse* [Marx] 56, 95
*Guerra Civil na França (A)* [Marx] 55, 91

Hegemonia 79s.
Historicidade Radical 46
História-arte 174
História-ciência 174, 204-219

História Factual 199

História-ficção 222

História dos Grandes Homens 165

História "Mestra da Vida" 192

História Monumental 185-192

História das Massas 183

História Política 43

História do Tempo Presente 264

História Total 150

História Tradicional 197


Idealismo 41

Ideologia 23, 108, 120, 142-145

*Ideologia Alemã (A)* [Marx e Engels] 43, 49, 54, 112, 145

Intelectual 48


Luta de Classes 23, 37

*Lutas de classes na França (As)* [Marx] 131


Mais-valia 21

*Manuscritos econômico-filosóficos* [Marx] 131

Marx e Engels (obras) 22

*Manifesto Comunista* [Marx e Engels] 42, 94, 101, 106

Materialismo Histórico (paradigma) 24

Materialismo Histórico / Marxismo 15-18

Memória 197

Meta-história 222

Modo de Produção 32, 48

Movimento dialético 39


Neutralidade 210


Poiesis 132s., 139

Práxis 27s., 130s.

Progresso 179

Psiquiatria 232s.


Real/Racional 38

Relações de produção 50, 123

Retrodição 227

Romantismo 186

Superdeterminação 77

Superestrutura 60s., 71


Teoria 131

*Teses sobre Feuerbach* [Marx] 135, 138

Totalidade 153

Trabalho 131, 139-141


Utilidade da História (para a Vida) 172


Verdade histórica 269

*Vontade de potência* [Nietzsche] 160